アジア太平洋センター研究叢書―13

民族共生への道
アジア太平洋地域のエスニシティ

片山隆裕 編著

九州大学出版会

はしがき

　本書は，財団法人アジア太平洋センターで企画された自主研究6Aプロジェクト「多民族国家にみるエスニシティ――アジア太平洋地域における民族共生への模索――」の報告書である。このプロジェクトは，アジア太平洋諸地域の民族をめぐるさまざまな状況や問題を検討し，そこにみられる課題を明らかにすることによって，「民族の共生」を模索する試みとして，2000年4月から2002年3月にかけて実施された。アジア太平洋地域における「異文化理解」と「地方発展」を基本テーマに，調査・研究や情報収集・発信等を行うことを目的として1992（平成4）年に福岡市に設立された財団法人アジア太平洋センター（Asian-Pacific Center）は，2002年10月で設立10周年を迎えた。アジア太平洋センターで実施されている事業の中に，若手研究者の育成を目的として40歳未満の研究者の研究活動を資金面で支援する「若手研究者研究活動助成事業」がある。1992（平成4）年度から実施されてきたこの事業では延べ123人の研究者が助成を受けてきたが，その調査地域は，中国，韓国，タイ，台湾，マレーシア，ベトナム，フィリピン，インド，グアム，オーストラリアなど多岐にわたっており，研究者相互間のネットワークも確実に拡がりつつある。

　自主研究6Aプロジェクトのメンバーは，上記の研究助成を受けたことのある若手・中堅の研究者によって構成されている。片山隆裕（文化人類学・西南学院大学）を研究主査とし，甲斐勝二氏（中国文学・福岡大学），金俊華氏（文化人類学・九州女子大学），小林勝氏（文化人類学・長崎純心大学），清家久美氏（文化人類学・立命館アジア太平洋大学），荘秀美氏（社会福祉学・台湾東呉大学），竹熊尚夫氏（比較教育学・九州大学），手島武雅氏（政治学・九州女子大学），唐寅氏（教育行政学・アジア太平洋センター），森谷裕美子氏（文化人類学・九州国際大学）の10名の研究仲間から構成されている。また，本プロ

ジェクトには，アジア太平洋センターの設立当初から，その運営や事業に尽力されてきた丸山孝一教授（文化人類学・福岡女学院大学）に顧問として参加していただき，ご指導を賜った。メンバーの専門領域は，文化人類学，社会学，文学，教育学，政治学など多岐にわたっており，研究対象地域も中華人民共和国（朝鮮族，白族，チベット族），台湾，フィリピン，マレーシア，タイ，インド，グアムなどのアジア太平洋諸地域をカバーしている。

本プロジェクトの第1回研究会は2000年6月に開催され，各メンバーによる研究調査プラン等の発表のあと，プロジェクト全体の枠組みや個々の研究内容についての議論を行った。これを踏まえて，メンバー各自がそれぞれの研究対象地域においてフィールドワーク（現地調査）を行った。各自のフィールドワークで得られた資料を持ち寄り，2001年12月に第2回研究会を開催し，それぞれの研究成果を発表する機会をもった。また，その研究成果を広く社会に還元することを目的として，一般市民を対象に「アジアにおける民族共生への道」というテーマで，パネルディスカッション形式の国際研究交流会議を開催した。国際研究交流会議では，顧問の丸山孝一教授に「民族の共生は可能か——文化力学の視点から——」というテーマで基調講演をしていただいたあと，国家と民族の関係，経済格差・近代化・開発の問題と民族の共生，グローバル化の中の民族という3つのテーマに関して議論を交わした。なお，ゲスト・スピーカーとして，若手研究者研究活動助成事業の助成を受けた西原明史氏（文化人類学・安田女子大学）にも加わっていただき，議論の幅を広げることができた。

2年間にわたるこのプロジェクトが無事に終了し，最終報告書として本書が完成するにあたり，プロジェクトのメンバーである私たちに研究調査のための援助をしていただいたアジア太平洋センターに深く感謝を捧げたい。アジア太平洋センター会長の鹿取泰衛氏，同理事長の権藤與志夫氏をはじめ，スタッフの方々には研究資金以外の面でも大変お世話になった。特に，プロジェクトの開始当初から終了にいたるまで，煩雑な連絡調整や事務作業を献身的に行っていただいた研究交流第1係の志田原紳吉係長，松浦雅子氏，プロジェクトの一員としてメンバーにも加わっていただいたプログラムオフィサーの唐寅氏に，この場を借りてお礼を申し上げたい。

本書では，まず編著者が全体のテーマに関わる基本的概念や状況についての簡単な整理を行ったあと，各執筆者にそれぞれの研究対象地域における民族やエスニシティをめぐる状況を概観してもらい，「民族の共生」をすすめる上でどのような課題があるかを当該地域の政治，経済，文化などの特殊性を考慮しながらまとめていただいた。また，内容をわかりやすくするために各章に図表を盛り込むとともに，各執筆者がフィールドワークを行った際のエピソードなどを，それぞれのテーマに関連して取り上げていただき「コラム」として掲げた。こうして企画された本書が，「民族の共生」について考える機会を読者の方々に提供できれば幸いである。

　2003年1月

編著者　片山隆裕

目　次

はしがき ……………………………………………………………… i

序　章　エスニックな共生 ……………………………………………… 3
　　　　──アジア太平洋地域における民族共生のさまざまなかたち──
　はじめに ……………………………………………………………… 3
　第1節　基本的概念の整理 ………………………………………… 5
　　　　──民族，エスニック・グループ，エスニシティ──
　　1．民族とエスニック・グループ
　　2．エスニシティ研究のパラダイム
　第2節　基本的状況の整理 ………………………………………… 12
　　　　──「エスニックな共生」を考えるヒント──
　　1．国家・社会とエスニシティ──同化主義・複合社会・多文化主義──
　　2．「近代化と開発」言説，社会運動，宗教
　　3．グローバル化とエスニシティ
　第3節　本書の構成と概要──「エスニックな共生」を模索する── ‥ 17
　おわりに ……………………………………………………………… 21

第1部　複合社会マレーシアのエスニシティ
　　──民族共生への教育と宗教の関わり──

第1章　マレーシアにおける多民族の共生と教育の役割 ……… 29
　はじめに ……………………………………………………………… 29
　第1節　多民族共生の教育を捉える視座 ………………………… 30

第2節　ブミプトラ政策と教育 …………………………………… 34
　第3節　国民教育と民族教育の現状と課題 …………………… 38
　　　　　──学校で創られるエスニシティと多文化共生理念──
　第4節　教科書からみた民族統合と分離 ……………………… 43
　おわりに ……………………………………………………………… 46

第2章　マレーシアの華人信仰「ダトコン」と〈義務〉の観念 …… 51

　はじめに ……………………………………………………………… 51
　第1節　〈ダトコン〉の実態 ………………………………………… 54
　　1．マレー人にとっての「ダト・クラマット」
　　2．華人にとってのダトコン
　　3．2つの土地神：ダトコン／トッペーコン
　第2節　過去における華人／マレー人の土地に関する関係性
　　　　　：〈義務〉の観念 ……………………………………… 65
　　1．イギリス植民地支配以前
　　2．イギリス植民地状況下
　　3．マレーシア独立以降
　おわりに ……………………………………………………………… 70

第2部　中国少数民族のエスニシティ
── 共生へのさまざまな模索 ──

第3章　朝鮮族の経験と言説 …………………………………… 79
　　　　　── 延辺朝鮮族自治州の事例を中心に ──

　第1節　問題の背景 ………………………………………………… 79
　第2節　少数民族としての言説 …………………………………… 81
　第3節　社会主義イデオロギーの流用 ………………………… 82
　第4節　市場経済と「延辺」の変化 ……………………………… 85
　第5節　欲望の隠喩──エスニシティを越えて── …………… 88

第4章　民族共生への模索 …………………………………… 97
　　　――雲南省白族の白語新文字創定とその普及をめぐって――
　第1節　多言語多民族国家中国 ……………………………… 97
　第2節　白語文字の創定 ……………………………………… 98
　　1．問題の所在
　　2．白語はどう書かれてきたか
　　3．白語ローマ字方案の制定
　第3節　白語文字運動の意義 ………………………………… 102
　　1．剣川県西中小学校での実験
　　2．大理湾橋向陽渓白文学校
　　3．白語文字出版の状況
　第4節　白族の識字運動が提起する問題点と
　　　　　新しいプロジェクトの開始 ………………………… 111

第5章　チベットの現代化と教育の役割 ……………………… 119
　はじめに ………………………………………………………… 119
　第1節　「嵌め込まれた」現代化 …………………………… 122
　第2節　人材不足と教育の窮状 ……………………………… 125
　第3節　「内地留学」の登場 ………………………………… 128
　第4節　「内地留学」のインパクト ………………………… 132
　第5節　「内地留学」の変容 ………………………………… 135
　おわりに ………………………………………………………… 138

第3部　先住民族のエスニシティ
　　　――台湾，フィリピン，グアムにおける共生の課題――

第6章　台湾における多元的エスニシティと民族共生を考える ……… 147
　　　――原住民族の社会福祉政策をめぐって――
　はじめに ………………………………………………………… 147

第1節　台湾原住民族——その過去と現在—— ………………… 148
　　1．原住民族の概観
　　2．原住民族社会の変貌と生活実態
　第2節　原住民族社会福祉政策にみるエスニック集団関係 ……… 156
　　1．原住民族社会福祉政策の沿革
　　2．原住民族復興運動
　第3節　原住民族に対する社会的適応戦略の発展 ………………… 159
　　1．主流社会の政策的対応：同化主義から多文化主義へ
　　2．一般国民からの反発
　第4節　民族共生への模索 …………………………………………… 162

第7章　フィリピン・パラワン族の土地問題と開発 ……………… 171
　第1節　問題の所在 …………………………………………………… 171
　第2節　先住少数民族権利法（IPRA） ……………………………… 172
　　1．IPRAが規定するもの
　　2．IPRAの問題点
　第3節　パラワン族の土地をめぐって ……………………………… 177
　　1．パラワン族
　　2．パラワン族の土地問題
　　3．セメント会社の操業を巡って
　第4節　民族共生への道 ……………………………………………… 190

第8章　小さな島の大きなチャレンジ ……………………………… 195
　　　　——序論：グアム島チャモロ人の脱植民地化要求の論理——
　はじめに ………………………………………………………………… 195
　第1節　「植民地」としてのグアム …………………………………… 196
　第2節　コモンウェルスを求めて …………………………………… 197
　第3節　アメリカ合衆国政府の対応 ………………………………… 202
　第4節　「政治的地位投票」実施による脱植民地化運動への転換 … 206
　おわりに——脱植民地化への長い道程—— ……………………… 210

第4部　再編されるエスニシティ
――タイ山地民とインド・ケーララ州にみる民族共生のかたち――

第9章　ラオ・チャーオタイ・プーカオ …………… 221
――タイ山地民におけるエスニシティの主体的形成とNGO――

第1節　問題の所在 ……………………………………… 221
第2節　タイにおける山地民政策 ……………………… 222
　1．非タイ系山地民にみられる多元性・状況性・動態性
　2．タイにおける山地民政策
　3．山地民政策によって生じた問題
第3節　基本的権利の獲得要求とNGO ………………… 227
　1．山地民の市民権と居住権
　2．チェンマイのデモ
　3．エスニシティの主体的形成とNGOの役割
第4節　誤った「山地民イメージ」への抗議 ………… 233
　1．エスニック認識のハイアラーキーと状況性
　2．テレビドラマの「山地民イメージ」
結語――民族の共生のために―― ……………………… 237

第10章　「エスニシティとしてのカースト」から「ヒンドゥーというアイデンティティ」へ …………… 243
――インド・ケーララ州の事例から――

第1節　インドにおけるエスニシティ ………………… 243
第2節　ケーララ州におけるエスニシティ …………… 248
　1．ケーララ州の概況
　2．カースト団体の成立
　3．模範的な州におけるコミュナリズムの兆候
第3節　地域社会における寺院の変質 ………………… 254
　1．タラワードの支配と寺院

2．寺院のカースト化
　　　3．正統ヒンドゥー化
　　　4．カーストからヒンドゥーへ

終　章　民族共生の可能性──文化力学試論── ……………… 267
　第1節　国際政治の集約化と多極化 ………………………………… 267
　第2節　「共生」概念の再検討 ……………………………………… 269
　第3節　共生の要因分析 ……………………………………………… 273
　　　1．共生促進要因
　　　2．共生阻害要因
　第4節　異文化共生の力学（結びに代えて）……………………… 281

あ と が き ……………………………………………………………… 285
巻 末 資 料 ……………………………………………………………… 287

民族共生への道

―― アジア太平洋地域のエスニシティ ――

序　章

エスニックな共生
──アジア太平洋地域における民族共生のさまざまなかたち──

はじめに

　2001年9月11日にアメリカ合衆国で起きた同時多発テロ事件とそれに続く米英軍のアフガニスタン攻撃などによって，21世紀の世界は多難な幕開けを迎えた。アフガニスタンを取り巻く複雑な多民族状況やイスラームをめぐる連日の報道によって，私たちはあらためて民族や宗教について考える機会をもつようになった。また，2002年2月に厳戒態勢下の米国ソルトレークシティで開催された冬季オリンピックは，テロ事件以降アメリカがおかれている状況を私たちに気づかせてくれた。開会式でのブッシュ大統領の演説は，東西の冷戦構造崩壊以降，世界の中心であった「超大国アメリカ」がテロによって傷つき，自信を失ったことの裏返しのように聞こえたし，ボロボロになった星条旗の使用や採点競技におけるアメリカ偏重の傾向には，「強いアメリカ」を取り戻したいという焦りのようなものさえ感じられた。

　現在，コンピュータに支えられたグローバル・テクノロジーの発展によって，世界的規模で巨大な交通・通信のネットワークが張りめぐらされ，ヒトやモノ，金融や資本，政治的イデオロギーや宗教的思想を含む情報などの地球的規模での流動化が急速に進んでいる。このプロセスは「グローバル化」(globalization) と呼ばれるが，ときに「コカコロニー化」(CocaColonization) や「マクドナルド化」(McDonaldization) といった言葉によっても表現される（リッツア 1996）。このことからもわかるように，グローバル化はアメリカ生まれの資本や文化が地球的規模で普及し，覇権を獲得する構図を象徴する言葉でもあり，「アメリカ化」の別名でもある。同じように，ヨー

写真1 ゲームボーイで遊ぶモン族の少女（タイ・チェンマイ県）（筆者撮影）

ロッパや日本など先進国の資本・情報・文化なども世界にあふれている。筆者のタイの友人たちは，ジュリア・ロバーツやトム・クルーズのファンを自認し，KFCやピザハットで昼食をとる。深田恭子のポスターが貼られ，キティちゃんの人形が飾られた部屋で，ベッカム（マンチェスター・ユナイテッド）やオーウェン（リバプール）の華麗なプレーに熱狂している。タイ北部のチェンマイ郊外のある山岳少数民族の村では，民族衣装を着た少女たちが「ハロー」「ボンジュール」「ニイ・ハオ」「シャシン，シャシン」などと語りかけながら，欧米やアジアからのツーリストたちを迎えている。その傍らでゲームボーイを片手にテトリスやスーパーマリオに興じる少数民族の子どもたちの姿を見て，戸惑いを隠せないツーリストたちの様子を目にすることも少なくない[1]。

　グローバル化のプロセスは，人と人とをつなぐ新たなネットワークを形成したり，地域文化や民族文化の掘り起こしや活性化をもたらしたりする側面ももっている。例えば，人権思想に関するグローバル化は，少数民族や先住民族のトランスナショナルな連帯活動やイスラーム原理主義にみられるような超教派主義的組織活動の活発化をうながしている（江淵 2000：307）。民族や地域の伝統的な儀礼や技法が，国境を越えたヒトの移動によって発生した大量のツーリストのまなざしを意識しながら再創造・再活性化されるプロセスも世界各地でみられる。グローバル化の進展が民族や文化をめぐる新たな状況や関係を生みだす中，民族や文化の違いを認め合い，他者の存在を認め合いながら対話を重ね，協調していく努力をすること——「エスニックな共生」——は，私たちに課せられた課題である。

第1節　基本的概念の整理
——民族，エスニック・グループ，エスニシティ——

1．民族とエスニック・グループ

　さて，今「エスニックな共生」というあまり耳慣れない言葉を使ったが，これはどういうことだろうか。その理由を明らかにするために，まず，民族，エスニック・グループ，エスニシティなど，本書で議論されるテーマに関わる基本的概念について整理しておこう。

　日本語の「民族」という言葉が，いつ頃から使われ始めたかは明らかではないようだが，福沢諭吉が『文明論之概略』(1875年) の中で「国体とは，種族の人民相集て憂楽を共にし，他国人に対して自他の区別を作り」と述べているくだりの「種族」という使い方あたりに端を発するのかもしれない[2]。また，国粋主義の立場から明治政府の西洋化政策を批判した雑誌『日本人』(1882年創刊) には，「這般の所謂国粋なる者は…大和民族の間に千古万古より遺伝し来たり化醇し来たり，終わりに当代に到るまで保存しつづけるもの」とあり，古来の歴史，伝統，文化を体現する「大和民族」という集団設定がなされている。これらのことから，偶発的ではあるにせよ明治時代前半には使われていたようである。

　『広辞苑』によれば，「民族」は「同一の人種的並びに地域的起源を有し，または有すると信じ，歴史的運命および文化的伝統，特に言語を共通にする基礎的社会集団。人種・国民の範囲とは必ずしも一致しない」とあり，民族を歴史，文化，言語の共有といった客観的指標によって特徴づけている。私たちは学校教育においても民族について学ぶわけだが，例えば中学校のある地理の教科書では，「世界とそのいろいろな地域」について学ぶ場面でも「〇〇 (地域) の人々」という言葉を使っており，民族についての明確な記述や定義はなされていない (『社会科中学生の地理——世界の人々と日本の国土』帝国書院)。別の教科書でも，「いっぱんに同じ言語を話し，同じ生活習慣や価値観・考え方を持つ人々のグループを民族とよんでいる。世界の国々

には，いくつかの民族が集まってひとつの国を作っているものが多い」(『中学校の地理』学校図書) という初歩的な記述がなされている程度である。一方，高等学校の教科書になると，「民族とは，言語・宗教・習慣などの文化や，政治・社会の連帯意識などの共通性によって区分された集団」(『地理B』実教出版)，「言語や宗教をはじめとする伝統的な文化や生活様式を共有していることにもとづいて，互いに仲間であるという強い連帯意識によって結びついている集団」(『高等世界地理B』帝国書院)，「衣食住だけでなく，言語，宗教，生活習慣は文化の重要な要素である。文化を同じくする人々は，お互いに仲間であると感じやすい。このように文化を共有するという意識（共属意識）を持つ人類の集団は，民族とよばれる」(『新しい社会 地理』東京書籍) といった具合に，「連帯意識」「仲間」「共属意識」といった意識の共有という主観的要素を含んだ包括的な定義がなされている。また，『文化人類学事典』(弘文堂) の「民族」の項にも「特定の個別文化およびそれへの帰属意識を共有する人類の下位集団」と定義されており，言語・宗教・生活習慣などの客観的要素と帰属意識という主観的要素の双方を共有する集団を，民族として捉えることができそうである。ただ，「人類学，民族学において，民族は文化同様キーコンセプトでありながら，これまで万民を納得させる定義の下されていない術語」(『文化人類学事典』1987：749-751) ともあり，明確な定義が困難な概念であることもまた事実である。

　民族という言葉を幾つかの和英辞典で調べてみると，people, nation, race, ethnic group, ethnicity などの訳語が出てくる。ただ，people はごく一般的な「人々」といった印象だし，nation は，United Nations (国際連合) などのように，国家とか国民をあらわすといった感が強い (青柳 1996：10)。race というと，生物学的・遺伝的特徴を共有する「人種」という言葉のほうを思い起こしてしまう。それでは，「民族」という言葉は，英語の「エスニック・グループ」(ethnic group) や「エスニシティ」(ethnicity) と同義なのだろうか。

　伝統的な文化人類学では，政治的自立性をもち，地理的にも孤立しがちな社会や集団（しばしば，部族＝tribe と呼ばれた）を対象にした研究が行われてきたが，そこでは，民族は言語，宗教，生業，衣食住，価値観などを共有

する集団であることが自明のものとされ，しばしば国家などの上位に位置する社会を前提としない概念として使用されてきた。また民族という言葉が，国家のイデオロギーとして利用されたり，選民思想をあおったり，抑圧された人々の団結のために政治的に利用されたりもしてきたこともあって，近年の文化人類学ではもう少し中立的なニュアンスをもつエスニック・グループ（ethnic group）という用語が用いられるようになってきた（加藤 1990：249）。

「エスニック・グループ」の元になったのは，エトノス（ethnos）という用語である。「エトノス」は元来，古代ギリシャにおける都市国家の市民（デモス）と区別される，しばしば「バルバロイ」（野蛮人）と呼ばれた周辺の異民族を意味していた。エトノスは「共通の祖先，言語，生活慣習などを持つ集団として，自集団を他集団（彼ら）から区別する「われわれ」意識に支えられた集団」であり，その意味で，常に他集団との相互認知・相互作用関係の文脈で意味を持つ概念であるといえる（江淵 2000：275）。『世界民族問題事典』（平凡社）を見ると，エトノスから作られたエスニック・グループという概念は，「人種・遺伝的特性基準によって分類される人種集団（racial group）に対して，言語，生活様式（服装，髪形，食事，家族構成など），宗教など文化的基準によって分類され，かつ集団メンバーの間に単に文化や言語の共有だけでなく，先祖同一性，血縁と地縁の共通と運命共同意識が存在し，他の異質文化・言語集団との違いを意識する〈やつら対われわれ〉意識など共属感覚や一体感が存在する人口集団である。ときには他集団との間に対立・紛争を引き起こすこともあり，その政治・社会学的な意味に注意すべきである」とある。また，「他集団を同化吸収したり，他文化の影響を受けて，その基礎となるエスニシティが変動するため，固定的な集団ではなく，エスニック・バウンダリーは絶えず変化する」とも記されている（『世界民族問題事典』1995：217）。民族とエスニック・グループはしばしば類似した概念として扱われるが，エスニック・グループは，「他のエスニックな集団あるいは全体社会との政治・経済的関係において差異化され，意識化された社会的なカテゴリーないし集団であり，その帰属意識を支えるものは特定の形質的特性，言語，出身地域，宗教，歴史，文化などに基づく紐帯の共有である」と理解されている（加藤 前掲：216）。包括的社会の存在を必ずしも前提とし

ない民族に対して，エスニック・グループはそれを包括する上位社会（近代以前の王国，都市国家，首長国，近代国家，植民地政府など）に含まれており，それゆえに必然的に他者との絶え間ない相互作用を前提としている。また，民族という概念では成員性がより原初的であるのに対して，エスニック・グループでは成員性がより操作的側面をもち，そこに属する個人には自己の帰属を選択することもある程度許されており，その境界性が変化し高い流動性をもつカテゴリーなのである。

2．エスニシティ研究のパラダイム

近年,「エスニック・グループが表出する主観的帰属意識や性格の総体」をエスニシティととらえ，行為現象としてのエスニック・グループと使い分ける傾向が強くなっている。「エスニシティ」(ethnicity) という言葉は，20世紀初めの社会学的都市研究において提起された概念で，ヤンキー・シティ研究で有名なロイド・ウォーナーが本格的に利用したとされる（『世界民族問題事典』：216）。だが，人間の形質的特性を強調する人種 (race) や民族，国民といった意味でのネーション (nation) やナショナリティ (nationality) に代わって，社会科学で一般に用いられるようになったのは，第二次世界大戦以降のことである。特に，1960年代のアメリカで黒人公民権運動が盛んになり，黒人やヒスパニック系住民たちが主流社会からの排除や差別に対して異議申し立てを行ったことや，多くの移民・難民たちがアメリカ社会に適応しながらも伝統文化を保持し再活性化させていた状況の中から生まれ普及した概念である (Grazer & Moynihan 1975)。

人類学者がエスニシティに関心をもつようになった理由としては，アメリカをはじめとする多くの産業国家で少数民族の政治的運動が活発化してきたことと，植民地支配を受けてきたアジア・アフリカの国々が旧宗主国から独立した際，伝統的部族組織を分断する形で国家が誕生したために政治構造に変化が生じたことが挙げられる。「近代化」理論が支配的であった時代には，伝統的に固有の言語や文化をもつ単位であった部族やその連合あるいは首長制社会は，ポスト・コロニアル時代の新たな国家形成のプロセスでいずれ崩壊・消滅すると考えられていた。しかし現実には，かつての伝統的文化集団

の境界が維持され，異なる集団との間に政治的経済的利権をめぐる競争や葛藤が発生したり，消滅の方向に向かっていた集団とその文化が新たな意味を担って復活してくるというような現象が観察されるようになった（江淵 前掲：273-274）。こうして，エスニシティという概念は，積極的に自己表現し，肯定的な表象を自ら創り出していくような能動性の強調をしばしば伴いながら（姜（編）2001：180），アメリカ，カナダ，オーストラリアのような移民やその子孫たちによって構成される多民族国家においては，移住者集団の独自な文化特性を意味し，多文化主義政策の基盤にもなってきた。すなわち，国民国家の中でマジョリティ集団に完全に同化せずに，国民文化（＝マジョリティとなる民族の文化）を基盤とするナショナリズム概念と対立しつつ存続・発展する概念として，同化を前提とする国民国家形成や同質的国民国家のありかたを再考させる契機ともなっている（『世界民族問題事典』前掲）。

　エスニシティに関する27の定義を検討したイサジフは，エスニック・グループのもつ比較的明瞭な12の属性を抽出している。その属性とは，①共通の国あるいは地域の出身あるいは共通の祖先（12），②同一文化あるいは慣習（11），③宗教（10），④人類あるいは身体的特徴（9），⑤言語（6），⑥同類意識（われわれ意識，同胞意識と忠誠）（4），⑦ゲマインシャフト的関係（4），⑧共通の価値観あるいはエトス（3），⑨独自の制度（3），⑩少数派ないし従属的地位あるいは多数派ないし支配的地位（2），⑪移民集団（1），⑫その他（5），である（Isajiw 1974 カッコ内の数字は言及された回数を示す）。これらの諸属性の組み合わせによって，エスニシティを例えば「共通の出自，同一の文化や慣習，宗教，人種や身体的特徴，言語などの外面的に知覚可能な客観的特性」といった具合に定義することは可能である。ただ，これだとどうしても客観的定義に偏る傾向があり，集団の変動プロセスを十分に捉えることができないという問題が残る。

　アメリカをはじめとする西洋の産業国家においても，そこに住む少数民族の政治的文化的運動が活発化し，旧植民地諸国およびその他の国や地域から多くの移民や難民が流入して，新たな文化的葛藤状況が起きるという現象がでてくる中で，「エスニシティ」研究にもいくつかの新たな視点が見られるようになる。ノルウェーの文化人類学者バルトは，エスニシティの核心は

「われわれ」と「彼ら」を区別する，自集団に対する帰属意識 (ascription) と同一視 (identification) にあり，従来エスニック・グループの本質的特徴とされてきた，祖先を共有する集団の文化的諸特性（集団の固有の名前，言語，宗教，慣習，社会組織など）は変化しても，この帰属意識が継続している限り，自集団の成員と非成員（他集団の成員）とを区別する「境界」は維持され，しかもそうした帰属意識は，複数の集団の成員がなんらかの相互作用を営む場ないし状況があって，はじめてその姿をあらわすと考えた (Barth 1969)。各集団の成員が，自集団の成員間の連帯を強化したり，他集団の成員との差異を強調したりするために，自集団の文化的特徴や記号を利用するメカニズムを，バルトは解明しようとしたのである。また，イギリスの社会人類学者 A. コーヘンは，ナイジェリアのハウサ族とヨルバ族の間で政治経済的競争のためにエスニシティが動員され，インフォーマルなエスニック・ネットワークが構築される現象を明らかにし，これを「再部族化」(retribalization) と呼んだ。ここでいうエスニシティの動員とは，各部族の伝統的な文化的象徴が，集団の連帯と統合のために活性化され利用される過程を指している (Cohen, A. 1974)。

　バルトや A. コーヘンの研究は，文化人類学におけるエスニシティ研究を活発化させ，政治的経済的利害関係状況に対応してダイナミックな動きをみせるエスニック・バウンダリーの可変性や，エスニック・アイデンティティを機軸にしたエスニシティ論など，新しい研究が展開する契機となった。それは，エスニシティを伝統文化に深く根ざした原初的愛着から放射されるものととらえる「原初主義」(primordialism) から，「政治的経済的利益をめぐる競争的・葛藤的状況が存在するような場合に，有利な条件を確保するための道具として，ある集団に属する個人（政治エリートや商人など）がエスニシティを利用（動員）しようとする傾向がある」といったように，政治経済的あるいは社会的要素への依存変数として捉える「状況主義」(circumstantialism) あるいは「手段主義」(instrumentalism) へのパラダイム・シフトとなってもあらわれた。すなわち，エスニシティは所与のものではなく，むしろ周囲の状況に応じて絶えず変化する社会現象もしくは操作可能な帰属意識であり，状況的・戦術的・手段的な性質を帯びているものとして，恣意性や

主観的な認知が重視されるようになったのである。エスニシティ研究のパラダイム・シフトを導いたバルトや A. コーヘン以降のエスニシティ研究の潮流は,「ニュー・エスニシティ」学派と呼ばれており, 他のグループとの接触や相互作用関係の文脈で, エスニック・グループの母語や母文化はどのように維持されたり消滅したりするのか, また再編されたり利用されたりするのか, さらにそうした状況から新しい文化がどのように生成されていくのか, それらは世代・環境(政治的関係状況)によってどのように変わるのかなどの問題の解明へと向かうようになった(江淵 2000：279-280)。

ただ, エスニシティの恣意性を過度に重視する傾向への批判も看過するわけにはいかない。エリクセンは, 近年のエスニシティ研究の多くが重要な文化的差異によってもたらされる客観的側面を見落としてしまったとして, エスニシティの恣意的側面を過度に重視する傾向を批判している (Eriksen 1991：127-131)。社会生物学的立場をとるファン・デンベルグは, エスニシティが「他の社会集団との相互関係においてのみ把握可能であり, かつ個人的な選択や競争の結果として表出するものだとしながらも, 同時にそれがネポティズムの歴史と環境に反応する人間の態度の双方に深く根ざしているため, エスニシティを原初主義と状況主義のいずれの立場からも切り離すことができない」と主張している (Van den Berghe 1981：256)。同様な観点から, R. コーヘンもエスニシティが世代間伝達や遺伝的傾向として存在する点を指摘している (Cohen, R. 1993：257)。また, 日系アメリカ人のエスニシティの生成・変容のプロセスに注目した竹沢は,「民族意識の転換や変化は, 恣意的にあるいは成りゆき次第で生じるわけではなく, 民族意識の変化には社会組織としてのエスニック集団間の認識上の対立が顕著となる状況および構成員間での経験や社会的文化的特性の共有意識の作用が不可欠」(竹沢 1994：25) と主張している。状況主義的な観点を重視しながらも, そちらだけに傾倒せず原初主義も踏まえながら, エスニシティを慎重に検討していくことが必要であろう。

第2節　基本的状況の整理
―――「エスニックな共生」を考えるヒント―――

1．国家・社会とエスニシティ―――同化主義・複合社会・多文化主義―――

　本書で議論の対象となっている国家や社会は，その領域（国境）内に多様な民族的文化的異質性を抱えており，社会統合・国民統合をめざし国民文化の形成をめざす中で，さまざまなエスニック・グループ間の関係をどのように調整していけばよいかを模索している。その方策として，ときに「同化主義」(assimilationism) を志向することもあるが，民族や文化の異質性が増大することによって多民族化・多文化化が進み，グローバル化が進展する中でエスニック・グループをめぐる状況が複雑に変化している現在，「共生」をめざす上で，同化主義は有効性を失っていると考えるのが妥当だろう。では，「共生」を模索するにあたってどのような可能性があるだろうか。

　オランダの経済学者ファーニバルは，オランダ領インド（現在のインドネシア）社会を分析対象にして，同一の政治単位にあって隣り合って生活しているけれど，互いに混じり合ったり，融合したりしないでいる2つ以上の要素または社会体制を含む社会を「複合社会」(plural society) とよんだ (Furnivall 1948)。コロニアリズムの脈絡の中で想定されたこの概念は，一部階層（植民者の西洋人）に支配権力を集中させた国家社会をさすものであるが，メイバリー=ルイスはポスト・コロニアル時代における第三世界の特質を捉える上でも有効な概念であるという。彼は，歴史的文化的異質性を尊重しあいながら相互干渉を避けてきたアマゾン先住民社会の棲み分けの原理を援用しながら，国家内のさまざまな集団に対して平等な権利を国家が保証するといった具合に，文化的多元主義の政策が適用される社会を「複合社会」とする新しい見解を提出している (Mabury-Lewis 1984)。

　1970年代以降，同化主義の対極にある「多文化主義」(multi-culturalism) が，アメリカをはじめカナダ，オーストラリア，ヨーロッパなどで広まり，多民族国家の新しい統合理念となってきた。多文化主義は，一方では，すべ

写真2 世界最大のイスラム国家インドネシアには300以上の民族が暮らす（西スマトラ州ブキティンギの市場にて）（筆者撮影）

ての国民が基本的にすでに確立されている国家の制度（公用語・共通語や政治・経済・教育などの制度）を支える全体社会の価値観や道徳的規範を受け入れるように文化化され，他方では，自分の属するエスニック・グループの文化へと文化化されることを承認し奨励するものである（江淵 前掲：284-285）。具体的には，主流社会あるいはホスト社会への参加のために，エスニック・グループにその言語や文化の習得機会を与えると同時に，各エスニック・グループ（移民，難民，外国人労働者，周辺地域のエスニック・マイノリティ，先住民など）の伝統文化，言語，生活習慣を中央政府が積極的に保護し，そのために公的援助を行うだけでなく，人種差別禁止を法的に強制して機会均等を達成したり，偏見やステレオタイプを一掃したり，また，アファーマティブ・アクション（積極的差別是正措置）やクォータ制度を導入して，エスニック・マイノリティの教育や職業を基軸とした社会参加をうながすことである（関根 1996：41）。ただし，多文化主義も国家や国民をまとめるためのイデオロギーには変わりないし，本書で取り上げられている対象をみても，そのあり方や状況・内容はさまざまであることもまた事実である。多文化主義が万能薬とはいえないことは，アファーマティブ・アクショ

ンの実施によって主流社会からの反発が生まれたり，エスニック・マイノリティの中に貧富の差が生じたりするなど，限界や問題点が存在することからも明らかである。

　また，主流社会とエスニック・マイノリティとの関係も，単純な「支配─被支配」という図式では捉えきれなくなってきていることにも留意する必要があるだろう。ホミ・バーバ (Bharbha, Homi K. 1994) は，植民地主義的な言説の中で異種混淆化（ハイブリディティ）(hybridity) しているアンビバレントな要素に注目しながらテキスト分析を行うことによって，「植民者─被植民者」という二項対立が決定的なものでないことを指摘している。彼は，異種混淆性の中で立ち現れる「他者」を「馴染みであると同時に異様で，軽蔑すべきだが欲望の対象でもあるような，恐怖と快楽の対象として立ち現れる」としているが，このような視点はエスニック・グループを取り巻く状況の分析にも有効となるだろう[3]。

2．「近代化と開発」言説，社会運動，宗教

　国家とエスニック・グループあるいはエスニック・グループ間には，しばしば差別や暴力的対立のような「エスニック・コンフリクト」（民族的葛藤）がみられる。エスニック・コンフリクトが生じる原因は，エスニック・マイノリティへの主流社会からの差別・偏見や弾圧に対する反発，資源の分配の不平等に対するエスニック・マイノリティの側の不満，近代化や開発のように国家発展に不可欠とされる言説を通した経済的社会的格差の拡大への異議申し立てなどさまざまである。このような不満，反発，異議申し立ては，ときにエスニック・マイノリティによる社会運動へと発展するが，そこでエスニシティが「動員」されたり，強化・再構築されることもある。エスニック・グループ間の経済的社会的格差の解消政策は，それによって既得権を失う他集団からの反発を招く場合があり，そのために法体系の整備・修正といった必要な措置が遅れたり，棚上げにされたりすることも少なくない。また，そのような場合に，不利益を受けているエスニック・マイノリティに適切な情報が公正なかたちで与えられなかったり，政策決定のプロセスに関わる自決権が与えられていなかったりすることから，状況の改善が遅れること

も多い。

　「近代化」や「開発」の言説は，エスニック・グループの主体性を軽視したり無視したりする傾向にあったが，近年，エスニック・グループが主体的に自己主張をしたり，これをNGOなどがサポートしたりするという状況も生まれている。例えば，それは各地で展開する「先住民族」(indigenous peoples) を中心とするエスニック・マイノリティの権利回復運動などにみられ，国際的な関心も高まっている。1992年の国連決議によって，1993年を「国際先住民年」(International Year of the World Indigenous Peoples) と定め，さらに翌1994年から2004年まで，10年にわたる「世界の先住民族の国際10ヵ年」(International Decade of the World Indigenous Peoples) というプログラムも発足した。様々な困難な問題も存在しているが，民族自決権を中核として，土地や資源，開発，生業，言語，非軍事，外交などの権利をめぐる運動の展開が注目されている。

　近代化論では宗教的場面でも「世俗化」(secularization) が進み，宗教離れが起きると考えられていたが，エスニシティの場合と同じように，必ずしもそうはならなかった。現在，様々な宗教において，近代化や世俗化に対する反動のようなかたちで「ファンダメンタリズム（原理主義運動）」(fundamentalist movements) が展開しているし，アメリカなどではエスニシティと宗教を関係づけた研究が重要な流れの1つになってきている。例えば，生まれついたときに家族を含む社会・民族・国家の文化的基盤としての宗教──例えば，ヒンドゥー教やイスラーム教──を身につけた人々が，宗教的多元主義のアメリカにおいて定住化するプロセスにあるとき，宗教は客体化されると同時に相対化され，その結果として自己と自分の宗教との関係性に自覚的になり，1つの宗教の選択がエスニック・アイデンティティの形成につながるという (Warner & Wittner 1998)。このように，エスニシティにとって，近代化や開発の言説，社会運動，宗教なども重要な関係要素となっている。

3．グローバル化とエスニシティ

　ロバートソンによれば，「グローバリズム」(globalism) や「グローバル

写真3　ビルマ(ミャンマー)から移住してきたパダウン族の子どもたち(タイ・チェンマイ県)(筆者撮影)

化」(globalization)という言葉が，欧米の社会科学において使用されるようになったのは，1980年代末から1990年代にかけてのことだという(Robertson 1997：20-21)。グローバル化は，アパデュライのいう「トランスナショナルな文化の流動化」(transnational cultural flow)を生み出している(Appadurai 1991)。人々やその文化が出身地や発祥地を離れて世界各地に分散しながら拠点を築き，その拠点間のネットワークが構築されていくことになり[4]，人々は国境を越えた複数の帰属意識やアイデンティティを持つことが可能になった。また，もともとユダヤ人の民族離散状況を意味する用語であった「ディアスポラ」(diaspora)が，現在では中心地の引き起こした戦争，植民化の歴史や経験に深く結びついた難民・移民をめぐる状況を指すものとして使われ，そこには彼らが現在住む場所とホームとの間の絡まり合う緊張関係が内包していることが議論されるようになった(姜(編)前掲：174)。さらに，「経済的社会的格差＝エスニック・グループ間の格差」という図式も，エスニック・グループを取り巻く状況の多様化・複雑化によって妥当性を失いつつある。

　現代においては，主観的な意味でのエスニック・アイデンティティは逆に強化されているという側面もある。エスニック・グループやその構成員はときに複数のアイデンティティをもち，そこでは状況に応じた使い分けがなされている。「マルチ・エスニック」(Multiethnic)というカテゴリーの主張が行われたり，「表象」あるいは「自己主張」としてのエスニシティが顕在化

したり，コンテクストによって再構築され再定義されるなど，エスニシティ
は多元的・状況的かつ象徴的・流動的な様相を呈している。エスニック・ア
イデンティティを国家という枠組みや局地化されたエスニック・コミュニ
ティおよびネットワークの枠組みの中で捉えることには限界があることも認
識しておかなければならない。

第3節　本書の構成と概要
―――「エスニックな共生」を模索する―――

　本章で「エスニックな共生」という言葉を使った理由は，以上の議論から
推察していただけるだろう。本書で議論されている対象は，従来の民族とい
う概念ではカバーしきれない集団同士のさまざまな相互作用や相互関係の状
況下にあると同時に，グローバル化が進む中で新たな状況にさらされている。
本書の中で，民族という言葉が使われている場合でも，それは決して固定的
な概念として用いられているわけではない。各執筆者の分析対象は，国家や
国家内の他のエスニック・グループと相互に関係をもっており，ときには国
家や領域を越えた存在も含めて，それらのすべてとのダイナミックな関係が
想定された上で議論がなされている。本書では，第二次世界大戦後，コロニ
アリズムから解放された（あるいは解放されようとしている）独立国家（社
会）やその中でのエスニック・グループをめぐる状況を取り扱っており，そ
のエスニシティは他のグループや上位社会などとの間の相互関係の中で多元
性，状況性，可変性を帯びているのである。本章で，エスニック・グループ
をめぐるダイナミックな状況をあらわす意味で「エスニックな共生」という
言葉を使用したのは，以上のような理由による。
　さて，本書の構成と概要の紹介にうつろう。本書は，アジア太平洋の各地
域を研究対象としている執筆者が，それぞれの対象地域に存在する「民族」
「エスニック・グループ」「エスニシティ」などの問題について概況を述べな
がら，「エスニックな共生」を模索する上での課題を提示している。本書は，
主として4つの部分から構成されている。第1部は，「複合社会マレーシア
のエスニシティ―――民族共生への教育と宗教の関わり―――」である。マ

レー人が約6割，中国系マレーシア人（華人）が約3割，インド系マレーシア人が約1割を占める複合社会マレーシアにおいて，民族の共生がはかられる上で教育と宗教がどのような役割をもっているかという側面から検討が行われている。竹熊尚夫氏は，「マレーシアにおける多民族の共生と教育の役割」の中で，多民族社会マレーシアにおける民族の共存のための教育課題について考察している。マレーシアにおいては，人々が享受する教育によってエスニック・アイデンティティの方向性が決定づけられる半面，教育の中で多文化共生や民族共生の理念が模索されている。ただ現状では，多民族共生の理念は「理想」のレベルにとどまっており，これを実行にうつすには具体的アイデアに乏しいため，さらなる模索が続く。その模索のプロセスにおいては，従来の三大民族カテゴリーにしばられない，より広範かつ詳細な民族間のバランス関係の構築が必要となるであろうことも指摘している。清家久美氏は，「マレーシアの華人信仰「ダトコン」と〈義務〉の観念」の中で，マレーシアに固有にみられるダトコン（拿督公）という神がどのように創出され，現在どのように認識されているかを考察することによって，18～19世紀にマレーシアに入植した華人が，他者の「土地」であるマレーシアを自分たちとの関係の中でどのように再構築していったかを解明している。またこうした視点に立って，マレーシアという「国家」において華人とマレー人がどのように「共生」しているかという問題に関する示唆も行っている。

第2部は，「中国少数民族のエスニシティ──共生へのさまざまな模索──」である。約13億人の人口を抱える中国において大多数を占めるのは漢族であるが，全人口の8.41％（1億643万人）は55の少数民族である。固有の歴史的経験，文化，言語を有する少数民族の人々は，社会主義国家である中国においてそれぞれに共存していく道を模索しているが，市場開放以後の社会変化の中で新たな対応を求められているようにもみえる。金俊華氏は，「朝鮮族の経験と言説──延辺朝鮮族自治州の事例を中心に──」の中で，日本の植民地主義と中国共産党イデオロギーの狭間で作為的に誕生した朝鮮族の歴史的特殊性を踏まえながら，彼らが少数民族としてどのような言説を構築してきたかを論じている。また，改革・開放政策および市場経済の導入や「韓・中国交正常化」以降のさまざまな状況変化の中で，朝鮮族のエ

スニシティのありかたに変化が生じ，彼らが新たなアイデンティティの模索を迫られていることを指摘している。甲斐勝二氏は，「民族共生への模索——雲南省白族の白語新文字創定とその普及をめぐって——」において，雲南省の白族の新文字創定と普及運動を対象としながら，白族の人々がなぜ新文字を必要としたか，またそれが中国という国家の中で政府が進める漢語普通話の推進政策と，どのように共存しうるのかについてまとめている。また甲斐氏自身が，白語文字の普及運動に直接に関わりをもっており，研究者が対象地域の人々やエスニック・グループのアイデンティティの維持・再構築のプロセスにどのように関わっていくかについても，興味深い問いかけがなされている。唐寅氏は，「チベット族の現代化と教育の役割」の中で，チベット族が経済的自立や生活水準向上のための人的資源の開発と育成，漢民族との関係改善などを模索しており，中国という国家の中で自らが抱える課題を克服していくために，内地留学などの教育制度を通して漢民族の居住地域に移住し，共存の道を模索している様子を描いている。

　第3部は，「先住民族のエスニシティ——台湾，フィリピン，グアムにおける共生の課題——」である。過去400年にわたって同化の歴史を歩んできた台湾の原住民族，フィリピン南西部に位置するパラワン島の先住民，グアム島チャモロ人の脱植民地化要求の論理など，先住民がおかれている様々な状況と多様な課題が検討されている。荘秀美氏は，「台湾における多元的エスニシティと民族共生を考える——原住民族の社会福祉政策をめぐって——」において，台湾の原住民族に対する社会福祉政策に関して，その政策理念の達成状況と問題点を整理しながら，民族の共生がいかにして実現されうるのかを検討している。荘氏は，国民の相互理解と尊重に基づく多文化共生の必要性を認識し，従来のような福祉対策による恩恵的な保護や救済ではなく，原住民族の権利の保障を前提とした人種的差別の撤廃や原住民族の経済的自立，そのための法体系の整備など抜本的かつ総合的な制度を確立することの重要性を説いている。森谷裕美子氏は，「フィリピン・パラワン族の土地問題と開発」の中で，低地民たちの大量な入植によって土地を奪われ，山地へと追いやられたパラワン島先住民のパラワン族が，その山地でさえも商業目的による森林伐採や鉱山の開発によって生活を脅かされている様子を

描いている。また，1997年に制定された「少数民族権利法」(Indigenous Peoples Rights Act) が，社会的弱者であるパラワン族の救済にとって不完全であること，彼らを救済し状況を改善するためにはNGOのバックアップが必要であること，対等な立場での民族共生のために先住民族出身のリーダーの養成が重要であることなどを指摘している。手島武雅氏は，「小さな島の大きなチャレンジ――序論：グアム島チャモロ人の脱植民地化要求の論理――」の中で，グアム政府が，アメリカ合衆国政府との交渉において，自決権の行使による脱植民地化をどのようなかたちで求めてきたか，またその要求の根拠を何におき，どのような論理を展開してきたか，さらにそれに対して，合衆国政府がどのような対応を行ってきたのかを概観し整理している。その中で，そこに見られる植民地関係こそが「共生」という概念と対極に位置することを述べながら，合衆国によるダブル・スタンダードの排除が「共生」への道につながることを指摘している。グアムにおけるコモンウェルス法の制定と脱植民地化の要求は，グローバル化の過程に自由な意思と方法で参画していこうとする動きも併せもっているのだという。

　第4部は，「再編されるエスニシティ――タイ山地民とインド・ケーララ州にみる民族共生のかたち――」である。タイ北部の山地民とインド・ケーララ州を舞台に，エスニシティをめぐる状況に関する新しい秩序への再編プロセスが検討されている。片山隆裕は，「ラオ・チャーオタイ・プーカオ――タイ山地民におけるエスニシティの主体的形成とNGO――」の中で，タイに住む非タイ系山地民のエスニシティの多元性や状況性を念頭におきながら，「チャーオ・カオ」という官製のエスニック・カテゴリーの下，構造的弱者としての立場を共有してきた山地民の人々が，それを利用して主体的なエスニシティを形成しはじめている様子を描いている。市民権や居住権といった基本的権利要求運動や，主流社会による山地民への偏見に対する抗議行動の中にみられる「ラオ・チャーオタイ・プーカオ」という自称がこれを表象しており，主体的エスニシティ形成のプロセスにNGOや知識人層のサポートが意味をもっていることも指摘している。小林勝氏は，「「エスニシティとしてのカースト」から「ヒンドゥーというアイデンティティ」へ――インド・ケーララ州の事例から――」において，インドにおけるエスニシティに関

わる問題状況について概観し，コミュナリズムが深刻な主題となっていることを述べたあと，インド・ケーララ州の地域社会にも，コミュナリズムの影響が及んできていることを描いている。「寺院のカースト化」がコミュナリズム伸張のひとつの基盤とさえなると述べながら，タラワード的な支配の下に統合されていた地域社会が単に分断されたのではなく，住民たちが「エスニシティとしてのカースト」を通じて「ヒンドゥーというアイデンティティ」へと媒介される新しい秩序への再編の傾向もみられたことを指摘する。そして，ケーララ州において宗教の差異が絶対視される風潮が強まってきた背景の本質に，こうした寺院の変質を核とする地域社会の再編傾向があったとしている。

　最後に，本プロジェクトの顧問を務めていただいた丸山孝一氏に「民族共生の可能性――文化力学試論――」として，本書の全体を総括する論考を書いていただいた。丸山氏は，今日の国際関係の力学を文化の問題として捉え，その文化力学再考の必要性を提唱しているが，そのためにまず，「共生」という概念の再検討を行った上で，共生の促進要因と疎外要因の分析を行っている。共生の促進要因としては，ヒューマニズム，マスメディアを通しての異文化交流，多国籍企業と多文化主義，異文化間交流促進政策，外国人労働者動員政策が，一方，疎外要因としては，異文化への無知・無関心または「誤解」，自民族中心主義，外国文化排斥主義（ゼノフォビア），政治経済的対立競争による排外主義，メディアによる排外主義の拡大再生産などが挙げられ，それぞれに関して，今日の国際情勢や国際関係の実情や実例などを盛り込みながら，わかりやすい解説が加えられている。そして，これら諸要因の相互関係には時間的要素があり，時系列の中でこれらの力関係を観ていく必要が説かれており，グローバル化時代の今日において「民族の共生を模索する」上でさまざまな示唆を与えてくれる。

おわりに

　「エスニックな共生」を模索しようとすると，私たちはさまざまな課題に

直面する。その課題は国家や地域によって、また状況に応じても異なっている。そのため、それぞれのコンテクストを十分に検討した上で、何がどのように「共生」をもたらすのか、また「共生」にとって何がどのように障害となるのか、などの諸点について、歴史的経験や文化、それぞれのエスニック・グループがおかれている状況や国家体制、グローバル化の中での対応など、さまざまな要素のひとつひとつを慎重に検討していかなければならない。グローバル化が進展する中で民族やエスニック・グループという概念はますます重要度を増しているが、これらの概念を固定的なものと捉えたり、差異を絶対化したりする態度を排除することもまた重要である。そのような態度は、異なるグループ同士の対話の可能性や対話の中から創造される普遍的な価値を封じ込めてしまう危険性を孕んでいるからである[5]。今日の世界情勢を見渡してみてもわかるように、「エスニックな共生」への道は決して平坦ではないが、本書がそのささやかな機会を提供できれば幸いである[6]。

注
1) これらのことは、さまざまな資本や情報がタイに流入し、欧米人、日本人、中国系などの人たちがグローバル・ツーリストとしてこの村にやってくることを表している。ツーリストたちは、山岳少数民族のエキゾチックでオーセンティックな生活を期待してやってくるが、その期待は少なからず裏切られることになる。筆者はこの10年ほど毎年この村を訪れているが、そのたびに村の子どもたちがツーリストたちとの相互関係の中で「グローバルに社会化されていく」のを実感している。
2) 『世界民族問題事典』(平凡社)の「民族」の項(川田順造 p. 1116)を参照した。
3) Bharbha, Homi K. 1994 および、本橋哲也 1999 を参照した。
4) これを、ハーヴェイは「脱テリトリー化」(deterritorialization)と呼んだ(Hervey 1989)。
5) 本研究プロジェクトの一環として開催された「国際研究交流会議」(2001年12月3日)における小林勝氏のコメントを参考にしている。
6) 本章の執筆に際して、江淵 2000 から様々な示唆を得ていることを付記する。

参考文献
Alba, R. D. 1990 *Ethnic Identity : The Transformation of White America,* New Haven : Yale University Press
青柳まちこ 1996 「序章「エスニック」とは」 青柳まちこ(編・監訳)『「エスニック」とは何か——エスニシティ基本論文選——』 新泉社 pp. 7-21
Appadurai, A. 1991 "Global Ethnoscapes: Notes and Queries for a Trans-

national Anthropology" (in) Fox, R. G. (ed.) *Recapturing Anthropology,* Santa Fe: School of American Research Press pp. 191-210
Barth, F. 1969 *"Introduction" in Ethnic Groups and Boundaries,* (ed.) Barth, F. Boston: Little Boston
Bharbha, Homi K. 1994 *The Location of Culture,* London and New York: Routledge
Bennett, J. W. 1975 *New Ethnicity : Perspectives from Ethnology.* New York: West pp. 3-10
Clifford, J. 1994 "Diasporas" *Cultural Anthropology,* Vol. 9 p. 303
Cohen, A. (ed.) 1974 *Urban Ethnicity,* London : Tavistock Publications
Cohen, R. 1993 "Conclusion: Ethnicity, The State, and Moral Order," In Toland, J. (ed.) *Ethnicity and the State,* New Brunswick, NJ: transaction, pp. 231-258
江淵一公 1994 『異文化間教育学序説——移民・在留民の比較教育民族誌的分析——』 九州大学出版会
———— 2000 『文化人類学』 放送大学教育振興会
Eriksen, T. H. 1991 "The Cultural Context of Ethnic Differences." *Man (N. S.)* 26, pp. 127-144
Furnivall, J. S. 1948 *Colonial Policy and Practice : A Comparative Study of Murma and Netherland India,* Cambridge University Press
Grazer, N. & D. Moynihan 1975 "Introduction," (in) Grazer, N. & D. Moynihan *Ethnicity : Theory and Experience,* Cambridge, Mass
Hervey, D. 1989 *The Conditions of Postmodernity : An Inquiry into the Origins of Culture Change,* Cambridge: Blackwell
Isajiw, W. 1974 "Definitions of Ethnicity," *Ethnicity* (1), pp. 111-124
石川栄吉ほか（編） 1987 『文化人類学事典』 弘文堂
韓景旭 2001 『朝鮮族——韓国・朝鮮系中国人——』 中国書店
姜尚中（編） 2001 『ポストコロニアリズム』 作品社
加藤 剛 1990 「「エスニシティ」概念の展開」 坪内良博（編集責任）『東南アジアの社会』（講座・東南アジア学 3） 弘文堂
キャッシュモア, E.（編著） 2000 『世界の民族人種関係事典』 明石書店
Maybury-Lewis, D. 1984 *The Prospects for Plural Societies,* American Ethnological Society
本橋哲也 1999 「応答するエイジェンシー」 『現代思想』 Vol. 27 No. 9 1999年6月
リッツア, J. 1996 『マクドナルド化する社会』（正岡寛司監訳） 早稲田大学出版部 1999年
ロバートソン, R. 1997 『グローバリゼーション——地球文化の社会理論——』 東京大学出版会
関根政美 1996 「国民文化と多文化主義」 初瀬龍平（編著）『エスニシティと多文化

主義』 同文舘　1996 年　pp. 41-66
清水芳見　1999 「エスニシティと民族問題」 宮本勝・清水芳見（編著）『文化人類学講義——文化と政策を考える——』 八千代出版
竹沢泰子　1994 『日系アメリカ人のエスニシティ』 東京大学出版会
梅棹忠夫（監修）・松原正毅（編）　1995 『世界民族問題事典』 平凡社
Van den Berghe, P. L. 1981 *The Ethnic Phenomenon,* New York: Elsevier North Holland
Warner, R. S. & J. G. Wittner (eds.) 1998 *Gatherings in Diaspora: Religious Communities and the New Immigration,* Temple University Press

「エスニック」という言葉
―― ファッション性から実体の認識へ ――

　中曽根康弘元首相の「日本人＝単一民族」発言（1986年）は，民族的均質性の高い日本において，エスニック・グループやエスニシティに関わる問題に対する日本人の関心の低さや，日本人の心の奥底にある単一民族幻想を象徴するものといえるかもしれない。ただ，この発言の前後から，エスニシティに関する出版物が増加し，日本でもエスニシティをめぐる問題の重要性が次第に認識されるようになってきた。それには，いくつかの理由がある。第一に，私たちの周囲にいる外国人が増えたことである。これは，1990年代に入ってから，日本における外国人登録者数が120万人を超え，人口の1％を占めるようになったことからもうかがえる。第二に，東西冷戦構造の崩壊後，世界的規模で民族問題が顕在化するようになったことが挙げられる。そして第三に，1993年を「国際先住民年」とする国連決議が，国内の先住民アイヌの人々をめぐる問題に対する一般の関心を喚起したことのほか，崔洋一監督の映画「月はどっちに出ている」の話題性が，在日コリアンをめぐる問題に対する関心を高めたことなども関係しているかもしれない。
　繁華街や駅のレストラン街には，様々な国のいわゆる「エスニック料理店」が登場し，コンビニエンス・ストアにも「エスニック・フード」があふれるようになった。トムヤム・クン（タイ），タンドリーチキンとナン（インド）を知らない若者はほとんどいないし，筆者の勤務する大学の食堂にさえも，ビビンパ（韓国・朝鮮）やナシ・ゴレン（インドネシア，マレーシア）などのメニューがお目見えした。こうして「エスニック」という言葉は，私たちの生活にすっかり定着してきた感があるが，この言葉はどちらかというとファッション感覚で使われることが多い。私たちの日常において，マイノリティとしてのアイヌの人々，在日コリアン，外国人労働者などをめぐるエスニシティの多元性や状況性あるいは政治性などを意識して，この言葉が使われることはあまり多いとはいえない。日本が多民族国家としての道を歩んでいくとすれば，異なる文化をもつ人たちとの共生の道を模索することは避けて通ることのできない宿命となるが，「エスニック」という言葉の実体を再認識することも，共生への道の第一歩となるかもしれない。

第 1 部

複合社会マレーシアのエスニシティ
―― 民族共生への教育と宗教の関わり ――

第1章
マレーシアにおける多民族の共生と教育の役割

はじめに

　マレーシアはイスラム教を国教とした立憲君主制の13の州よりなる連邦制国家である。人口は約2,000万人，総面積は約33万km²で日本の9割ほどの国土を持つ。ただ，マレー半島部とボルネオ島北部の島嶼部とに分かれており，政治的，経済的には半島部が中心である。島嶼部のサバ，サラワク両州の人口はおよそ300万人でマレーシア全人口の約15％を占めており，半島部の11州よりも自治性，独自性が強く，独特の政治・文化状況を有している。本章では主として半島部の動向を扱うが，マレーシア全体として包括的にとらえることを試みながら，国家と民族を対比させて教育のあり方を考えたい。というのも，マレーシア国家全体の民族問題と教育を論じる場合，島嶼部の多民族性を無視しては，即ち端的には，数的には少数派であるが多様な先住民族の存在を考慮することなしには，民族間の（人口，政治権力，経済力，文化浸透力等における）相互関係やバランスを踏まえた検討ができないからである。

　本章はまず，マレーシアの民族と教育研究にかかわる全般的な特徴を述べた後に，多元主義や民族カテゴリーに関する事例の検討を行い，次に教育を通して多民族社会における民族の共存，共生に求められる視点を探ることを目的としている。

第1節　多民族共生の教育を捉える視座

　マレーシアは多民族国家であり，マレー人が約6割，中華系マレーシア人[1]（以下では中華系と呼ぶ）が約3割，そしてインド系マレーシア人（以下インド（タミル）系）が約1割を占めている。中華系やインド系のマレーシア人はその多くがイギリスのマレー半島を植民地統治している時代に労働者として移住したいわゆる華僑や印僑をその祖先とする。その点，マレー人はマレーシアという国名のとおりマレー系マレーシア人を主体とする国家の中心的存在である。だが，歴史的に見ると，上記の華僑や印僑のはるか以前に，マレー人という民族が確定されていたわけではない。マレー半島に現在のマレー人の祖先が居住し始めたのは紀元前2000年頃からであると考えられており，"ドイトロ・マレー（Deutro-Malays）" と呼ばれている。彼らは中国の雲南省地方から南下して古くから居住していた "プロト・マレー（Prot-Malays）" と呼ばれる先住民を内陸部に追いやり，北部マラヤに定住したと歴史研究では説明されている[2]。だが，それ以前に，古くはジャワ原人や氷河期の東南アジア島嶼部にわたる広大な「スンダランド」の存在は無視できるものではなく，そしてまたマラヤに王国が誕生する以前から，マレー半島は中国文明とインド文明の交流の中継地点であり，多様な人種，民族の混在があったことが推測される。

　歴史的事象を現在の普遍的と考えられがちな価値や理念に衝突させることは現在の世界観・価値観を揺り動かし，転換させる動力となる。歴史的事実の検証は専門家に任せるとしても，マレー人という「民族」カテゴリーが人口に膾炙されはじめた時期や，その意味等については，「中国人」や「インド人」等と同様に批判的な立場から検討していくことは必要である。しかし同時に現代的なカテゴリーの概念や範疇も将来的には社会の変遷につれてまた変容する[3]。こうした暫定的なカテゴリーはそして，その時々の政策文書や研究書等で変化しつつ，民族問題などに関して論述する際には避けて通ることはできない。単純な例では，政策文書などで「人種」という表現から

「民族」という表現への移行が見られること。また，民族という言葉の導入に伴う異義語の混在，新たな集団指標の導入と差別的呼称の排除などである。

　統計や論理的には自明となろうが，私たちは，ある特定の時代の，期限付きの1つか複数の側面に限定され，識別・区別され，カテゴライズされた集団を集団Aと呼んでいる。その際私たちは，その集団Aの中で，最も代表する，あるいは量的に多数を占める小集団α（アルファ）の特性をもって，集団Aについて論述することで充てるという認識上のギャップと，詳細に述べることによる煩雑さを避けるためという理解及び表現上の曖昧さの課題を抱えこんでしまう。特定の集団のカテゴリーには必ず周辺が含まれる。集団間の対立構造の中で際立たされるのは，その枠とエッセンスであり，実は周辺あるいはサブカテゴリーは当該集団の中では第一義的な存在意義を問われることはない。それは歴史教科書や国史などの一部の「歴史の教育」のなかでしばしば批判されることである。しかし，それも情報化が進むにつれて人権や平等がより広範に問われ，一方でグローバリゼーションや情報の均一化に対抗する個やローカルな価値に重点が置かれるような現代の社会において，周辺やサブカテゴリーはその独自性が認められ，あたかも希少種のようにその保護が取りざたされる。それは例えば，マイノリティの権利としての母語の保持や民間伝承の保存，先住民族アボリジニー（aborigine：オーストラリア等の先住民族と共に土着動植物という意味も持つ）の観光資源化（観光産業での国家の代表性獲得[4]）等に見られる。こうした取り組みは，それぞれの地域における文化や伝統，集団カテゴリーをより細分化させ，一方で厳密にする働きを持つことも期待される。

　筆者自身これまでマレーシアでは三大民族のカテゴリー[5]について民族対立の構造として捉えてきたが，それは民族間の対立が教育政策やその実態，特に学校制度や言語教育，個々人の社会移動，ひいては民族の社会・経済的地位の向上が，国家としての課題であり主たる争点であったからである。国家と集団，国家と民族との関係を考える際には，先の三大民族カテゴリーのそれぞれのアイデンティティ形成と個人の社会移動を見ることが適切であったといえる。本章の中でも同様に，国家としての国民統合の課題として見る場合はこの三大民族カテゴリーは有効であるし，民族教育制度を検討する際

にはそれぞれの民族（大）カテゴリーに基づく分析が必要であるため，こうした構図の認識も継承される必要がある。

　例えば，マレーシアが多民族社会として研究の対象となった際に，最も知られたのは「複合社会」という概念である。複合社会とはJ.S.ファーニバル（Furnivall）の用いた用語であり，それぞれの民族が共通意志（common will）なしに割拠的分業を営んでいる様をいうもので，教育においてもそれぞれの民族語の学校が別個に建てられていた状態を指す（Furnivall 1942：501, 605-609）。マレーシアではこうした民族語学校がしばしばヴァーナキュラー・スクール（vernacular school：地方語，地域語，方言学校）と呼ばれるが，主としてマレー語，中国語（華語），タミル語の学校を指すものとして扱われている。これらは大きなカテゴリーで表現されているもので，例えば，中国語（華語）方言やタミル語以外のインド系言語は，先に述べたような研究ではマクロな対立，葛藤の場としての構図を浮き彫りにするために，またその葛藤構造に与える影響の低さゆえに，そして（大）民族内の葛藤というミクロな紛争を避けるためにも政治的，社会的に捨象されてきたのである。

　現在においても，「複合社会」という視点は特に制度的研究においては踏まえなければならない前提である一方，地域や民族それ自体の研究を重視するアプローチでは，マレー人とは何かということが研究の対象であり，論議の対象となることもある。しかしながら，マレー人ですらそのカテゴリーの中には下位の集団を含む。白石によると，「マレー人」の中に「マレー人」「ジャワ人」「バンジャール人」「アチェ人」などのインドネシアでは民族集団として地位を達成した下位範疇とならんで，現インドネシアの地方出身もそのカテゴリーに含められていたという（白石：215）。筆者自身マレーシアでの聞き取りで，「外人」を示す"orang asing"という言葉は，元来外国人をさすのではなく，自分のカンポン（Kampung：村，居住区）の外の人はすべて「外人」であるという表現を聞いたことがある。これなどは，内的な多様性や区分を実感させる表現であろう。

　マクロな（大）民族対立を上位において，マジョリティがマイノリティを見る視点，もしくはマイノリティがマジョリティを批判する立場を重視するためか，外と内との関係に囚われ，また外部から集団Aが集団Bと異なる差

異や特徴を見る視点や，集団Aから外部を見る視点を持つことを意識したアプローチ等，マクロからミクロのどのレベルでも実は上述の誤謬の危険を冒していることを意識しにくくする。そして，自然科学と同様に，妥当であろうというお墨付きのもと，論が展開されざるを得ないことや，厳密性が実はそうした曖昧さの上に立っていることは将来にわたって意識されねばならない。

　本章は，教育的な側面から，よりミクロな集団間の相互関係を視座に踏まえた検討を通して共生の概念の形成を導こうとするものである。すなわち，国家や民族間といった次元に基づきつつも，それぞれの民族集団の中での多民族共生の認識の形成あるいは，民族アイデンティティにおける自一他認識というミクロな次元での検討を通して，マレー系と中華系の多元主義への教育における取り組みの相違を検討する。こうしたアプローチは，比較研究の有効な手法であるメタファーを用いた自己認識と類似するが，それは，新たな世界観の理解を通しての自分の立場の相対化によって，前提や自己認識の変化・深化がもたらされるからである。そこで，マジョリティがマジョリティを見る視点や前提，そして，マイノリティがマイノリティを見る視点や前提について，自らのカテゴリーと多民族共生，文化的多元主義という角度から検討することが必要となる。具体的には以下でとりあげる「ブミプトラ」の中の先住民族の存在や，中華系におけるマレーシア語，英語や方言の意味，インド系におけるタミル語の代表性の問題である。

　グローバリゼーションの波が押し寄せる現代において，多民族共生の実態とその複雑化は教育にも生じており，国民統合の理念としてナショナル・アイデンティティが重視された時代背景から転じて，ナショナリゼーション（ナショナリズム）とグローバリゼーションのせめぎ合いだけでなく，多様なエスニシズムの有り様とその権利が出現している状況で，個々人，特に子どもたちがどのようにアイデンティティを獲得し，自己の中に位置づけていくことが望まれるのかについて教育を通して考察を加えたい。

第2節　ブミプトラ政策と教育

　マレーシアでは現在，通称，ブミプトラ政策（Bumiputera Policy）と呼ばれる政策もしくは政策理念が実施されている。ブミプトラという言葉はサンスクリット語源とされているが，マレー語化してきている。「ブミ」とは地球，世界，地上，大地を指し，「プトラ」とは王子もしくは子どもや男児を指し，いわゆる「土地の子」としての先住民としての権利を主張し，擁護するものである。現在マレーシアで最も権威のある国立言語出版局（Dewan Bahasa dan Pustaka）刊のマレー語辞典[6]では「ブミプトラ」のことを「居住地（negeri）の子，プリブミ（先住者・民）」と説明している。ブミプトラ政策は，別名マレー人優先政策とも呼ばれており，マレー系マレーシア人の社会的・経済的地位の向上をねらった優遇政策として紹介されている。この政策理念は独立当初よりなかったわけではないが，特に1969年の民族対立以後，政府から打ち出された新経済政策（New Economic Policy）を通して強化されてきた。しかしながら，ブミプトラという呼称は人工的，もしくは1つの意図され，作為的に形成された新しいカテゴリーであることも，マレーシアでは広く知られた事実である。ブミプトラは民族カテゴリーではなく，先住民の権利を主張し，守るために作られたもので，対立カテゴリーにはいわゆる移民・流入民があてられる。いわゆる「非ブミプトラ（Non Bumi：非ブミ）」である。歴史的にはイギリスによる植民地統治時代に労働者として中国やインドからやってきた中国人・華僑やタミル人・印僑がそうした移民の代表者である。彼らの経済力や他の様々な脅威に対抗するために，マレー人が自分たちだけでなく，マレー人以外のマレー半島やボルネオ島北部に散在している先住民族を加え，新しく意味付与したカテゴリーがブミプトラである。

　表1-1では，三大民族の区分，すなわちマレー系のマレーシア人，中華系のマレーシア人，インド系のマレーシア人というカテゴリーと共に，より下位のカテゴリーを示している。特にブミプトラの中のカテゴリーについて

表1-1　マレーシアのカテゴリー別人口構成概要　　　　　　　（単位：万人）

大カテゴリー 割合	ブミプトラ 62％		中華系 27％		インド系 8％		その他 3％
1999年統計	1,300		560		160		70
〈下位カテゴリー〉	マレー	1,070	福建	160	タミル	110	ユーラシアン
	その他のブミプトラ	250	客家	110	シーク	5	ヨーロピアン
半島部　　　　17 （含オラン・アスリ）	サバ州 サラワク州	134 97	広東 潮州	84 52	マラヤリ テルグ	4 4	フィリピノ タイ
ネグリト　　0.3 （バテック、ジャハイ他）	イバン カザン／ドゥスン	58 53	福州 海南	23 17	シンハリ スリランカ	2 2	ベトナム 他
セノイ　　　　5 （セマイ、テミアル他）	バジャウ ビダユ	33 16	広西 他	7	パキスタン 他	2	
プロト・マレー　4 （ジャクン、テムアン他）	メラナウ 他	11					

出典）大カテゴリーの統計およびブミプトラの下位カテゴリーの統計はBANK DATA NEGERI/DAERAH (State/District Data Bank) 1999 Jabatan Perangkaan Malaysia (Department of Statistics, Malaysia) pp. 54-56, pp. 59-60による。オラン・アスリの統計はJHEOA資料による。中華系、インド系およびその他の下位カテゴリー統計は、Population and Housing Census of Malaysia 1991。小野沢純 1997「マレーシアの言語と文化」『ASEANの言語と文化』高文堂出版社　pp. 170-171からの転載。

見てみると，マレー系と「**その他のブミプトラ（Bumiputera Lain）**」という2つのカテゴリーに区分されている。マレー系がブミプトラの中で約8割を占め，「**その他のブミプトラ**」は全体の約2割にあたる。このため，一般にブミプトラ政策の該当する受益者としては多くの場合マレー系をさしている。

この「**その他のブミプトラ**」とは「マレー系以外のブミプトラ」のことであり，マレー半島の統計では多くのオラン・アスリ（Orang Asli）を含んだものである。オラン・アスリとは「本来のあるいは先住の人」の意味だが，マレーシア国内では半島部にのみ居住する先住民族全般だけを指し，現在約9万人が居住している。オラン・アスリはかつてはサカイと呼ばれていたが現在は差別語として使用されなくなり，この用語が現在は用いられている（水島 1993：144）。このオラン・アスリにも，ネグリト（Negrito），セノイ（Senoi），プロト・マレーの3グループに分けられ，それぞれが6つのサブグループによって構成されている。一方，サバ州やサラワク州の統計では，イバンやカダザン等の少数民族は当該地では中規模カテゴリーとなるため，半

島部のオラン・アスリとは異なり，両州ではマレー系を含めずに別個の独立したカテゴリーとして扱われ，それより下位の民族カテゴリーが一括されて**「その他」**にまとめられている。だが国全体の統計となると**「その他のブミプトラ」**にオラン・アスリやイバン，カダザンなどが一括して含められるという認識上のくい違いを見せている（BANK DATA NEGERI/DAERAH 1999）。

こうした多層的な指標を統合した上で創られているブミプトラというカテゴリーは，国家を分かつ三大民族の経済的格差の是正という，民族間のバランスを重視している。ブミプトラ政策は1969年のマレー系対中華系の対立「民族／人種暴動」が選挙結果を引き金にして起こったものであるが，基底にはマレー系の経済的な不満があり，教育計画を通してマレー系への教育設備の充実や奨学金，入学の優遇という制度的な形で具現化した（拙著 1998：60）。しかしながら，マレーシアの設立当初から，「マレー人のマレーシア」か「マレーシア人のマレーシア」かという理念の対立は既に存在していた。独立の際，イスラム教の国教とともに先住民の言語として，そしてマジョリティの言語であるマレー語が国語となり，マレー文化がマレーシアの基礎とされ，教育においても，学校での使用言語が国語であるマレー語によって再編され，マレー文化を基調とすることが求められた（拙著：26）。それ故，マレーシア政府は「マレー人のマレーシア」と共に，過去の補償を伴う「結果の平等」を志向するアファーマティブ・アクション（affirmative action：積極的な差別是正措置）を国策として採用したのである。

この背景によって，本来は経済的・政治的原因を持つブミプトラ政策は，マレー化の基本理念を政府や研究者が組み込むと共に次第に，文化的な側面においても用いられ始めることとなった。ただし，この政策によってマレー系の専門職従事者が増加し，ひいては中間層が増加したことは否めない事実である。また，そうしたマレー系は外国留学経験を持ち，「新しいマレー人」を構成する基本的特徴となっていることも指摘されている（吉野 2002：104）。

しかしながら，ブミプトラ政策は他の民族から批判されるのみならず，マレー系の内部からも，国民統合への効果という面や，より社会階層の低いマレー系（ブミプトラ）への経済的効果という面からも批判が繰り返されてい

写真1-1　マレー系の子どもたち
　　　　　（放課後）

写真1-2　スマート・スクール授業風景
　　　　　（IT実験校）

る。またマレーシア政府もこうした批判の一部には妥当性があると認めている。それでも三大民族カテゴリーが認識・維持されたのは対抗民族との格差が顕在化しており，政治的にもそうしたことがマレー系の結束をこれまで固める原動力となってきたからであろう。マレー系対中華系，またはマレー系対インド（タミル）系という二極対立的な分析が多々みられるのもこうした理由からであろう。

　だが，先の「新しいマレー人」にもみられるように，西洋的な価値観や，汎イスラム的な平等思想（一面では社会主義思想）から，マレー系内部の矛盾の認識もされている。また中華系は，政党が二分されているが，社会主義への傾倒が共産主義と繋がりやすかったため，富裕層と労働者層の分離を生み，自集団（中華系内）の平等意識の発展には障害となってきた。このように，全体としてはマレー系と中華系の対立の構図で成立しながらも，それぞれの内部では葛藤を抱えこんでしまっている。

　例えば，結果としてブミプトラというより広義なカテゴリーを基本前提としたため，それに属する人々は，現実には必ずしもムスリムではなくなり，イスラムを代表しなくなっている。また，より抑圧されてきた小集団，すなわちより先住の民であろう**「その他のブミプトラ」**の存在を無視できなく

なってきたのである。

　これまで，三大民族の連合与党政府の妥協的（均衡的）政策によって，教育は，英語学校や「中国語学校（独立前に設置）」を廃止し，マレー語学校化するマレー語化政策とマレー系への優先政策という形をとってきた。その主たる目的は経済的バランスの是正による統合理念であり，教育という媒体によってマレー系の社会進出へのアスピレーションを満たしてきたのである。だが上述のような三大民族カテゴリーからの脱却は進められなければならない。次節では，教育システムの側面から多様な民族教育と共生の実態を見ていこう。

第3節　国民教育と民族教育の現状と課題
―― 学校で創られるエスニシティと多文化共生理念 ――

　マレーシアには多民族社会を反映して，複数の言語教育制度がある。まず第一に，国家の用意したナショナルなルートが小学校から大学まで造られている。このルートでは小学校だけにマレー語，華語（中国語），タミル語の3言語の学校が存続している。この政府系のルートには宗教学校や技術学校やエリート学校等もあるが，その他に民間等によって作られたエスニック，リージョナル，インターナショナルなルートもある。これは多くは，中華系の生徒が利用し，中等学校や中等後から高等教育までのルートが存在している。ここでは華語や英語，マレー語のいずれかを教授用語とすることができる。中華系の生徒にとっては特にどのような学校を選択するかということが，どの言語をマスターするかという将来的展望にかかわる重大な選択である。もちろん，マレー系でも，中華系の学校に意図的に親が子どもを通わせるということがある。これはマレー語は家庭で学べるが（国語の教科としてのマレー語の成績は，しばしばマレー系より中華系の方が上であることがある），華語すなわち中国語は将来的価値から見て修得しておくことが望ましいとの親の判断によるものである。但し，受ける教育によって民族的アイデンティティの方向性は定まっていく。だからこそ中華系マレーシア人としてマレー語を家庭言語としていくか，華語標準語を民族集団（大カテゴリー）のアイ

デンティティとして母語としていくか，華語方言をルーツとして維持していくか，それとも国際言語としてもしくは共通語として英語を家庭言語としていくかという様々な方向性から選択せねばならない。ここには理想と現実の狭間で将来的な自己像の可能性を目指した選択が行われ，自己申請によるアイデンティティの獲得がなされる[7]。

教育における各民族の持つ多文化共生の視点はどのようなものか。この多文化，多民族教育への基本的立

写真 1 - 3 　タミル語小学校の子どもたち
　　　　　　（準政府系）

場のマレー系（政府）と中華系（与野党）の立場がより鮮明になるのは，民族教育および民族学校の存続に関する理念が衝突したときである。それは民族小学校の存続と統合の見取り図が政府から示されたときに生じる。近年では，ビジョン・スクール問題が，より最近の問題としてはダマンサラ小学校問題がある。

まず，ビジョン・スクール（Sekolah Wawasan）問題であるが，ビジョン・スクールは1985年に問題化した総合学校問題と同一線上にあるとされている。総合学校問題とは3民族の小学校を1つの総合学校として再編させるという政府の案に対して，中華系の特に華文教育団体が反対を表明し，広く実現されることはなかった「事件」である。これが，「ビジョン2020」というマハティール首相の提唱した，2020年までに先進国入りを目指すという，国家目標に沿った形で，新しく焼き直された形で提示されものがビジョン・スクールというわけである。中華系とすれば，政府が国家目標に相乗りをして，学校制度の運営権を奪い，華語小学校の消滅を図ろうというように捉えられたのである。ビジョン・スクールは国民学校が変容するというわけではなく，華語小学校を組み込むという形式であるかぎりは中華系の同意は容易にはされず，国内でもそれほどの広がりを見せてはいない。

ダマンサラ小学校問題は2000年の10月に起こった問題である。これはクアラルンプールに近接した比較的裕福な住宅地域であるペタリンジャヤにあるダマンサラ華語小学校が，生徒数の急激な増加と近郊の環境の悪化のために，校区外の地域に培才二校という名前の別の華語小学校を2001年に建設し，そこに生徒を移動させ，ダマンサラ華語小学校を閉校し，代わりに培才二校の近郊に同じ名前のダマンサラ華語小学校を新たに建設するという計画が打ち出されたことによる。インタビューによると，こうした計画は政府によってこれまで何度か他の地域でも出されており，結果として学校が増設されることは少なく，結局華語小学校がなくなり，国民小学校であるマレー語小学校のみしか残らなかったという経緯があるという。そのために今回の問題でも中華系の一部の親たちは，新しい学校が建てられる前になぜダマンサラ小学校を閉鎖しないといけないのか，ダマンサラ小学校を必ず建てると契約しない限り移転はしないと抗議したのである。この他にも，華語小学校への子どもは学校数の少なさから近隣地区からも通学してくる子どもが多いという実態に絡んで，地区と学校の名称の取り扱いや個々の住民における通学距離の変動，華語小学校と国民学校の比率などの問題が絡み合っている。華文教育団体においても，こうした政府の政策に対して不信感が強く，これを野党が政治化させたことで，より問題が複雑化したという。似たようなことは華文独立中学校の校舎問題でもあり，かつて中華系が独自の資金で建設した校舎が，国営化され，自分たちの学校でなくなったということを中華系よりたびたび聞く。
　ダマンサラ校問題は華語学校として再開されたことで，一応の決着を得たが，中華系の学校はこれまで中華系の華語小学校であれ，華文独立中学校であれ，政府からの援助は国営の学校と比して十分ではないため，設備面での整備は中華系のＰＴＡや社会団体などからの寄付によって賄っているという背景もこうした問題を深刻にしている。
　以上のようなことは，あくまで新聞報道やインタビューによるものであるが，その中には，建前的な表明ではなく，政府と中華系の多民族主義の観念や歴史的な立場からの考え方の違いが見て取れる。
　多文化主義は政治的なレベルでは，政党の統合であり，複数の公用語の共

有（統一）であろうが，生活のレベルでいえば多様な言語文化を持つ人々の社会的統合であり，社会的ルールの共通理解が必要で，教育においては知識を得て，共感的態度形成を培うことが重要であろう。ビジョン2020の構想の中に，「マレーシア民族（Bangsa Malaysia）」の提唱がある。いわゆるマレーシアを1つの民族にしようという提言であるが，これもやはり華人系野党からは強い抵抗感が出されている[8]（原 2000）。2001年にマハティール首相は国民教育制度が民族の統合に失敗しているとの声明を出している（The Star紙 2001 Apr.17）が，こうした事態に対する方策が民族統合のマレー的な愛国・道徳教育であればもちろん中華系の反対を免れることはできない。

このように，政府による国民統合のための教育は必ずしも民族共生のための教育と一致しない。政府はマレー文化を基盤としていることにかわりはなく，あくまで国語であるマレーシア語即ちマレー語の敷衍化という意識を持っている。このため，ビジョンスクールなども多文化主義的と言えないこともないのであるが，実際はマレー文化を基層として，その上に多文化・多民族主義を置くという構造になる[9]。いかにも矛盾が露呈しそうな構造だが，マレーをブミプトラとすれば，ブミプトラの中にマレーをも相対化せざるを得ない。これに対し中華系は，マレーシアの多文化（その1つに中華文化がある）を基層としてそこに多文化・多民族主義を据える構造といえよう。この際中華文化自らを相対化することとなれば多元主義的な立場がうまく当てはまる構造があるように見えるが，実際は標準語と方言の問題が中華思想の中で意識されていない。

即ち，多文化観の相違の基盤にある自文化観はそれぞれが内的な葛藤を含んでいる。例えば，中華系の教育は歴史的にはマレー半島がイギリス植民地であった時代の1834年，シンガポール・フリー・スクール（Singapore Free School）では英語学校部・タミル学校部・マラヤ学校部・中国学校部があるばかりでなく，「中国学校部には，福建学級2・潮州学級・広東学級の4学級」があったことが記録され，ペナンでも1910年代に同様に福建系の方言を用いる学校と広東系の学校とが混在していたという（多賀 1983：222, 241）。中国語学校としての最初の近代的学校は1854年に設立された萃英書院であり，これは福建方言の初等学校である（永岡 1988：40）。こうした各方言系

写真1-4 一般の公立中等学校授業風景（民族混合）

の学校は20世紀初頭の孫文や康有為等の革命指導家の影響や大陸の影響を受けて教授用語を共通語としての「華語」（普通語）として統一されることになったのである（永岡：40）。このほか，地方として例えばイポー（客家系多数），クアラルンプール（広東系多数だが，客家系も少なくない），クチン等においてもそれぞれの方言系の学校が現在は標準華語となっている現状がある。

　初めに述べたように，民族共生の理念の提示といえども，視点をより広く，深く，細かくするとそれぞれのカテゴリー内部に多様性や重層性が見られるようになる。中華系の場合には，なぜ標準華語のみが重視されているのか。中華系はそれぞれの方言が異なっていれば全くお互いに意志疎通ができないほど違っている。当時は唯一の共通コミュニケーション手段が漢字であり，新聞等による情報の共有であったのが，標準語を学校教育で実施して初めて各方言集団が共通のアイデンティティを持つに至れるのである。しかし現在，母語の権利が先住民族のみに当てはめられ，なぜ中華系ではそうした視点が出されないのかには中華系内での検討が必要であろう[10]。そしてインド系には各言語族や宗教の違いがあるのになぜタミル語小学校しか言及されないのか。マレー系の場合には教育の中で，今後先住民の権利に基づく主張がなされるのであるのなら，「**その他のブミプトラ**」の言語文化はどのように位置づけることが望ましいのかということであろう[11]。ブミプトラ政策の中の民族別割当制ですらそのカテゴリーが細分化されれば矛盾が生じてしまう。こ

れまで三大カテゴリーについての双方の理念の不明確性が，ある意味政治的方便として対立の先鋭化を回避し互いの理解と譲歩を引き出す協調的「共存」を生んできたが，多文化共生の理念とはリアリティさで異なっている。**これは「その他のブミプトラ」(プリブミ) の側にも言えることであるが，**今後はどのカテゴリーの集団においてもより生活的なレベルでの多民族共生が求められることとなり，内容の具体化や組織的対応が必要とされている。例えばオラン・アスリ局（JHEOA：Jabatan Hal Ehwal Orang Asli）は1953年に法制化に伴い制度化されたが，当時は反共政策の一環として実施されていた。しかし，時代は生活水準などの改善へと焦点が移っており，1995年にはJHEOAの管轄下であった学校・寄宿舎が教育省下に置かれ，またオラン・アスリの子どもの学校でのドロップアウト率が高いことが新聞紙上に掲載されるなど，文化的側面までは至らないが経済援助の面では注目され始めている（The Star 紙 2001 Sep. 13）。

第4節　教科書からみた民族統合と分離

　上で見てきたように，ナショナルもしくはエスニックな教育制度が，それぞれの理念の下，教育を通して自らの前提の上に立つ（エスニックな）マレーシア人を形成するためにつくられてきた。だが実はそれらの前提は極めて不安定なものである。しかしながら，こうした前提が暫定的なものではあっても，実際には様々な学校で共通のカリキュラムに沿った授業が行われている。そしてそこで伝えられ，次の世代の中にそのままではないがつくられる。こうした新たなエスニシティ（またはイメージ）は実際には時代に応じて，また個々人の成長発達に沿って，変容していくことは避けられない。
　即ち，帰属すべきアイデンティティの型作りや絆づくりの基盤には教育で伝えられる知識等が基礎となる。国民統合を図る教育の機能は英語，国語，社会，宗教，地理・歴史等の科目全般を通して伝えられる。中でも歴史教育，地理教育，道徳教育等の教科目で伝えられる「民族性」と「国家の成り立ち」について，共生の視点がどのような具体的な形をとっているのだろうか。

以下では実際の民族の取りあげ方について教科書の中から見てみることとする。はじめに，中等教育段階1年から5年について，政府と最も繋がりのある先の言語出版局出版の歴史の教科書の中で，どのように民族性などが示され，割り当てられているかを見てみよう。歴史教科書で特徴的な点は，1年，2年が古代からイギリスによる植民地統治までで，3年から5年までが近，現代史であるということであろう。3年の教科書は日本の占領時代から始まっており，4年は世界史，5年はこれまでの全体をより深める内容となっている。まず，中等段階1年では，現代に関しての記述の後，旧石器時代から歴史記述がなされているが，そのほとんどは15世紀以降のもので，イスラムが既に浸透しているマレー社会および王権の描写が中心である。しかしながら，サラワクとサバの歴史がそれぞれ1章ずつ独立した形で割り当ててあり，そこには，例えば「サバ州におけるエスニック集団の居住地域 (Kawasan petempatan kumpulan etnik di negeri Sabah)」(SEJARAH Tingkatan 1 1998：120) という表が掲載されている。これはサラワクでも同様であり，2章で合わせて教科書全体の18％程度を占めている。これに対し，2年ではサバ，サラワクが30％程度扱われているが，オラン・アスリについてはあまりみられない。エスニック集団という呼び方はかつてのバンサ (bangsa：民族，国民：サンスクリット語源) やカウム (kaum：種族：アラビア語源) という呼び方から，より社会科学性が増した表現であるように見える。だが，同年出版の中等段階5年の歴史教科書ではそうした民族に対し，カウムという語を用いている。一方，中華系やインド系に対しては中国人 (Orang Cina)，インド人 (Orang India) という表現が，マレー人 (Orang Melayu) という表現と同様に多い。

地域研究科 (Kajian Tempatan：Local Studies) は初等段階の4年から6年までに1994年から新たに導入された科目である。これはカリキュラム全体の学習時間の中の約1割にあたる。この教授細目には家庭や隣人などから始まり，国家や社会にまで繋がる内容が用意されているが，その中で，「我々の国の歴史」というトピックの中にやはり，歴史科と同様に，サバとサラワクの歴史や生活がある。また，「マレーシア社会」というトピックには宗教や文化について，そして，統一 (perpaduan) について活動への多様

な民族の参加や教育制度についての内容が示されている（PPK Kajian Tempatan 2000：3-13）。サバ，サラワクについては教科書では5年生の教科書の28ある単元の中の1つに取りあげられている。その他では若干の記述があるだけであった。

　道徳の教科書では，例えば3年の教科書にはダヤク社会の祝日を説明する単元があり，4年でもマレーシアの祝典（perayaan）について各民族の中に先住民の祭りがあり，また，1つの単元ではオラン・アスリ社会自体を取りあげている（Unit 16）。5年の教科書には，やはり「アダット（adat：慣習）と文化」という単元で各大カテゴリー民族の他にカダザン/ドゥスン族やイバン族がカウムの種類として紹介されている。教科書改訂以前の6年生の教科書にはサラワクのスクカウム（種族）のロングハウスなどの社会の説明や，中等段階2年の教科書には「オラン・アスリの結婚式の習慣（Adat Perkahwinan Orang Asli）」（BAB 26）が1つの章に取りあげられている。

　一方，華文中等学校で使用される教科書である『マレーシアおよび東南アジア諸国史』（高校）では，オラン・アスリについては旧石器時代から青銅器時代までの3頁の間に若干の説明がある他はほとんど見あたらず，60年代のサラワク州のカダザン統一党（United National Kadazan Organization）や「土着戦線」（Barisan Rakyat Jati Sarawak）等の記載があるのみであった。また，地理（中学1年用）では「種族」の項にマレーシアの三大民族とそれぞれの下位カテゴリーについて簡単な概要が示されている。そこではブミプトラについて，マレー系を除いた**「その他の土着」**にはネグリト，セマン，テミアルといった上位下位の混在したカテゴリーに加えて，ドゥスン，カダザン，イバンなどのボルネオの先住民を加え，「マレーシアの華人は主に，福建人，広東人，客家人等である。インド人は主に，タミル人，マラヤリ人，シーク人，パキスタン人，バングラ人，スリランカ人である」[12]と記されている。

　このような教科書からは，より下位のカテゴリーへの言及はどの段階においても十分なものではないにせよ，欠かせざる要素としての地位を保ちつつあることが見て取れる。教育の機能には先に述べたように統合へと導く機能があるが，それと同時に分離機能が表裏関係として存在する。教科書の中で

の取り扱いによって自己認知や集団形成に対して自らのカテゴリーを意識すると同時に，その外にあるカテゴリーをも意識せざるを得ない。国家を意識すれば，地域がかすみ，外国が鮮明化する。イスラムのカテゴリー化は他民族を自カテゴリーに入れ，既存の民族図式を崩壊させる危険性を持つ。ブミプトラの枠内では，マレー・カテゴリーの強調は他のブミプトラとの相違の認識を教育を受ける者に，増大させてしまうことが想定される。

おわりに

　マレーシアは国家としては国際的には多様な文化圏との交流を持っている。故に，マレーシアでの多民族共生への理想とされる教育とは，次第に強くなる国際的課題に応えながらも，国内的課題をいかに独自に処理していくかにかかっている。かつてのようなナショナリズムに対峙する三大民族カテゴリーによるエスニシズムの共存から，より広範でかつ詳細な，新たなバランス関係の構築が各々のカテゴリーやアイデンティティの中で模索されることが必要になっている。教育の面においても母語としての地方語や方言から国語そして，英語から世界へと繋がる複数の教育オプションの中で多様な言語や文化及び生活スタイルの共存ができ，社会的統合を達成することはあらゆる国における課題でもある。

　また教育には先の分離・統合の機能を踏まえ，新たな「発見」によって自らの拠って立つ基盤（世界観）を壊し，再構築することが求められている。マレーシアにおいて多民族共生の理念は理想であり，現実に移すには具体的アイディアに乏しく，未だ十分な説得力を持っていない。だが近年，**「その他のブミプトラ」**が「オラン・アスリ」や「ボルネオの先住民」でもなく，個別の名称で認知され呼ばれるとき，周辺におかれていたカテゴリー集団の復権は，代表性をもち，イメージやステレオタイプを形成していくと思われる[13]。その際，どのように解釈され，対外世界に位置付き，また多民族共生についての自らの認識が変化するのか，より実証的な研究が今後の課題である。

第1章 マレーシアにおける多民族の共生と教育の役割　47

注
1) 本章では中国系マレーシア人を中華系マレーシア人と呼ぶこととする。「中国系」という言葉には，研究者の中でもたびたび違和感が表明されるが，ミクロなそれらをより細分化した華人，華僑，華裔等という呼称はそれぞれに定義されている。またこれらはマクロな見方で，三大民族という大きなカテゴリーを示す場合には，統合的な民族あるいは出自を示す指標としては不適当であると考える。また，漢字で表記される場合，中国の「国」という概念がつきまとい，あくまでも「中国からやって来た移民」という意味合いが拭えない。筆者は，当地に根ざした，単に民族的なアイデンティティや出自のマクロなレベルでの総称には，いわゆる「中華民族」の中華という言葉の方が適切であると考える。むろん，出身である中国大陸や台湾でもそうであるように中華民族ではない民族あるいは少数民族である場合は，こうした「中華系」という標記にもそぐわないケースもある。
2) 萩原宣之，高橋彰　1972 『東南アジアの価値体系　4』現代アジア出版会　pp. 19-20 および池端雪浦，生田滋　1977 『東南アジア現代史　II』山川出版社　p. 184 等
3) 言語で見ると，マレー語はその多くの語源をサンスクリット語とアラビア語，そして中国語等に求められる。また，ジャヴィと呼ばれるアラビア文字表記の他に，イギリス植民地時代に導入されたルミと呼ばれる，アルファベット表記を持つ。現代はルミが主流であり，アラビア語はコーランを読むため即ち，イスラム教を学ぶ際に学校や宗教塾などで学ぶ。このような文化の混在は日本としても同じことである。漢からの外来語である漢字を用いて，またはそれを変容させて新たな文字を作り，「やまと言葉」に充てるように，ほとんどがオリジナルな文化というより採用の様式やその混ぜ方，変容のさせ方にこそ独自性が出ると思われる。
4) これはオーストラリアに限ったことではなく，日本では北海道でアイヌの風物が代表的物産となったり，最近では台湾で少数民族のデザインや歌等が台湾土産となっている。
5) こうした大カテゴリーは人口統計や民族統計の指標として，以前からその曖昧さや変遷が説かれてきた（白石），近年では吉野（2002：96）も同様の指摘をしている。
6) Dewan Bahasa dan Pustaka 1988 Kamus Dewan Edisi Ketiga に基づく。
7) 個々人において理想的に過ぎる場合には，現実の場面で矛盾が露呈することもある。それでも，個々人の中では大から小までのどのカテゴリーにおいても，エスニックなアイデンティティとナショナルなアイデンティティの形成に影響を及ぼすことに違いはないであろう。
8) このマレーシア民族に関しては New Straits Times がホームページ上で e-Media Surfer's Survey を実施した結果，802 名の返答が得られ，「社会経済，教育政策が人種を割く限りファンタジーでしかない」という答えが 62 ％を占め，マレー系の中からもそうしたコメントが寄せられていることが紹介されている（NST 2002 Feb. 28）。
9) Abudul Rahman Embong は "Macro-Pluralisms"（p. 61）という表現，Robert W. Hefner は "Flexible Ethnicity, Canopied Pluralism" や "Permerable ethnicity"

48　第1部　複合社会マレーシアのエスニシティ

(pp. 12-13) 等の興味深い表現を使っている。
10) Kua Kia Soong (ed.) 1998 参照。この本は多元主義を主張する画期的なものである。編者でかつ華語について執筆している Kua Kia Soong は華文董事連合会総会所属の研究者であるが，この本中で先住民の言語と並列して中国標準語を据えている。同様に，インド系についてはタミル語のみの言及である。
11) サラワク州ではイバン等のエスニック・グループの母語保持のための教育は一般の公立学校ではなされていないと，公立学校の校長はインタビューで答えている。
12) 馬来西亜全国華文独中工委会課程局編纂　1993　『初中地理　第一冊』董総出版　p. 163
13) 用語や概念は社会で使われるようになると元々の前提から飛び出してしまい，流動的社会において一人歩きし，個々人に意味がずれたまま受動されたり，意味の転換が起きる。また，情報化等によって社会生活が一様（共通）になると生活様式に根付いた地域性や「部族」性は均一化されることとなる。

参考文献

Abdul Rahman Embong　2001　The Culture and Practice of Pluralism in Post-colonial Malaysia, Robert W. Hefner (ed.) *The Politics of Multiculturalism*, Univ. Hawai'i Press　pp. 59-85

董総出版組　1987　『董総三十年』下冊　馬来西亜華校董事連合会総会出版

原不二夫　2000　「マレーシア華人の見た『マレーシア民族』」『アジア経済』　Vol.41 No.2　アジア経済研究所　pp. 52-64

石川登　1997　「民族の語り方──サラワク・マレー人とは誰か──」青木保他編『岩波講座文化人類学5　民族の生成と論理』pp. 133-164

J. S. Furnivall　1942　南太平洋研究会訳　『蘭印経済史』　実業之日本社

加藤剛　1990　「『エスニシティ』概念の展開」『講座東南アジア学　三　東南アジアの社会』　弘文堂　pp. 215-245

Kua Kia Soong (ed.)　1998　*Mother Tongue Education of Malaysian Ethnic Minorities*, Dong Jiao Zong, Higher Learning Centre

水島司　1993　『アジア読本　マレーシア』　河出書房新社

水島司　1998　「移民・コミュナリズム・国民統合──マレー半島のインド人──」松本宣郎・山田勝芳編『地域の世界史5　移動の地域史』　山川出版社　pp. 244-284

永岡真波　1988　「東南アジアにおける華人の海外留学に関する一考察」『九州教育学会研究紀要』　第16巻　pp. 39-46

Razha Rashid (ed.)　1995　*Indigenous Minorities of Peninsular Malaysia : Selected Issues and Ethnographies*, Intersocietal and Scientific Sdn. Bhd.

Robert W. Hefner　2001　Introduction : Multiculturalism and Citizenship in Malaysia, Singapore, and Indonesia Robert W. Hefner (ed.)　*op. cit.*　pp. 1-58

白石隆　1996　「『最後の波』のあとに」井上俊他編『岩波講座現代社会学24　民族・国家・エスニシティ』　岩波書店　pp. 211-229

杉本均　2001　「マレーシアにおける民族統合（ビジョン・スクール）の動向」『京都大

学教育学部紀要』第47号　pp. 84-98
杉村美紀　2000　『マレーシアの教育政策とマイノリティ』　東京大学出版会
T. Marimuthu　1993　The Plantation School As an Agent of Social Reproduction, K. S. Sandhu & A. Mani (ed.), *Indian Communities in Southeast Asia,* Institute of Southeast Asian Studies (ISEAS), Times Academic Press
多賀秋五郎　1983　「二十世紀初葉南洋華僑の教育と文化摩擦」酒井忠夫編『東南アジアの華人文化と文化摩擦』　巖南堂書店　pp. 219-261
竹熊尚夫　1998　『マレーシアの民族教育制度研究』　九州大学出版会
内堀基光　1994　「民族の消滅について」黒田悦子編著『民族の出会うかたち』　朝日選書　pp. 133-152
山田満　2000　『多民族国家マレーシアの国民統合——インド人の周辺化問題——』大学教育出版
山本信人　1997　「国民国家の相対化へ向けて——東南アジア華人の可変性と越境性」濱下武志・辛島昇編『地域の世界史1　地域史とは何か』　山川出版社　pp. 250-290
吉野耕作　2002　「エスニシズムとマルチエスニシティ——マレーシアにおけるナショナリズムの2つの方向性——」　小倉充夫・加納弘勝編『講座社会学　16　国際社会』　東京大学出版会　pp. 85-119
ザイナル=アビディン=ビン=アブドゥル=ワーヒド編　1995　野村亨訳『マレーシアの歴史』　山川出版社

教科書等

Kementerian Pendidikan Malaysia 1998 SEJARAH tingkatan 1-2, Dewan Bahasa dan Pustaka
Sabihah Osman, et al. 1999 Sejarah Tingkatan 3, Dewan Bahasa dan Pustaka
Khasnor Johan, et al. 1999 Sejarah Tingkatan 4, Dewan Bahasa dan Pustaka
Siti Zuraina Abdul Majid, et al. 1998 Sejarah Tingkatan 5, Dewan Bahasa dan Pustaka
PPK (Pusat Perkembangan Kurikulum) Kementrian Pendidikan Malaysia 2000 Sukatan Pelajaran KBSR Kajian Tempatan
Kementerian Pendidikan Malaysia 1997 Pendidikan Moral Tahun 3, Dewan Bahasa dan Pustaka
Kementerian Pendidikan Malaysia 1999 Pendidikan Moral Tahun 4-5, Dewan Bahasa dan Pustaka
Noraini bte Abd. Hamid (ed.) 1998 Pendidikan Moral Tahun Enam, Dewan Bahasa dan Pustaka
Wan Aziz Wan Bakar (ed.) 1997 Pendidikan Moral Tingkatan 2, Dewan Bahasa dan Pustaka
馬来西亜全国董教総華文独中工委会課程局編纂　1999　『馬来西亜及其東南亜領国史』　董総出版
馬来西亜全国華文独中工委会課程局編纂　1993　『初中地理　第一冊』董総出版

教育による限定性と可能性

マレーシアのような多民族社会ではどのような言葉を学び，使えるかということが，自分がどんな集団やコミュニティと付き合い，その中で生きていくのか，その方向性を決めてしまいます。例えば，イポーで会ったタクシー運転手は英語が堪能でした。中学生の時，英語学校に通ったからだそうです。しかし，英語中学校は70年代に廃止され，今はマレー語中学校と，中国語中学校しかありません。その人は，自分の子どもは中国語の小学校に行かせている。中国語新聞さえ読めるようになれば，あとは英語やマレー語を学んでも中国語の基礎ができているから大丈夫なのだと私に説明しました。中華系の中学生のなかには，中国語の漢字が読めない人も少なくありません。イポーやクアラルンプールで出会ったそうした女の子たちは英語が堪能で，そして，マレー語で授業や試験を受けます。彼らの多くは公立のマレー語の「国民学校」で学んできた子どもたちです。卒業後も，高校や大学の進学先でまたもや様々なルートに分かれます。例えば，英語を使うオーストラリアの大学分校，英語で教える英語圏への留学予備校，マレー語で教育する国内大学予備校，マレー語で教える専門技術学院，中国語も使える専門学院や留学予備校などです。兄弟が多いとそれぞれに進むルートが違っていることもあります。ペナンにいる私の友人には，兄弟は英語系の学校を卒業の後，英，米，豪で働いていますが，彼だけは中国語系の中学校を卒業した後，日本に留学して，マレーシアに帰国後も日本との関係を持ちながら，日本語とマレー語と英語を話す職場環境にいます。そんな彼も家に帰れば，華語方言が違う奥さんとは標準華語で話をしています。こうした状況は実はインド系やマレー系のマレーシア人にも見られることですし，実は日本でもあることでしょう。在日外国人の子ども達はそうした環境におかれていますし，日本人でも地方やコミュニティの言葉や文化は母文化となります。私たちは，母語や母文化を学ぶ時間を実質的には削りながら，かわりに将来を見据えて，新しい文化や言語を学んでいるといえます。

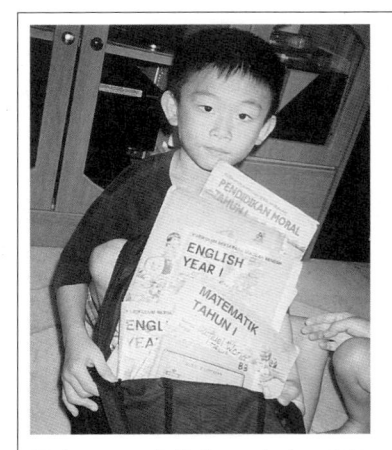

写真1-5　中華系の一年生の子ども（教科書）

第2章

マレーシアの華人信仰「ダトコン」と〈義務〉の観念

はじめに

　多民族国家において，国民がどのように共存，共生しているかという問題を論じている論文は非常に多く存在する。たとえば，多文化社会における共生のための政治的政策にいかなるものがあるかという問題を論じているもの。あるいはC. ティラーやJ. ハーバマスらによる政治哲学，理論社会学等における多文化主義等の議論，多民族国家におけるエスニシティの問題からのアプローチなどさまざまである。本章でも，多民族国家，すなわちマレーシアにおける共生の問題を扱うのであるが，ここでは特に生活世界における「意識」の問題を対象としている。しかもそれはある意味で「無意識」の領域をも含むことになる。

　生活世界における意識の問題とは，いわゆる日常生活の中で華人やマレー人がどのようにそれぞれを位置づけているか，本章では華人を主体的に扱うのであるが，生活世界において華人がマレー人，ないしはマレーシアをどのように認識しているのかという問題である。ここでは仮説的に，華人がマレー人ないしはマレーシア政府に対して，華人の非常に差別された状況にもかかわらず，それほど不満の感情を抱いていないということを前提に，どのような過程を経て，あるいはどのような理由によって，華人は不満を顕著に表さないかという問題を考察している。

　ここでは考察対象として，宗教現象を取り扱う。新たな信仰対象がどのように創出されたのかという問題を考察の対象にすることによって，華人がマレー人，ないしはマレーシアをどのように認識しているかを論じる一端とし

ている。そのためには，簡単にではあるが，新たな信仰対象を考察するために採用する概念を説明しなくてはならない。

　人間の表象としての「宗教的なるもの」の創造に関して，それを象徴行為として捉えることによって，その過程においていかなる「（政治的）意識／無意識」が働いているかという問題について，あまり多くの議論はなされてこなかった。それは非常に非実証性を伴う仕事であるからである。確かに多くの宗教的シンクレティズム等の議論はなされてきたものの[1]，その研究の多くはその伝播性や歴史性に議論が集中し，あるいは現代多々見られる異種混交性を考察のキー・タームとしている研究[2]に関しては時代分析，あるいはエスニックな視点からの考察はあるものの，表象そのものとの関係性における「（政治的）意識／無意識」を論じることはしない。

　ここで使用する「政治的無意識」とは，いわゆるF. ジェイムソンの著名なタイトルのそれとは異なる。なぜならば，ジェイムソンの論じるマルクス主義的視点による厳密な意味でのテキストにおける政治性・イデオロギー性の抽出[3]，「因果性の問題」[4]，あるいは「無意識に関する厳密な問題」[5]等を扱わないからである。ただ，彼の文学作品，あるいは正確にいうとテキストを象徴行為として考察をおこなう点には共通点が見いだされる。つまり，論者が明らかにしたい方向性は，人間が創出する宗教現象を1つの象徴行為として扱い，現代社会の中で無意識に押し込められている，「集団的・社会的共同体をめざす人間の基本的志向」[6]をそのテキスト，つまり宗教現象から抽出しようとする点である。そうした意味で彼のいう「政治的無意識」というタームの本論への援用に有効性が見られるのである。ただ，文学テキストのように個人表象を扱うのではなく，宗教という集合表象を扱うという点においても相違点は見られはするが，ここでは個人／集合の問題系はあまり問題にならないと考えられるので，その点に関しての議論は差し控える。

　本章は，そうした若干大きな問題意識を持ちつつ，マレーシア特有の華人の信仰「ダトコン」を華人の集合表象として，そして華人の象徴行為として捉え，分析することにより，彼らがマレーシアにおいてどのような「（政治的）意識／無意識」を有しているかを探るための試論である。

　マレーシアは1957年にイギリスから独立し，マレー人をマジョリティと

して，華人，インド人を中心に多くのエスニック集団が共存する典型的多民族国家である[7]。

1970年以来の新経済政策，いわゆるブミプトラ政策の下，マレー人は優遇され，華人は様々な面において，非常に不利な状況であるにもかかわらず，1969年の「人種暴動」[8]以降，大きな混乱も見られず，マレー人，華人は「マレーシア国家」にうまく「共生」ないしは共存しているように見受けられる。確かに不利な状況下にある華人の，オーストラリアを筆頭に諸外国への人口流出は見られはするものの[9]，フィールドにおける参与観察[10]の中で，華人がブミプトラ政策に対する強い不満をあらわにしている様子はほとんどみられることがなかった。確かに最も最近の例では家賃改正法等に対する「S.O.S.」などのNPOによる非常に小規模な市民運動は見られたが，全華人が徒党を組んで反ブミプトラ政策運動を展開することはなかった。もちろん，華人の政党（MCA）を与党に組み込んで統一戦線を体制化する等マハティール首相の政策上の成功はあるものの，おそらく彼らなりの「マレーシア国家」における，なんらかの自らの位置付けをしていると予想される。

本章では，華人がマレーシアにおいて，マジョリティである，あるいは非常に優位な地位にあるマレー人と，どのように共生している／共生していないのかを考えていくのであるが，その際，華人のマレー人との政治上の対立，あるいはイデオロギー的対立あるいは反対に政治的協調というようなマクロな視点を問題にするのではなく，「生活世界」における華人のマレー人／マレーシアに対する意識，認識というミクロな視点からアプローチしていく。

このような華人の意識レベルにおけるマレー人との共生／マレーシアにおける共生について考えていくために，本章では，現在マレーシアの華人社会において非常に「流行」しているマレーシアに固有に見られる土地の神「ダトコン（拿督公）」がどのように創出されていったのかを見ていき，また郷里である中国に見られる土地神「トッペーコン（大伯公）」との比較検討をする中で，ダトコンに対する認識，そしてダトコン信仰の意義を明らかにしていく。それによって，華人の土地意識，さらに，華人のマレー半島への移住以来の，マラヤすなわち華人にとっての「よその土地」に対する観念の変容を〈義務〉というキー・タームを使うことによって見ていく。その結果，

写真 2-1　ダトコンの生誕祭
　　　　　ムスリムのかぶる帽子ソンコック，
　　　　　白いろうそく等が見られる。

ダトコンという土地神信仰と「よその土地」観念の関連性を述べることによって，華人のマレーシアでの「共生」について，若干の言及をし，それを結論としている。なお，ここでキー・タームとなる〈義務〉とは，彼らが日常生活の中で頻繁に使用する言葉で，あるいは〈義〉だけを使用することもある。このことばは日本語の「義務」の意味に近いと考えられ，中国語辞典[11]の「義務」の項に，日本語の意味として，「義務」と掲載されている。また英語を使用する華人は「義務」の英訳として"Obligation"を使用している。このように日常生活におけることばや信仰に焦点を当てることによって，ミクロな認識，観念等へのアプローチを試みる。

第1節　〈ダトコン〉の実態

　マレーシアにおける華人の民間信仰として，現在最も著名な神の1つである「ダトコン（拿督公）」とは一体どのような神であろうか。
　ダトとはマレー語でDatukすなわち「家族の中の年長者，おじいさん，地位の高い人への敬称のタイトル」[12]という意味をもつ。一方コンとは，中国語の「公」でありすなわちそれは，「男性への，特に年寄りに対する敬称」[13]の意味をもち，中国では慣習的に神々の名称の後に「公」をつけ，それを通称にしている。要するにダトというマレー語に「公」をつけて，ダト

コン (ダト様) と呼ばれているわけである。このダトコンはもともと，ダト・クラマット (Datuk Keramat) というマレー人の民間信仰であった。まず，ダト・クラマットとは一体いかなる信仰なのかという問題を，インタビュー，インフォーマントからの聞き取り，そして文献によって提示していく。同様にダトコン信仰に関しても，その実態について明らかにしていき，その後両者の比較検討をおこなう中で，華人にとってダトコンとはどのような存在なのかを考えていく。

1．マレー人にとっての「ダト・クラマット」

Cheu Hock Tong によると[14] クラマット信仰はもともと，イスラーム神秘主義のスーフィー派の信仰として存在していた。これは正統なイスラームの教義に反し，聖者信仰を強調するものとして位置付けられていた。聖者信仰が一般化したのには，次のような基本的な理由がある。それはマレー人の信者はスーフィーのリーダーなどの宗教的聖者をなかば神を信仰するかのように敬う。そうした宗教的聖者の中には，超自然的な能力や魔力を獲得することができる者もあると信じられている。このようなクラマット信仰は，イスラームの神性や超自然性の観念がマレー人のアニミズム的な伝統的観念と融合し，1つの宗教体系になっていった。こうした理由により，クラマット信仰において，大木，トラ，死んだシャーマン，戦士，王などの聖者以外の信仰対象も存在しているのである[15]。

では実際に現在，ダト・クラマットはどのように受け入れられているのだろうか。マレー人，華人へのインタビューによって，ダト・クラマットとは一体いかなるものであるかについてまとめている[16]。

① 骨董品のケース：マレー式刀・指輪・銃——これらのものは spirit を持っていて，古くなるとダトになる。
② 自然現象のケース：丘・川・雷・林など
③ 動物のケース：トラ，ワニ，大蛇が年を取るとダトになる。
④ ボモの死後のケース
⑤ リーダーの死後のケース
⑥ 有名な宗教的リーダー・ウラマ：ダト・クラマット

⑦　超自然的力を有する場合，存命中もダトとなる。

　彼らは，もともとすべての存在がspiritを持っていて，その能力が増大するとダトになると考えている。華人へのダト・クラマット解釈に関する質問に対する答えも上記7つの解釈のいずれかに該当した。

　さて，こうしたクラマット信仰は，歴史的にどのように変化してきたかについて，インフォーマント[17]へのインタビューにより，その簡単な歴史を再構成している。

　まず，1957年以前イスラーム信仰が現在ほど強力でなかったため，民間信仰として位置づけられるダト・クラマット信仰は，非常に一般的だった。たとえば，病気の解釈に関するものであるが，多くの病気はダト・クラマットに原因があるとされ，ボモというマレーシアの伝統的呪医が治療をおこなう際に，ボモは自らの身体に，ダト・クラマットを憑依させて，ダト・クラマットとの話し合いの中で，病気の原因を追求して治療に当たるという一連の所作が多く見られたといわれている。あるいは，家屋建築の際に，ボモが建築場所を選定するのであるが，そのときにクライアントへの説明として「ここにダトがいるので，避けたほうがよい」というような示唆を与えるといった事例も見られる。またイスラーム教の毎週金曜の祈りの日の前日である木曜日に，ダト・クラマットを祈る習慣が見られた。さらにダト・クラマットは非常に厳格な神だと考えられており，願掛けなどの祈りとしていったんダト・クラマットを祈り始めると，その祈りは継続的におこなわれなくてはならない。もし中断すると，何か悪いことが起こると信じられていたということである。

　1980年以降，クラマット信仰は大きく衰退していく。それはイスラーム・リバイバリズムの勃興である[18]。リバイバリズムの隆盛によって，クラマット信仰などの聖者信仰は，非科学的であるという理由で排除されていったという。このような過程によって，クラマット信仰の担い手がマレー人から華人に移っていく。これは，梅井の語る，その当時インドネシアのマレー人が，ダト・アリ[19]の前で，祈り，ダンスをしていたということがその事実をよく物語っている。華人であるKhoo Tiem Soo，彼自身がボモとなって，ダト・アリを祀り，マレー系のダト・クラマットの減少によって，マレー人が

ダトを参りたいときは華人のダト（タンキー）を参りに行くという状況が見られたということである。

1990年以降は，さらにリバイバリズムの動きは増大し，マレー人のダト・クラマット信仰はあまり見られなくなった。またマレー人のボモは，病気治療の前に以前は唱えることがなかった「アラーの名のもとに」という文句を唱えるようになっている。

以上が，過去におけるマレー人にとってのクラマット信仰の軌跡である。

2．華人にとってのダトコン

では，信仰の担い手がマレー人から華人の手に移ったと言われるダトコン信仰とは，華人にとって一体どのような存在であろうか。まず，ペナン州において，どのような場所にダトコンが祀られているかのデータを挙げている[20]。

①ペナンに存在するほとんどの中国寺廟[21]にダトコンが見られる，②ジャングルの入り口，③丘の上，④村の入り口，⑤木材業者の仕事場，⑥錫鉱山の入り口，⑦マレー人の村の入り口

以上のようなデータに関し，華人がダトコンをどのように理解しているかについて，48人の華人へのインタビューに基づいて，下記のように整理している[22]。

① 寺廟についてのインタビュー[23]：マレーシアの土地をコントロールしているのはダトコンである。したがって中国廟を建設する際には，ダトコンを祀っている。

⑤⑥⑦についてのインタビュー：マレー人との仕事上の交渉が生じた場所にはダトコンを祀っていた。仕事とは林業（木を切るという行為），あるいは錫鉱山での仕事のことである。錫鉱山や林業を可能にするためには，森を切り拓いていかなければならない。森を切り拓く，つまり森林開発などのように，新たな空間を創り出す営みには，必ずダトコンの祀祭が必要とされる。つまりマレーシアにおける新たな空間に関わる場所には必ずダトコンが祀られているのである。

②④　これも，森を切り拓く際に，あるいは森を切り拓いて村を創る際

写真 2-2　周コミュニティ（コラム参照）の入り口にあるダトコン
木の根を祀ってあり，ダト・クラマットに近い形態。

に，祀られるようになったダトコンである。安全性，人口問題，あるいは災害等の問題は，ダトコンがコントロールすると信じられている。

③に関しては，その説明を聞くことができなかった。

以上，インタビューから抽出される華人にとってのダトコン観を見てきたが，次にインフォーマントへのインタビューによって，マレーシアの独立以前，独立以降そして90年代におけるダトコンの特徴をそれぞれ整理している。

梅井によると，1957年の時点でダトコンはすでにトランス状態でのダト・クラマットとの交渉をおこなっていた。もともとボモがダト・クラマットとコミュニケーションをとるとき，トランスによるコミュニケーションの形態をとらなかったのだが，ダト・クラマットが華人化する過程，すなわちダトコンにおいては，華人の信仰対象である神々の，タンキーへのトランスと同じように，ダトコンも華人がトランスをおこなっていたということである。したがって，1957年以前の時点で，すでにダト・クラマットの華人化が見られたということができる。ただ，どの時点で，どのようなプロセスを経て，

ダト・クラマットが華人化したのかについての聞き取りはできなかった。
　1957年以降は，次のようなことが見られていた。
① 華人がダトコン廟を建築する際，モスクをかたどった建築物を建築していた。ダト・クラマットはいわゆる伝統的な民間信仰としてカテゴライズすることができ，いうまでもなく，イスラーム教とは全く異なる信仰であった。それにもかかわらず，華人はダトコン廟にイスラーム建築を導入している。これは，華人にとってイスラーム教とマレー人の民間信仰との違いを理解することができなかったと考えられる。しかし，その後マレー政府，宗教省にそうした建築物を建築することを禁止され，撤廃されることとなった。
② ダトコンの祭りに華人の祭りの象徴である豚肉を使用しない。これは，イスラーム教における豚の禁忌を，ダトコンにも援用しているという点で，①の論理と同様である。
③ その後，現在のような中国式ダトコン廟を建築するようになる。このことはとりもなおさずダトコンの華人化だと考えられる。
④ トランスの際に，マレー語ではなく，福建語や北京語を使用するようになる。
⑤ 1985年の時点で，ダト劉見財など中国人のダトが見られるようになる。
⑥ シークレット・ソサエティ（会党）のリーダーで死後ダトコンになった者もいる。

そして90年代には次のような新たな特徴が見られるようになる。
① もともと廟あるいは祠のみで，神像の物象化はなされていなかったのだが，90年代以降，神像化されるようになる。
② 神像はマレーのコスチュームを身につけるようになる。
③ すでにマレー人のものではなくなっていった――1978年クアラ・スランゴールでの事件：政府がダトコン廟の取り壊しをはじめると，マレー人からの反対は皆無であるにもかかわらず，華人の反対運動は盛んにおこなわれる。
④ 中国人の祭り等において典型的な線香や紙料という紙のお金などを，

ダトコンの祭りの際にも燃やすようになる。なお，中国の祭りにおける典型的なろうそくの色は赤なのだが，ダトコンには白いろうそくを使用している。

もともとマレー人の信仰であったダト・クラマット信仰の担い手が，マレー人から華人に移行する過程で，ダト・クラマット信仰が華人化し，ダトコンに変容していったプロセスを見てきた。

3. 2つの土地神：ダトコン／トッペーコン

(1) 華人の「土地の神」信仰

一般に中国人にとって「土地の神」と考えられるものを3つのカテゴリーに分けることができると言われている[24]。それは，城皇神，后土神，そして本章で論じる土地公，正式には「福徳正神」である。城皇神は土地神の上位の神であると考えられ，死後の裁判をする神であり，また死後の世界を支配する神だと考えられている。また，后土神は土地公の分身と考えられ，もともと大地の神という意味があったのに守墓神（墓を守る神）という新たな意味が加えられたと考えられている。最後に本章で論じる土地公（福徳正神）はマレーシアでは，「大伯公（トッペーコン）」[25]と呼ばれ，ペナンでは特に重要な神である。いわゆる日本でいう産土の神で，村や字程度の地域の守護神であると同時に，ご利益として，「土地の平安，豊作，治病，除災，金儲け，土地の管理」[26]などが挙げられる。台湾などでは，大伯公ではなく，「伯公（パックン）」という呼称が一般的である。

さて，マレーシアにおける華人の信仰対象である神々は，上記のような神々とは異なる土地の神が存在する。マレーシアでの調査によって得られた情報によると，城皇神と后土神以外に，より身近な，すなわち生活世界における土地神を3つにカテゴライズできると考えてもよさそうだ。それは家の中で見られる「地主」と，家の外で見られる「ダトコン」，そして上記の土地の神である「トッペーコン」である。

まず，一般家庭に見られる神は，「唐番地主」である[27]。家の入り口に外に向かって神棚が設置されているのであるが，神々が祀られている下の段，すなわち床に「唐番地主」と書かれた神牌が祀られている。「唐」とは中国

写真2-3　トッペーコンの祭りの日
　　　　　ご神体をかついでペナンの街を練り歩く。

写真2-4　旧暦1月15日，トッペーコンの祭り（生誕祭）

を指し,「番」とはマレーシアを指す。もともと中国では,「唐」や「番」の文字なしに,「地主」とのみ書かれた神牌がおかれている。華人がマレーシアに移住する過程で,こうした2文字が付加されていったのである。この「唐番地主」とは,マレーシアでは家の神を表す。

オンセンホワによれば,もともと中国において家の神であった「地主」が,マレーシアにおいて家の内側では「番地主」になり,家の外側では「ダトコン」となったと解釈されている[28]。

マレーシアにおいて,土地神すなわち「土地公」は,「大伯公（トッペーコン）」である。4人の客家がペナン最初の入植者であるといわれ[29],その入植者の死後,彼らを祀って「トッペーコン」と呼ばれるようになった。トッペーコン信仰はマレーシア,特にペナンにおいて非常に盛んであり,旧暦1月15日にはトッペーコン祭が催される[30]。トッペーコンの寺廟は街区単位[31]で建立され,その区域の土地神とされている。

以上の土地に関わる3つの神々の説明を行ってきたが,中国に存在する神とは多少性格の異なる「トッペーコン」とマレーシア独自の「ダトコン」に焦点を当てることにする。

(2) 華人のトッペーコン／ダトコンに対する認識[32]

ペナンでの調査によると,華人にとってトッペーコンとダトコンはいずれも土地の神であり,その機能は,①土地を守る,②人々の安全を守り,人口維持を守る,③おじいさん,というように,同一の機能を有している。しかしそれぞれの神々に対する認識の違い,あるいは接し方の違いは明らかである。

トッペーコンは中国における認識同様,優しく,寛容で,先祖のようである。いつも常に彼らの味方であり,裕福になるように見守ってくれている。また日本における氏神,産土の神のように,幸運を与える存在である。一方ダトコンはどうであろうか。ダトコンに対しては,恐ろしい存在であると感じている。まるで警察のようであり,ダトコンにはいつも見張られているような気がすると感じている。またダトコンにとってあまりよくないことがおこると機嫌をそこねる。ダトコンを怒らせると非常に怖い。なぜなら怒らせ

ると罰せられることもあるからである。ダトコン自身お金を欲するが，機嫌がよければ4ナンバー[33]のような賭けに勝たせてくれ，お金を供給してくれると考えている。

表2-1にそれぞれの神々の相違点についてまとめてみたが，ある種の傾向が見え隠れしている。それは，同じおじいさんのような存在として認識されているものの，一方は身内，あるいは守護神のような存在であるとの認識に対し，片や非常に恐ろしい存在であると考えられている。これは明らかに，華人の祖先神のような存在として

写真2-5　ダト・アリがタンキーに憑依し，トランス状態で4ナンバーを予想しているところ。「5606」という数字が見える。

のトッペーコンに対し，ダトコンは華人のマレー人に対する表象となっているとも考えられる。もともとダトコンはマレー人のクラマット信仰を源流に発しているものの，マレー人には華人のダトコンに対する認識，信仰意識のような性格のものは存在しなかった。マレー人にとってのクラマット信仰は聖者信仰あるいは精霊信仰の延長上にある信仰，またアニミズム的幽霊として解釈されていた。にもかかわらず，そうした信仰が華人化することによって，もともと信仰していた人々，その人々自身の表象になっていっている。現実社会において，ブミプトラ政策による警察，公務員など，つまり国家における官吏，あるいは権力のある地位のマレー人による独占は，華人にとってマレー人は何か管理する側の対象として認識されている。非常に恐ろしく，捕まらないようにするためには，賄賂をあげなければならない。機嫌がよければ許してくれるが，悪ければ罰せられるかもしれない。ただ，商売する時も，ビジネスを始める時もパートナーとしてのマレー人は必要で，よいパートナーを見つけ，うまくやっていくことができれば，儲けることができるというように，現実世界における華人のマレー人に対する認識がそのままダト

表 2-1　トッペーコンとダトコンの比較

	トッペーコン	ダトコン
性　格	優しい　寛容	恐ろしい　怖い
比　喩	祖先，祖父のよう	警察のよう
敵／味方	いつも常に味方	機嫌をそこねると，敵になる
神としての位置	裕福になるように見守ってくれる	怒らせると怖いし，人々を罰することもある
与えてくれるもの	日本における氏神のように，様々な幸運を与えてくれる	お金を欲するが，機嫌が良ければ賭けに勝たせてくれ，お金を供給してくれる

コンの認識に転移しているかのようにも見える。

　マレーシアにおいて新たに創出されたダトコンとはいかなる存在であるかを探るために，ダトコン同様，土地神であるトッペーコンとの，華人にとっての認識上の相違点に焦点をあて，二者の比較検討をおこなった。ここで明確になったことは，華人は，もともと土地神信仰を持っていて，その神に，トッペーコンに象徴されるように，おじいさん，先祖的な位置づけをしていた。しかしよその土地，ないしは他者の土地であるマレーシアに移住することによって，トッペーコンはマレーシアの開拓者としての位置づけになり，一方他者の土地であるマレーシアの土地の神は，マレー人のもともとの信仰であり，土地神的性質を持った神，すなわちダト・クラマットの担い手をマレー人から引き継ぎ，その神を華人化することにより，他者の土地，マレーシアの土地の神，ダトコンを創出していくことになったのである。中国における土地の神は自分たちの先祖の土地の神でもあり，先祖神としての特徴も持ち合わせていたが，他者の土地であるマレーシアは，自分たちの先祖の土地ではなく，結局その土地の所有者であるマレー人が，マレーシアの土地神の特徴となっていく。これは「はじめに」で提出した概念，ある新たな信仰が創出される際の「政治的無意識」の表象とも関わってくるのである。華人にとって土地神は，無意識のレベルにおいても必須な存在であり，「土地」に住む以上，そこには土地神が存在するのである。しかし入植地には，それまで自らが認識していた信仰は適切ではない，すなわち祖先から継承する土

地に対する信仰は，他者の土地は祖先の土地ではないがゆえに，他者の土地の信仰と同義ではない。つまりもともとの土地に対する信仰を他者の土地に対するそれに移行させることに「矛盾」が生じるのである[34]。そうなるとジェイムソンないしレヴィ＝ストロースの議論を援用すると，その矛盾[35]に対し新たな信仰，あるいは神を創出しなくてはならない。ジェイムソンはそのようなあらたな創出，表象にはなんらかの政治的無意識が関与し，社会において無意識の領域に押し込められている，集団的・社会的共同体の目指す人間の基本的志向である「政治的無意識」を抽出しようとする，すなわちそれは，政治的意識が無意識に変容して，表面から見えなくなる過程を追うことになるのである。つまりなんらかの矛盾が存在したがために新たな神ダトコンの創出にいたったと考えられるが，華人にとっての無意識を抽出するための切り口として，その矛盾を分析対象とし，そこから何に矛盾を感じ，どのような無意識が働いたかを析出していくわけである。この場合，そうした順を追うと，新たに創出されたダトコンが対象となり，ではなぜもともとの土地神であったトッペーコンではだめだったのかを考えるためには，ダトコンでなければならなかった必然的理由について考えなくてはならない。それが上記したように，土地観念，ないしは土地神信仰に関する矛盾である。自分たちの先祖の土地に対する信仰を他者の土地に対するそれに移行させることに矛盾が生じ，しかし彼らは無意識レベルで土地神に必然性を感じている。では新たな土地は誰の土地かという問いに対し，彼らはもともと土地の持ち主であるマレー人の信仰の中でより自らの土地神信仰に類似したダト・クラマットの信仰の担い手を引き受ける形で，しかももともとの信仰の担い手であったマレー人であり，土地の持ち主であったマレー人を，その信仰対象の特徴にしていくことによって，解答を出している。このように彼らの政治的無意識を探る中で，ダトコンの実態が明確になったわけである。

第2節　過去における華人／マレー人の土地に関する関係性：〈義務〉の観念

　第1節では，ダトコンの実態を彼らの土地神信仰，すなわち土地意識の視

点から浮き彫りにしていった。本節では，そうしたマレーシアに対する土地意識を歴史的事実を追う中で，概観していく。

移住するとは「よその土地」に移り住むということである。土地公や福徳正神などの信仰形態からわかるように，華人の土地に関する観念は少なくとも移住前に「中国」居住の時より存在していたと考えられる。そうした土地に対する伝統的観念を持った華人が，自分たちの郷里を離れ，移住先に移り住む際，移住先の土地をどのように考え，観念化していったのであろうか。その問題を考えるために，①イギリス植民地支配以前，②イギリス植民地状況下，③マレーシア国家独立以降という非常におおまかな3つの時代を代表する歴史的事実や条規を見ていくことによって，それぞれの時代区分における華人とマレー人の関係を〈義務〉という観念からアプローチしていく。

1．イギリス植民地支配以前

イギリスのマレー半島の支配は一般に，1874年にシンガポールの総督アンドリュー・クラークとペラ王国のマレー人，そして華人の有力者との間に締結されたパンコール条約に始まるといわれる。そこでそれ以前，1860年から1874年に華人とマレー人の間に起こった2回の抗争，ラルッ戦争（Larut wars），その抗争時に見られた華人の土地に関する観念を以下に見ていきたい。

18世紀以降，多くの華人が，マレー半島における錫鉱山の労働者として華南地域からマレー半島へ移住してきた。19世紀後半に最も栄えた錫鉱山の1つであるペラ州のラルッ[36]という地において，ペラ王国の国王スルタンの継承をめぐって内戦がおきた。ここでは土地に関しての華人とマレー人との関係性を明らかにするために，抗争の内容ではなく，錫採掘徴税のシステムを見ていかなくてはならない。問題を簡約すると以下のようである。

錫鉱山の労働者を組織するシークレット・ソサエティ（会党）[37]である華人は，土地を使用する際に，その土地所有者であるマレー人地主に対して土地代を支払うことにより，その土地を使用し，金を稼ぐことが可能になる。ただ，その土地代は固定したものではない。たとえば，ほかの会党がその土地を使用したければ，もともと使用していた会党が支払っていた額よりさら

第 2 章　マレーシアの華人信仰「ダトコン」と〈義務〉の観念　67

に増額を支払いさえすれば，マレー人地主は後者の会党に土地を貸すことになり，前者はその使用権を奪い取られてしまう。マレー人地主は地主同士で，土地の権利をめぐって抗争を繰り返し，一方華人は会党間での土地貸借権をめぐって抗争を日常化していた。この問題にペラ王国のスルタン継承問題が加わり，抗争が巨大化し，その巨大化した抗争を称してラルッ戦争と呼ぶ。

　華人にとって，このような土地貸借代を支払うことは，マラヤの土地は自分たちの土地ではなく，「よその土地」であることを確認する行為であり，支払う過程で，その自覚を強化していったと考えられる。「よその土地」であるというひけ目観あるいは「よその土地」を使うためにはなんらかのものを払わなければならないという〈義務〉観，責務観，ないしは何か恩義に似たような観念がこの時点から創り出されていったのではないかと考えることができる。

　華人は錫採掘のために，強制的にマレー人に土地代を払わされていたように見えるが，マレー人への税金支払いはよそからきた者が，安全によそに住むための合理的な方法として，華人自らによって「選択された」のである。つまりそうした徴税は「強制」というよりも，華人にとっての選択肢の1つであり，それを選択したわけである。

　〈義務〉の観念は，おそらく強制の概念からは生まれにくい。権力の不均衡，つまり抑圧者の一方的な被抑圧者に対する強制においては，被抑圧者は強制されて行動するわけで，義務的な，換言すると「～させてもらったから，～すべきだ」，「土地を借りるなら（貸してくれるなら）お金を払うべきだ」という考えから行動するわけではない。義務的観念は強制ではない，一対一のある程度自立的な関係の中ではじめて可能になる。当時の華人とマレー人との関係は，少なくとも抑圧者／被抑圧者の関係ではなく，地主と土地賃借者あるいは「客」との関係に似ている。そこには，強い権力も存在しないし，抑圧的，強制的状況も存在しない。例えば華人は，錫鉱山以外にも，働く選択肢があったわけで，一対一のある程度それぞれに選択権を有する自立的な関係にあった。もちろん，過酷な植民地状況において，土地を借りることを余儀なくされたという事実はあるものの，一方的な直接的抑圧では決してない。二者間には，華人はマレー人から土地を借りるならお金を支払うべきだ

という，義務的観念を媒介とした関係が存在していたわけである。

そうした関係において税金を支払うことは，その土地は自らの土地ではなく，マレー人地主の土地を借りることによって，うまく生計を立てられるようになる，というように，移住先はあくまで貸借地であることを確認することになっていた。

また，オンセンホワによればこの時期に見られたダトコンは，マレー人地主のシンボルとして考えられていたそうであるが，ダトコンなどの民間信仰に関する史料は存在せず，直接的なインタビューも取ることができなかったため，いくぶん実証性に欠ける。このデータはオンセンホワが以前聞いた話であり，あくまで伝聞的情報であるということを付記しておかなくてはなるまい。

2．イギリス植民地状況下

マレー半島の植民地支配は，いわゆるパンコール条約の締結に始まるといわれる。イギリスの植民地支配は伝統的に不干渉政策を採用してきたのだが，マレー半島における植民地支配を維持するためには，すなわち統治し，貿易し，居住し，またそれらの活動の安全と権益を守るためには不干渉政策は現実的ではなかった。1874年，シンガポールの総督，アンドリュー・クラークとペラ州のマレー人と華人のそれぞれの支配者との間に締結されたパンコール条約によって，イギリスの正式な介入は始まったとされ，この年こそ，イギリスの不干渉政策から干渉政策への転換年だとされている。では実際にそれ以前に不干渉政策に徹していたかというと，イギリスの政治的介入は枚挙にいとまがなかったといわれているのではあるが。

ペラ州では錫の採掘の利権を求めるなどの理由で，華人同士の抗争が続き，また同時にマレー人においては，スルタンの継承を求め，内戦が激化していた。クラークは両者を調停し，パンコール条約を受け入れさせたのだが，この条約で最も重要な問題は，駐在官の導入という点にある。すなわちこの導入は，スルタンが以下のような明らかな内政干渉を受け入れることを意味した。それは，駐在官と呼ばれるイギリス人官吏を受け入れ，マレー人の宗教と習慣以外のすべてに関して，駐在官の忠告を受け入れること。徴税や収入

管理に関して，また行政，外交問題，軍事，警察権は駐在官の忠告の下に行われることということである。これによって，スルタンの権利は宗教と習慣に関することに限定されることになる。

このイギリス植民地支配が始まることによって，それまでは慣習的に行われていたマレー人と華人間の，払う／払われるの構造は，錫採掘における徴税制度によって決定的になっていくのである。イギリスが最終的に徴税するとすれば，マレー人はその徴税請負人という位置付けになり，華人は納税者ということになる。つまり，イギリス人を頂点に，次にマレー人，華人という徴税／納税の方向性が出来上がり，それぞれの関係性は明確に構築され，植民地状況下で規則化していく。このように植民地以前の華人によるマレー人への土地代支払いシステムはさらに更新され，前述した華人のマレー人の「土地」に対して支払う〈義務〉の観念，恩義の観念は強化されていった。

3．マレーシア独立以降

1957年，マレーシアは一国家として独立する。その過程において，マレー人と華人の関係性はどのように変化していったのであろうか。1970年に出された新経済政策，いわゆるブミプトラ政策は，マレー人優遇政策と呼ばれ，マレーシア政府の経済的弱者であるマレー人へのアファーマティブ・アクション（積極的是正措置）であるとされている。つまりこの政策は教育とビジネスに関してのマレー人優遇政策だとされ，たとえば大学の学生成員の割合においてマレー人の占める割合を高くするために，マレー人の大学合格者数を増員したり，あるいはビジネスを始める際には，必ずパートナーとして，マレー人の登録が必要であるなどがある。これによって，マレー人の華人に対する優位性が法律的に強化されていく。

華人にとって土地認識を通しての〈義務〉の観念は払拭されず，マレーシアが独立した後，華人はマレーシア国家の一員となるのだが，それでもどこか客意識が見られる。そうした客意識が実際にその理由なのか，あるいは歴史的に移住を繰り返してきた華人の共通する特殊性であるかは実証することはできないものの，オーストラリアへの移住の際，華人のほとんどがマレーシアの土地に対する愛着もなしに離れていく。中国を離れる時との決定的な

相違は，中国での郷里に祀っていた神像，土，神灰等を移住の際に持ってきて，郷里の村と同じ「場」をマレーシアにおいて再現し，彼らはマレーシアでのコミュニティを郷里の村と同一視してきた。それに対し，オーストラリアへの移住形態は，マレーシアへの移住形態同様に，中国の郷里をオーストラリアの土地に再現しようとしているのである。つまりこのことからも，マレーシアにおける客意識という問題は多少なりとも実証されうるのではないだろうか。

　以上見てきたように，税金を払わなければならなかった事実が実際にあり，払いつづけることによって，しかもそれが法制化されることによって，華人にとってマレーシアの土地が自分の土地だという認識に到らなかったと考えられる。さらにマレーシアが他者の土地であるということを認識させる装置ともなっているダトコンを信仰することが，そうした認識を強化し，今なお客意識がつづいているのはこうした理由からであると考えられる。

おわりに

　多民族国家であるマレーシアにおいて，多民族がどのように共生しているかを，華人の立場から考察してきた。他者の土地であるマレーシアへの移住過程において，生活・慣習レベルでの矛盾を契機に創出されたと考えられるダトコン。そのダトコンに焦点を当てることによって，他者の土地で生きようとする際の彼らの政治的意識が無意識化する過程を見てきた。つまりダトコンは，移住先のマレーシアが他者の土地であるがゆえに創出され，またその表象がマレー人であることも確認してきた。さらに歴史的に華人とマレー人がどのような関係性を構築してきたかを見てきた。マレーシアの土地にはマレー人に優先権があり，お客である華人が地主であるマレー人に，土地使用料としての税金を支払い続けることによって，そうした客意識あるいは義務観は払拭されず，マレーシア国民となった後も，ブミプトラ政策の下，〈義務〉の観念はぬぐいきれなかったのである。以上のように，新たな信仰対象の創出と歴史的事実から，華人の意識を探ることによって，華人はマ

レー人とないしはマレーシアにいかに共生しているかを考察してきた。

　ダトコン信仰が4ナンバーの流行とともに増大している事実が存在する。しかしダトコンはそもそも他者の土地に移住する際に創出された神であり，マレーシアを他者の土地である，マレー人に土地代を払わなければならないという義務の観念を内包している。ダトコンを信仰している限り，マレーシアは華人にとって借りている土地であるという意識を払拭できない。ダトコンはこうした〈義務〉の観念を強化する，あるいはそうした観念を維持する装置として働いているともいえる。

　ダトコンの信仰が増大すればするほど，義務の観念は払拭できず，しかしこの〈義務〉の観念があるがゆえに，華人が不利であること，あるいはマレー人に払わなければならないことに対する強い矛盾を感じず，マレー人と華人はうまく共生していけるとも考えられる。

　共生ということばが，あらゆる点で平等な状態で共に生きていくということを意味するのならば，マレーシアに見られるような優遇政策などから考えると，華人とマレー人が共生しているとは決していえないだろう[38]。しかしそれが，大きな問題が生じない状態で共存しているという意味ならば，両者はうまく共生していると考えてもよいかもしれない。ダトコンの創出や，〈義務〉の観念の存在は，植民地時代に移住を余儀なくされた華人が，他者の土地でうまく共生していくための不可欠な方法だったといえる。

注
1）宗教学や文化人類学におけるシンクレティズム論。
2）Cunclini 1995 *Hybrid Culture.* University of Minnesota Press など。
3）ジェイムソンは，こうした意味で「政治的」ということばを使っている。
4）アルチュセールに見られる議論。
5）ラカン，フロイトに見られる議論。
6）F. ジェイムソン 1989 『政治的無意識』平凡社 p. 408
7）1991年の国勢調査によると，ブミプトラ61.7％，華人が27.3％，インド人が7.7％，その他が3.3％である。ブミプトラとは「土地の子」を意味し，オラン・アスリやイバン族を含むが，その大半がマレー人である。
8）マラヤ連邦成立から10年目にあたる1967年，憲法の規定により，マレー語の国語・公用語化が法制化し，教育機関や官公庁でのマレー語使用が強化されていった。それに対し華人，インド人は自らの文化や言語が希薄化することに危機感を感じ，不

満が増大していく。一方商工業分野における華人とインド人の占有によるエスニックグループの経済的格差拡大に対し、マレー人の不満も増大していく。折りしもその翌々年、1969年5月10日の下院議員選挙の際、その結果を野党の勝利と解釈したDAPという華人系野党が勝利の行進を計画し、一方マレー系青年が華人に対抗して行進の計画を実行した。2つのグループは5月13日にクアラルンプールで衝突し、華人の犠牲者が多数を占める流血の人種対立事件がおこった。

9) 正式な統計調査はないが、華語紙（光明日報や光華日報など）において「マレーシアにおける華人の人口の占める割合が落ちているのは、オーストラリアに流出しているからだ」等の記事が見られる。しかし、その際も、正式な数字が出されているわけではない。

10) 1996.10－1997.11。著者による約13ヵ月間のペナンにおける参与観察の手法をとった調査。

11) 『中日大辞典』1968　大修館書店

12) KAMUS TIMES (TIMES DICTIONARY) 1980 TIMES EDUCATIONAL

13) 前掲『中日大辞典』

14) Che Hock Tong 1992 "The Datuk Kong Spirit Cult Movement in Malaysia", *Journal of Southeast Asia Studies* 23, 2 pp. 381-404 特に pp. 382-383

15) Richard O Winstedt 1924 "Keramat : Sacred Places and Persons in Malaya", *Journal of the Malayan Branch of the Royal Asiatic Society* 2, No. 3

16) マレー人12人、華人21人へのインタビューによる。

17) 梅井氏。インフォーマントといっても、現地で長期にわたって調査をおこなっている人物で、研究機関や大学にこそ所属していないが、郷土史家以上の存在として理解してもらってもよい。

18) Judith Nagata 1986 "The Impact of the Islamic Revival (Dakwah) on the Religious Culture of Malaysia". *Religion, Value and Development in Southeast Asia*

19) ペナンのジョージタウンの中心地の裏道（GAMAから奥へ）に祀られているダトコン。報告者が調査を集中的におこなったダトコン。

20) 58ヵ所のダトコンの祀祭場所を調査した。しかし、それぞれの場所の個数が、全体の占める割合に比例しているとはいえないので、あえてそれぞれの個数は割愛している。

21) 最古（1800年建立）の広福寺、あるいは5大姓の寺廟（古寺）にも見られない。

22) 1997年、2002年3月、8月におこなったインタビューによる。

23) 48人中18名が文中のように答えた。ほかは「知らない」「よくわからない」ということだった。

24) 窪徳忠　『道教史』　山川出版社　第6章、特に pp. 371-383

25) 福建語。ペナンの華人は福建系が主流であるため、福建語での呼称が流通している。

26) 窪　1977　pp. 373-376　と調査による。

27) 「番」が左上、「唐」が右上に並立的に書かれ、その2文字の真中から、すぐ下のほうへ、「地主」と書かれている。図に示す通り。

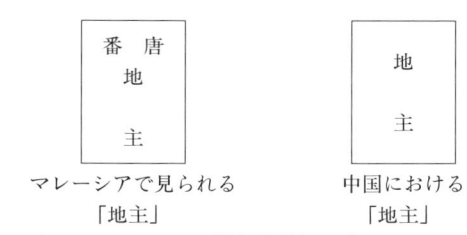

第 2 章　マレーシアの華人信仰「ダトコン」と〈義務〉の観念　73

```
┌──────┐          ┌──────┐
│番 唐 │          │      │
│地    │          │地    │
│主    │          │主    │
└──────┘          └──────┘
```
マレーシアで見られる　　中国における
　　「地主」　　　　　　　「地主」

28) ハンチャン・カレッジ（韓江学院）の講師，オンセンホワ（中国研究者）へのインタビューによる。
29) 記録がないため，その名は伝えられていない。Tanjong Tokong の大伯公寺廟の裏に，その墓が見られる。
30) 旧暦 1 月 15 日大伯公（トッペーコン）の生誕祭の日に，タンジョン・トコンにある大伯公廟でおこなわれる「請火」とよばれる火の祭り。15 日になる午後 11：30 から廟内に火をおこし，その火の燃え方によって，1 年間の経済状況を道士が占う。ペナンにおけるトッペーコンの取締り事務所ともなっている宝福社が主宰する祭りであるが，政治家や華人団体の代表など，ペナンにおけるあるいはマレーシアにおける華人の著名人が，経済状況の今後の予測の情報を得るために集う。翌日の新聞にも，その予測が一面を占める程，華人にとって重要な祭り。
31) イギリス植民地下の際の行政最小単位。通り（ストリート）単位で分轄されていた。
32) すべて調査地でのインタビューによる。
33) マレーシアで流行している，数字を 4 つ当てることによってお金を儲ける賭博。
34) この矛盾とはレヴィ＝ストロースの用語である「矛盾」と同義であり，ジェイムソンはこのレヴィ＝ストロースの用いる「矛盾」の概念を援用する。レヴィ＝ストロースは，象徴表現には二項対立が存在し，その二項対立の連環を生み出す基本的概念が「矛盾」であると説明している。レヴィ＝ストロース 1958 および 1962
35) ここで同じ「矛盾」といっても，レヴィ＝ストロースは二項対立を基本構造とし，ジェイムソンは二律背反に準拠している。Cf. ジェイムソン 1989
36) 現在のペラ州タイピン（太平）。
37) 海山（ハイサン），義殽（ギーヒン）は最も強大な会党であり，両者の抗争は絶えなかった。
38) 本章では，華人とマレー人に焦点を当てているため，そのほかの民族についてはここでは論じない。華人とマレー人に限って論じている。

参考文献

Clammer, John R., "Overseas Chinese Assimilation and Resinification : A Malaysian Case Study", *Southeast Asian Journal of Social Science* (Vol.3 No.2, 1975)

Comber, Lean, 13 May 1969 : *A Historical Survey of Sino-Malay Relations*. Heinemann Asia, 1983

C. S. Wong, 1963 *A Gallery of Chinese KAPITANS*, Dewasan Bahasa Dan Kebudayaan Kebamgsaan Ministry of Culture, Singapore

Cushman, Jennifer and Wang Gungwu, 1988 *Changing Identities of Southeast Asian Chinese since World War II*. Hong Kong University Press.
Goh Cheng Teik, 1971 *The May Thirteenth Incident and Democracy in Malaysia*. Oxford University Press.
Gullick, J. M., 1965 *Indigenous Political System of Western Malaya*. The Athkone Press.
Heng Pek Koon, 1988 *Chinese Politics in Malaysia : A History of The Malaysia Chinese Association*. Oxford University Press.
Jomo K. S. (ed) 1989 *Mahathir's Economic Policies*. INSAN.
Lee Kam Hing (ed.) 1969 *The May Tragedy in Malaysia : A Collection of Essay*. Monash University Press.
Lee Poh Ping, 1978 *Chinese Society in Nineteenth Century Singapore*. Oxford University Press.
Mehmet, Ozay, 1988 *Development in Malaysia : Poverty, Wealth and Trusteeship*, INSAN.
Muzaffar, Chandra, 1989 *The NEP : Development and Alternative Conciousness*, Aliran.
Purcell, V., 1948 *The Chinese in Malaysia*, Oxford University Press.
―――, 1948 *The Chinese in Southeast Asia*, Oxford University Press.
―――, 1965 *The Chinese in Modern Malaya*, Eastern University Press.
Shamsul A. B., 1986 *From British to Bumiputera Rule : Local Politics and Rural Development in Peninsular Malaysia*, Institute of Southeast Asia Studies.
Yen Ching Hwang, 1995 *Community and Politics : The Chinese in Colonial Singapore and Malaysia*, Times Academic Press.
石井由香　1999『エスニック関係と人の国際移動――現代マレーシアの華人の選択――』国際書院
今堀誠二　1973『マラヤの華僑社会』アジア経済研究所
金子芳樹　2001『マレーシアの政治とエスニシティ――華人政治と国民統合――』晃洋書房
梶田道孝編　1988『エスニシティと社会変動』有信堂
ジェイムソン，フレドリック　1989『政治的無意識』平凡社
原不二夫編　1993『東南アジア華僑・華人と中国――中国帰属意識から華人意識へ――』アジア経済研究所
平野健一郎他　1988『アジアにおける国民統合』東京大学出版会
山下清海　1988『シンガポールの華人社会』大明堂
レヴィ゠ストロース　1958『構造人類学』みすず書房
―――，1962『野生の思考』みすず書房
チャールズ・テーラー他　1966『マルチカルチュラリズム』岩波書店
劉枝萬　1994『台湾の道教と民間信仰』風響社
アラン・エリオット　1995『シンガポールのシャーマニズム』春秋社

水上家屋での生活

　1996年の正月頃から半年ほど、ペナンの水上家屋に住むことになった。華人さえ住むことを許されていない非常に閉鎖的な地域であり、私は日本人としては初めてそこでの居住を許されたらしい。そしてまたそこは文化人類学者を魅了するに充分な「華人性」を最も色濃く醸し出しているエリアでもある。100年以上前に華南地域から移住してきた華人が、クランごとに軒をつらね、周，王，陳など7クランが今なお「宗族」の形態でコミュニティを形成している。各クランの入り口には、それぞれのクランの先祖神が祀られ、その奥に、両脇を向かい合う家の門にはさまれた板の廊下が海へ張り出している。私は周クラン（周姓橋）の一角に部屋を借りていた。

　さて、問題は住環境である。私は初めてそこへ連れて行かれたとき「ん？温泉があるの？」と思ってしまったほど硫黄のにおいが非常に強かった。その正体はおそらく硫化水素、要するに約100年もの間のごみや汚物が海に蓄積され、ヘドロ化されたそのにおいなのだ。彼らの生活を観察していると、確かに何もかも海に投げ捨てる。そしてそのごみの集積物の上に、数え切れないほどの大きなねずみやたまに観察されるワニと住んでいるのである。彼らにとってそもそもそれらはごみではないのかもしれない。おぞましいほどの自然との共存であった。

　さて、その当時水上家屋に住んでいるというと、マレーシアに住む誰からもかなりひどく驚かれた。つまり日本人の女性がそのエリアに住むことに驚かれるのである。はじめはその住環境への順応に対しての驚愕かと思っていたのだが、

写真2-6　ペナンの水上家屋（外観）　　写真2-7　ペナンの水上家屋（内部）

あるときその理由がはっきりとわかった。その当時乗っていた車を周クランの駐車場においていたのだが、そこに置くことの不安（当時、車上荒し、盗難等が多かったため）を外部に住んでいる友人に伝えると「全く心配する必要はない。誰もあそこにおいてある車には手は出せない」といわれた。水上家屋には歴史的な会党（シークレット・ソサエティ：やくざ？）が多く住んでおり、その縄張りにだれが手を出そうか、ということだったのだ。私がお世話になった人たちの多くは会党のメンバーであり、私が調査地でとても安全に暮らしていくことができたのは、逆にきっとその人たちの虎の衣を借りていたからなのかもしれない、となんとも感慨深く思わされた。

第 2 部

中国少数民族のエスニシティ
―― 共生へのさまざまな模索 ――

第3章

朝鮮族の経験と言説
―― 延辺朝鮮族自治州の事例を中心に ――

第1節　問題の背景

　社会主義と市場経済という二律背反的概念を結合できる「精神」の解明が，中国社会の激変する現状を説明できるひとつの方法かもしれない。中国共産党の「社会主義市場経済」の導入は，従来の経済構造に起因する貧困の平等と生産力低下という悪循環から決別する最後の道であった。その驚異的成果はさまざまな形であらわれ，中国経済はもはや世界市場に影響を与える規模にいたっている。しかし，ここで注目すべきことは，その鮮やかな「手法」である。中国共産党の論理では，中国は現在「社会主義初級段階」にある。したがって，現段階での市場経済の導入は社会主義経済による一種の実験ともいえる。さらに，市場経済の導入は資本主義の容認を意味しないため，中国社会が今後「資本主義化」することはありえないという[1]。結局，この「社会主義初級段階論」が帰結するところが，中国の社会主義が成熟し高い段階に到達すれば，市場経済は新たな実験モデルに置き換えることも可能だという「革命的現実」である。

　さて，話題を中国の少数民族問題にかえてみよう。中国共産党は，建国当初から，第二次世界大戦後に誕生した新興国家が抱えていた問題，即ち，新国家体制をめざすナショナリズムと国民国家内部に存在する「地方民族主義」という矛盾を抱えていた。しかし，矛盾は論理的には克服できていた。それは，相反する2つの方向性を結合させる「手法」として，少数民族の自治という装置を共産党組織の内部に編成することであった。その論理的根拠は建国以前の中国共産党の民族問題に関する基本方針に遡ることができる[2]。

中国共産党は,「人民解放」という革命課題の遂行において「民族団結」は必要不可欠であり,「民族平等」はその前提となる,という一貫した方針を表明してきた。

　すべての少数民族にとって,少数民族の自治という「手法」が鮮やかだったかどうかは別として,本章で論じる朝鮮族社会は,この「手法」に同調してきたといえる。さらに,彼らは社会主義イデオロギーを積極的に受け入れると同時に,それをエスニック・グループの対外的言説のひとつとして戦略的に流用してきた。その背景には,朝鮮族が日本の植民地主義と中国共産党イデオロギーの狭間で作為的に誕生した歴史的経緯がある。換言すれば,朝鮮族は中国共産党イデオロギーを内面化することで新たなアイデンティティを構築し,「移住者としての朝鮮人(日本植民地主義の協力者)」と「中国人民としての朝鮮族」との間に存在した思想的空白の部分を埋めることができた[3]。それを可視的に象徴する装置が延辺朝鮮族自治州(以後,「延辺」と表記)[4]である。この政治的空間に与えられた「正統性」は,朝鮮族と中国共産党,双方の「信仰告白」によって確認されてきた[5]。

　しかし,市場経済の導入後の中国社会の激変は,「延辺」という政治的空間にもさまざまな影響を与え,朝鮮族社会の変容を余儀なくさせている。特に,近年の変化を論じるうえで考慮に値する問題のひとつは,韓国社会の存在である。1992年,「韓・中国交正常化」以後,朝鮮族社会と韓国社会の接触は,韓国への出稼ぎ労働者の急増,韓国人観光客の急増,韓国企業・資本の進出,韓国衛星放送の受信,韓国「大衆文化」の氾濫など枚挙に暇がない。このような接触は,当然のことながら,彼らのエスニシティのあり方にも影響を与えている。このような接触を玄(玄 2001：207)は「衛星放送などメディアや人的交流による韓国文化の浸透」と捉え,「朝鮮族はホスト国家と『祖国』とをまたがる新たなアイデンティティの模索を要求されている」と述べている。この指摘は,まさに,韓国社会の存在が朝鮮族社会のエスニシティを論じるうえでも不可欠な要素として浮上してきたことを示唆している。

　以上のような背景から本章は2つの問題に焦点を絞る。ひとつは,従来,朝鮮族社会が少数民族として構築してきた言説の検討である。もうひとつは,市場経済の導入以後,中国ナショナリズムと朝鮮族エスニック・ナショナリ

ズムとの関係にいかなる変化が生じているかについての検討である。これらの問題は、朝鮮族が市場経済の導入以後の激変する中国社会の現状をどのようなかたちで表象しているかという課題とも重なる。

第2節　少数民族としての言説

　バースの「民族境界論」(Barth 1969) 以後の「構成主義」的エスニシティ論では、民族を「所与（実体）」として捉えるより、特定の社会的・歴史的コンテキストによって、つくられたものとして捉える。この見解にしたがえば、朝鮮族はまさに、日本の植民地主義と中国共産党の建国（革命）の狭間で作為的に誕生した少数民族であるといえる。朝鮮族が「満州の朝鮮人」という「外部」から少数民族として中国社会の周縁に編入されるまでの経験[6]は、彼らのエスニシティ戦略を方向づけると同時に、編入の正統性を主張できる言説を与えている。

　中国共産党は建国当初から、モンゴル族、回族、チベット族、ウイグル族、ミャオ族、ヤオ族、イ族、朝鮮族、満州族の9つを民族として認知していた。後に、いわゆる「民族識別工作」による民族の「発掘」・「弁別」を行い、今日の55の少数民族を認定するに至っている（毛利 1998：61-62）といわれている。ここで留意すべきことは、朝鮮族が他の少数民族と異なって「土着民族」ではないことである。中国共産党は、なぜ、建国当初から朝鮮族を少数民族として認知していたか。この問いに答えるためには、当然のことながら、建国以前の東北地方における政治的状況を考慮する必要がある。鶴嶋（鶴嶋 1997：233-237）は、当時の中国共産党が抗日闘争をめぐる「在満朝鮮人」の路線修正（朝鮮半島の独立闘争から日本帝国主義の中国侵略に対する闘争への方針転換）を強要し、その結果、中国共産党は早い時期から「在満朝鮮人」の朝鮮族としての編入を認めざるを得なかったと指摘している。朝鮮人の中国少数民族への編入をめぐる歴史学者の観点には若干の相違があるが、本章はそれを検討する余裕を持ちえない。

　ここで確認しておきたいのは、朝鮮族と中国共産党の関係である。1945

年，日本の敗戦直後，「移住者」，「日本植民地主義の尖兵」のような負のイメージが朝鮮人に付きまとっていた。しかし，「解放戦争」，「抗米援朝」などの一連の出来事は，中国共産党に対する朝鮮族の貢献を通して新たな関係へと転換していく。それは，社会主義イデオロギーを原点とする同志的連帯感の共有であり，偉大な社会主義国家の一員であるというナショナリズムの共有である。例えば，スペンス（스펜스 1998：139-141）の引用は朝鮮族と他の少数民族との相違を明確にしている。彼は建国初期の少数民族地区の解放工作に参加した漢族幹部の苦労に触れ，「緊張・混乱・露骨な敵対感にもかかわらず，中国共産党は地方の党員募集と教育を通して徐々に前進していた。(中略) 1957年，雑誌『民族団結』は，すべての少数民族地域で40万名の共産党員（全国党員総数1,272万人）と60万人以上の共産主義青年団を確保できたことに対して，歓迎の意を表している」と述べている。建国初期，東北地方以外の多くの少数民族地区では，共産党組織の展開がしばしば少数民族の根深い不信の壁に遭遇し混乱を極めていた。少なくとも，共産党（漢族幹部）が朝鮮族地区（東北地方）でこのような苦労を経験することはなかった。換言すれば，清帝国の歴史的負債を背負ったまま新たな国民国家を建設しようとする共産党にとっては，西部地域の諸少数民族と朝鮮族の相違は明らかであった。例えば，西部地域では，「宗教リーダー，旧支配層を政権に引き入れ，彼らと協議，合意形成によって民族地区を統合しようとする統一戦線政策」（毛利 1998：294）が唯一の手段であったが，朝鮮族地区では全く必要としなかったといえよう。また，朝鮮族の場合，民族幹部（朝鮮族出身幹部）の多くが，建国以前から忠実な党員として活躍していた事実も看過してはいけない[7]。中国共産党と朝鮮族におけるこのような歴史的・政治的コンテキストから，次のような言説が構築されるのである。

「五星紅旗の紅色には，朝鮮族の血も染まっている」。

第3節 社会主義イデオロギーの流用

この言説は「解放戦争」に参加した朝鮮族幹部の口から発せられるが，朝

鮮族社会で一般的によく使われる表現である。中国で五星紅旗といえば，天安門広場で人民解放軍兵士の手によって行われる厳粛な儀式を連想する中国人は少なくない[8]。大勢の群衆が見守るなか国旗を揚げては降ろす毎日の儀式は，中華人民共和国が存続する限り続くのである。中国共産党の権威と革命精神の象徴である紅色の旗と天安門の青空，その見事な「対照」に中国ナショナリズムの極致をみるのが解放戦争世代である。朝鮮族はその中国ナショナリズムの象徴である五星紅旗に，自分たちのエスニック・ナショナリズムを滲ませるのである。まさに彼らは，日々の儀式を通して明瞭に意識される中国ナショナリズムのシンボルに，人民解放の烈士たる「朝鮮族の血」という究極に具現化された記号を用いて朝鮮族エスニック・ナショナリズムを表現しているのである。しかし，その記号とそれによって表現される意味は，必ずしも規則的対応（唯一の解釈）を為すものではない。

　さて，この言説を通して朝鮮族はなにを表出したいのか。次の2点で解釈してみる。

　第一は，中国共産党と朝鮮族の関係の表象という解釈である。上述してきたとおり，朝鮮族は中国共産党の建国理念に同調し，同志的連帯感と中国ナショナリズムを共有してきた。その感情・意識は，社会・政治的状況によってより鮮明に表現することを求められる。例えば，文化大革命がその典型であろう[9]。朝鮮族は，中国人民という範疇に自らのアイデンティティを投影できる社会主義イデオロギーと中国ナショナリズムを自らの血を流すことによって獲得できたのである[10]。しかし，日本の植民地支配から建国に至るまでの朝鮮族の受難と試練は，新たな社会主義国家（中国共産党）に対する期待と移住民（土着民族ではない）としての潜在的な不安を同時にもたらしている。したがって，五星紅旗を染める「朝鮮族の血」は，まさにその期待と不安の隠喩である。ある意味，朝鮮族は常に社会主義イデオロギーの流用を通して中国社会の一少数民族から中国共産党の中枢を担う存在として認知される可能性を模索していたかもしれない。しかし，政治的空間において少数民族として体験する限界は，彼らの期待と不安をより複雑なものにしている。結果，中国ナショナリズムを支えてきた朝鮮族の貢献を想起させる一方で，少数民族としての限界を朝鮮族のエスニック・ナショナリズムとして昇華で

写真 3-1　天安門

きる言説を構築せざるをえなかったのである。

　第二に，五星紅旗を染める「朝鮮族の血」は，朝鮮族が血縁・言語・慣習のような「原初的紐帯」に拘束されないことの隠喩でもある。例えば，朝鮮族は祖国を舞台にした朝鮮戦争への参戦（抗米援朝）を共産党員（中国人民）としての革命的正当性を論じる延長線で説明してきた。まさに，中国共産党の歴史認識と一致（共有）する部分である。結局，このような歴史認識の共有は，社会主義イデオロギーを流用することによって初めて可能である。逆説的であるが，朝鮮族はエスニック・ナショナリズム（「原初的紐帯」）を乗り越えた結果，少数民族として編入され中国ナショナリズムの一角に民族の空間を構築できたのである[11]。換言すれば，この言説は編入の正統性と「延辺」という空間に与えられた政治性を表象しているのである。しかし，改革・開放政策，市場経済の導入，韓・中国国交樹立に続く一連の社会的変化が生じるまで，朝鮮族エスニック・ナショナリズムには旗幟鮮明なものではなく，中国ナショナリズムという軌道上で同心円を画くものであったといえよう。それは，毛利（毛利 1998）の指摘する民族の区域自治政策が持つ政策の限界を朝鮮族もよく認知しているからである[12]。

第4節　市場経済と「延辺」の変化

　朝鮮族の社会主義イデオロギーの流用は，中国ナショナリズムの内部にエスニック・ナショナリズムを巧みに表象することで，自らのアイデンティティの構築を可能にした。しかし，中国社会の激変はその社会・政治的コンテキストにも微妙な変化をもたらしている。周知のとおり，市場経済の導入以後の中国経済は，年平均7％の高度成長，WTO（世界貿易機構）の加入，全体経済規模では世界7位という驚異的発展を成し遂げている。今日の成長は画期的政策の転換に起因する結果である。まず，中国共産党は農業・工業・国防・科学技術の近代化を最優先課題と位置づけ，外国資本と技術を直接誘致するために経済特区[13]を設置する1978年の「4つの現代化」の政策で改革・開放の狼煙をあげる。改革・開放の影響は瞬く間に地方農村にまで広がり，党中央委員会は1984年「一号文書（土地の請負期間を15年以上とする決定）」を公布し，実質的に人民公社の見直しと農業生産責任制を批准する。このような農業の変化は，工業部門のインセンティヴ制度を促進させる結果となった[14]。国営企業も，従来の「鉄飯碗（終身雇用が保障されている職）」体制から経営合理化と個人の能力を優先し，従業員のリストラを断行する西欧的企業経営に着手している。まさに，「天地開闢」に等しい変化である。共産党は1982年以後，毛沢東の批判（大躍進以後の経済失策に対する）を容認し，経済成長そのものを根本的目標としながらも社会主義イデオロギーを堅持するという原則を再確認する。

　このような市場経済の導入の影響は「延辺」にも押し寄せている。最も著しい変化は，韓国社会との出合いである。国交正常化以後，両社会間のヒト・モノ・カネ・情報の流れはその速度と規模において目覚ましいものがある。とりわけ，朝鮮族の韓国出稼ぎの急増は，両社会に新たな経験を強要している。その経験と問題を検討してみよう。

　今日，朝鮮族社会には韓国出稼ぎで一攫千金を手にできる「成功神話」が蔓延している。出国が成功への近道と信ずる人々の行列は跡切れることがな

い。既にソウル近郊の工業団地周辺には，朝鮮族の集中居住地域が形成されている。合法・不法滞在を合わせたその人数は正確には把握されないが，朝鮮族社会では「一世帯に一人は韓国にいる」といわれている。国営企業のリストラと国家公務員の定年引き下げは，このような出国ブームにより拍車をかけている。「延辺」のマスコミは，連日のように出稼ぎ家庭の離婚および家族崩壊・子女教育問題・韓国人による出国詐欺・強制送還などの問題を取りあげ，「成功神話」の幻想に警鐘を鳴らしている。しかし，韓国の出稼ぎから帰国し，その資本で事業を起こし成功した事例が散在するため，その効果は皆無に等しい。

　韓国のマスコミは，国交正常化直後，朝鮮族社会に格別な関心を示し，朝鮮族社会に韓国の政治・歴史的コンテキストで形成されたイメージを付与してきた。その意図は明確であった。それは，韓国社会に植民地支配と冷戦体制の悲運な歴史を想起させる一方で，その歴史を克服した韓国社会の優越性を朝鮮族社会との経済的格差によって確認させたいという「韓国社会の期待」に応えることであった。また，韓国社会にとって「冷戦の終焉」が韓半島における民族統一であるがために，「朝鮮族との再会」にはその代用物としての役割までも与えられていた。結局，韓国社会が朝鮮族という鏡に投影したかったのは，抗日運動家の末裔，冷戦に翻弄されたわが民族，韓民族の言語と風習と血統（漢族との通婚が非常に低い）を戦後から今日まで維持・継承した「民族の誇り」であり，それは韓国社会が持つべき理想的自画像でもあることに注目する必要がある。また，韓国社会は，暗示的に民族の言語と「文化」を「喪失した」と断定されている在日韓国・朝鮮人社会との比較も忘れなかったことも指摘しておく必要がある。しかし，韓国社会は時間の経過と出稼ぎ労働者の急増とともに，朝鮮族を「危険な不法滞在者」，「貧困なる拝金主義者」，「共産主義者」，「結局は中国人」というレッテルをはり，排除・差別するようになるのである。「ペスカマ号事件」[15]は，このような韓国社会の「朝鮮族観」の両義性を浮き彫りにしているのであろう。

　市場経済の導入以後の「延辺」の変化を論じる場合，看過していけないのが韓国放送衛星（KOREASAT）の存在である。韓国の衛星放送の実質的解禁（共産党は原則的に禁止している）は，朝鮮族の生活世界に大きな影響を

写真 3 - 2　朝鮮族の婚礼

与えている。それは，同一言語による放送であるため，現代の韓国人のあらゆる生活様式をリアルタイムで伝達するという凄まじい威力を発揮している。韓国の歌謡曲・ファッション・消費形式・映画・ドラマ・政治・経済などすべての情報が朝鮮族の家庭に届けられるようになり，彼らもそれらの情報を積極的に吸収しているのである。しかし，彼らにとって衛星放送を通して伝達される「韓国文化」はまさに「異文化」である。ある朝鮮族は，「ドラマで描写される夫婦関係のあり方，食べ物，冠婚葬祭までもが新鮮な衝撃であった」という[16]。彼らは，毎日，テレビ画面を通して「延辺」と韓国の間に存在する「文化」の不連続性を明確に認識させられるのである。しかし，彼らの消費形態は韓国の「商業文化」の延長線で論じることが可能である。「延辺」の百貨店に行けば，韓国製電化製品，食品，衣類，音楽CD，雑誌，化粧品，韓国にあるものが何でも揃う。それも，韓国より高い値段で売られているが，その人気は絶大である。特に，朝鮮族の若者にとって，韓国の「大衆文化」は憧れの的である。韓国の歌謡曲を聴きながら受験勉強に励み，韓国芸能人のファッションを取り入れている高校生は決してめずらしくない。彼らは韓国系資本で経営されている「韓国式」食堂の食べ物に興味をしめし，家庭にその食文化を持ち込み，週末には親に連れられ再び新たな「韓国式の食べ物」を賞味するのである。

第5節　欲望の隠喩——エスニシティを越えて——

　さて，ここで残されているもうひとつの課題は，市場経済の導入以後，中国ナショナリズムと朝鮮族エスニック・ナショナリズムの関係にいかなる変化が生じているかについての検討である。まず，ひとつの事例を紹介してみよう。

　朝鮮族3世（朴大吉：仮名）。彼は文化大革命の最中，人民解放軍に入隊する。後に共産党員になり，「延辺」の市政府の下級機関に勤める。しかし，1996年，韓国への出稼ぎを契機に職場を離れることになる。その後，飲食店，韓国衣類の輸入販売などの事業に乗り出し，成功を収めている。近年の朝鮮族社会に蔓延している韓国の出稼ぎ組の成功神話を見事に実現したケースである。彼は韓国の出稼ぎの経験と帰国後の心境を次のように語る。

　「韓国に行ってみたら，私たちは本当に楽な生活をしていたことがわかった。向こうは金儲けに命をかけている。中国でも同じ努力をすれば金儲けはできる。向こうでわれわれが中国人だということがよくわかった。

　もはや共産党も金儲けに反対はしない。努力すれば，党員であれ，誰であれ成功できるんだ。しかし，漢族をパートナーにしないと大きな商売はできない。私も漢族と共同経営をしている飲食店を持っているが，やはり，経営が順調だ。われわれは少数民族だから，彼らを巧く利用しないと何も出来ない。これはこの業界の真理だ。誰も否定できない」。

　彼は，資本主義社会の現実と韓国社会の朝鮮族に対する両義的態度で体験し，朝鮮族として，また，中国人民としてアイデンティティの本質を追い求めざるをえないのである。また，帰国後の中国社会の変化は，彼に事業家への変身を選択させたのである。しかし，事業を拡大していくうえで，少数民族としての限界を感じていたのである。その限界も，彼は漢族との関係を築くことで解決できると確信している。漢族と朝鮮族という二分法が経済的商行為のなかで存在するとしたら，それは何を意味するのだろう。彼は，人民

解放軍を経て国家公務員を経験した共産党員である。事業家になる前の彼にも話を聞いたことがあるが，少なくとも模範的な共産党員としての発言をする傾向があった。確かに，朝鮮族は政治的状況においては，社会主義イデオロギーを流用することによって，中国ナショナリズムに朝鮮族エスニック・ナショナリズムを重ねることができた。しかし，中国社会の今日的状況では，もはやこの流用では朝鮮族エスニック・ナショナリズムを表象するに不十分である。また，彼の語りを通して明確になっているのは，韓国では中国人として排除され，今日の中国の経済的空間においても朝鮮族と漢族という毅然とした二分法が存在することを自らの体験で改めて認識したということである。さらに，彼は次のようなことを指摘する。

「工商局，衛生局など商売に必要な付きあいの相手は漢族ばかりだ。彼らは，昔の共産党ではない。逆に，彼らにとっては，朝鮮族も漢族も関係ない。経済的な余裕がある業者を大事にせざるを得ない。これこそが，市場経済の本質だ。なら，いかなる手段を用いても金儲けをしてみせるんだ。……しっかり，稼いで延辺に帰りたい」。

解釈によっては，拝金主義の塊が発する「金儲けの勧め」にしか聞こえないかも知れない。しかし，彼の語りは全く異なる脈絡で解釈可能であろう。市場経済の導入が民族間関係のあり方に大きな変化をもたらしており，少なくとも，彼自身が，事業を展開するなかで，一筋縄ではいかない民族間関係の矛盾を感じていたとするならば，彼の事業家としての成功は，単に生活水準の向上という個人の欲望の成就という側面よりは，市場経済の導入以後にもたらされた何らかの民族間関係の呪縛から解放されたいという欲望の隠喩としての解釈も可能であろう。また，彼のいう「金儲けの勧め」は，中国社会の新たな変化を代弁しているかも知れない。調査中に，出会う漢族も朝鮮族も，大同小異，口を揃えて言う。「子どもの教育費に莫大な出費を覚悟しないといけない。何としても，重点大学に入学させないといけない。そのためには，親としては何をしてでもお金を捻出するしかない」。公務員を辞め，個人事業を始めた人たちの弁である。確かに，教育費の高騰は，目を見張るものがある。しかし，決してそれだけではないはずである。彼らの新たな経

済活動の営為を通して，かつては経験できなかった異なる自由と充実感を満喫しているのであろう。自分の能力と努力は，結果がどうであれ，収支決算という客観的基準で確認できる。その過程で，少数民族と漢族の何らかの矛盾が介在するとしたら，その解決のために従来の社会主義イデオロギーではない，新たな理屈と装置が必要である。彼は，その理屈と装置を徹底した自由な経済活動の合理性のなかに求めながら，朝鮮族としてのアイデンティティの本質に迫っているかも知れない。また，「しっかり稼いで，延辺に帰りたい」という語り口は，故郷に錦を飾るということではなく，「延辺」という朝鮮族の居場所に回帰したいという「原初的」欲望を吐き出しているようにも聞こえる。しかし，「延辺」が中国ナショナリズムと韓国の政治・経済的権力関係から解き放たれた空間でないことを彼も認識しているはずである。結局，彼は中国ナショナリズムとエスニック・ナショナリズムを結合できる新たな共通項として，市場原理に基づく自由な経済活動にその可能性を託しているといえる。しかし，この共通項の流用は，中国ナショナリズムおよびエスニック・ナショナリズム，両者の細分化，もしくは，多様化という現象をもたらすかもしれない。そういう文脈からすれば，朝鮮族は，従来のエスニシティ戦略を越える新たな言説の構築を求められる中で，中国社会における共生の意味を模索せざるをえないのであろう。

注

1）市場経済の導入の論理的根拠は，1979年の鄧小平の談話「社会主義も市場経済を実施できる」（鄧小平撰文集第2巻：342-349）においても，「計画経済と市場経済の調和は可能であり，市場経済は資本主義社会の専有物ではなく，社会主義的市場経済の実施は，資本主義社会に回帰するものではない」と簡単明瞭に説明されている。以後，鄧小平は「南巡講話（1992年）」で「改革開放」政策の加速を指示し，翌年，中国共産党は，「社会主義市場経済・初級段階論」を盛り込む憲法改正を行った。

2）毛沢東は，1945年中国共産党第7次全国代表大会の政治報告（毛沢東選集3巻：1364-1365）で少数民族問題に触れ，孫文の考え方——1924年，中国国民党第1次全国代表宣言で「中国国境内の諸民族の自決権を認定し，帝国主義と軍閥を反対する革命が勝利を得た後には，自由統一（各民族が自由に連合した）の中華民国を樹立しなければならない」——に全面的に賛同すると表明している。また，少数民族の言語・文字・風習および宗教信仰は尊重すべきであると強調している。

3）日本の敗戦後，朝鮮人は日本植民地主義の尖兵，協力者として非難にさらされるよ

うになる。特に，日本人の開拓団周辺地域や「安全村」地域に居住した人々，日本の
関東軍に協力した人々は，この非難から逃れる名分に乏しく，多くの苦痛を甘受した
そうである。
4）現在，朝鮮族は東北地方（吉林省，遼寧省，黒龍江省）に集中している。特に，吉
林省の延辺朝鮮族自治州は彼らの集中居住地域である。この自治州は6つの市（延吉，
図們，敦化，琿春，龍井，和龍）と2つの県（汪清，安図）で構成される。この地区
は東にロシア，南に朝鮮民主主義人民共和国と国境を接しているため，軍事的にも重
要な位置を占める。延辺朝鮮族自治州は，1952年9月3日，延辺朝鮮民族自治区と
して指定され，1955年4月，現在の延辺朝鮮族自治州に改名された。当初，国家政
務委員会の批准を経て「延辺朝鮮民族自治区」という名称になったが，その後，憲法
改正に伴う行政改革によって改名されたのである。延辺朝鮮族自治州も朝鮮族の文化
や言語を保持・発展させるために様々な努力を行っている。例えば，朝鮮語を漢語と
ともに公用語として採択し，公文書から街の掲示物に至るまで朝鮮語と漢語の併記を
義務づけている。このような言語政策を支えるために独自の民族学校を持っており，
朝鮮語による放送や出版事業にも積極的である。
5）周恩来，鄧小平などの歴代の共産党の指導者たちは，「延辺」を視察し，模範的自
治州として高い評価を与えている。そこでは必ず，「抗日戦争」・「解放戦争」におけ
る朝鮮族の貢献を賞賛する歴史的評価が敷衍される。また，「延辺」という空間が，
まさに朝鮮族の貢献に対する共産党の評価によって創られた空間であることが改めて
喚起される。朝鮮族も共産党の少数民族政策の支持，社会主義イデオロギーの受容を
機会ある度に表明している。
6）一連の過程における朝鮮族の経験を簡単に記述しておく。1910年，韓・日併合条約
によって朝鮮半島は日本の植民地支配下に置かれる。朝鮮人の本格的移住はこの時期
から始まる。1910年以後，日本の植民地政策下で発生した農村流民の個人移住，あ
るいは日本による政策的移住によって「満州」に定着した朝鮮人の数は1944年まで
に約165万人に達したと言われている（한상복・권태환 1993：27）。日本は，「満州」
を国家の存亡に関わる生命線とみなし，開拓と利権の獲得を国策的に進めていた。
1931年9月18日，関東軍は柳條溝事件を口実に軍事行動を開始し，「奉天」を占領
する「9.18事変」を起こす。翌年，日本は「満州国」を樹立する。日本人が「一等
公民」，朝鮮人が「二等公民」の待遇を受ける。1945年8月15日，日本は連合軍に
無条件降伏し満州国が崩壊。東北地方は日本の植民地支配から解放される。しかし，
1946年から，蒋介石の率いる国民党と毛沢東の共産党との内戦（解放戦争）に突入
する。共産党はこの戦いで勝利し，1949年10月1日，北京の天安門で中華人民共和
国の建国を宣言。朝鮮族は人民解放軍の一員としてこの戦争に積極的に参加し，中華
人民共和国の建国に大きく貢献した。1950年6月25日，朝鮮戦争が勃発し，朝鮮族
は「抗米援朝」という名目で中国人民支援軍として参戦し，中国共産党への忠誠心を
証明することになる。1952年9月3日，吉林省に延辺朝鮮民族自治区が成立。しか
し，文化大革命（1966～1976年）が始まると朝鮮族は新たな試練に直面する。「四人
幇」は紅衛兵を動員し，革命の勢いを中国全土に拡大。全国各地で連日のように集会，
粛清，破壊が繰り返され，党，政府，軍，大学，工場など社会のあらゆる分野に大き

な被害を与えた。延辺朝鮮族自治州も例外ではなかった。特に，文化大革命の被害者の多くは，資本主義路線を歩む「修正主義者」あるいは「地方民族主義者」という烙印が押された。また，この時期，都市部の多くの「知識青年」が，農村の現実に学び，新農村を建設するというスローガンのもとに，農村地域に送られ集団生活を余儀なくされた。その後，中国共産党によって文化大革命が総括され，社会主義市場経済を容認する改革・開放政策が実施される。1992年，韓・中国交正常化以後，朝鮮族社会は新たな局面を迎えている。

7) 建国以前の幹部の場合には年金面で「離休」という破格の待遇が保証され，建国以後の幹部(「退休」)と区別される。朝鮮族の場合，「離休」の占める割合が高いといわれている。
8) 天安門広場における国旗の掲揚・下降式は北京の観光名物でもある。特に，地方から上京した人々はこの儀式のため天安門広場を訪れる。
9) 文化大革命における朝鮮族の語りは，金俊華 1996「在中朝鮮族のエスニック・バウンダリーの動態に関する研究」九州人類学研究会第24号 pp. 46-58，を参照していただきたい。
10) 朝鮮族幹部は，実際，この言説が地方行政府(郷政府レベル)の些細な問題を解決することもあるという。
11) 当時の彼らの期待は次の引用によく表れている。「延辺における民族区域自治の実施は自治機関の民族化を行い，朝鮮民族が延辺地区で自民族の事務を処理できる法的担保を与えてくれた。したがって，朝鮮族人民たちは政治的に他の民族との平等を実現し，経済的に民族地区を活性化させ，また，自民族の言語・文字・文化教育事業を発展させ，固有の風俗習慣を保存・改革する権限を持つようになった」(延辺民族教育研究所教育史研究室 1987：197)。
12) 毛利は，中国共産党が「民族間の政治的・経済的平等」，「地方自治と文化自治の結合」，「民族・宗教リーダーとの統一戦線」の3つの政策原則を一貫しているが，「区域自治の根本は，分離権と連邦制を否定して，少数民族が集中している地域を区画しそれに一定の自治権を与えるものである」という見解を示している(毛利 1998：46-50)。
13) 1979年に4つの経済特区が指定され，1986年に海南島および14の都市が加わった。
14) 従来，企業は年間利潤のすべてを国家に上納していたが，この制度によって，年間総収入の55％の税金を納付し，生産費用を省いた残りは企業の取り分にできるようになった。
15) 1996年8月，遠洋漁船「ペスカマ号」に雇用された朝鮮族船員が過酷な労働に抗議し下船を要求するが，韓国人船長及び乗組員は彼らに対し暴力を行使する。それに耐えきれない朝鮮族船員が韓国人船長及び乗組員(計11人)を殺害した事件。
16) 聞き取り調査で訪ねた朝鮮族の家庭で一緒にテレビを見る機会があった。彼らは韓国人である私に画面に展開される出来事に関してさまざまな質問をぶつけるのである。終始，「韓国ではそうなのか…」という文句が続いたのである。彼らは，韓国の連続ドラマ，ニュース，歌謡番組を毎日欠かさず見ているという。

参考文献

大澤真幸　1997　「ネーションとエスニシティ」　井上俊ほか編　『民族・国家・エスニシティ』　岩波書店　pp. 55-69

ギアーツ　1987　「統合的革命──新興国における本源的感情と市民政治──」　吉田禎吾ほか訳　『文化の解釈学II』　岩波現代選書

金俊華　1996　「在中朝鮮族のエスニック・バウンダリーの動態に関する研究──歴史的体験に関する語りの分析から──」『九州人類学会報』第24号　pp. 46-57

玄武岩　2001　「越境する周辺──延辺朝鮮族自治州におけるエスニック空間の再編」『現代思想：特集＝中華世界の行方』　pp. 204-218

鶴嶋雪嶺　1997　『中国朝鮮族研究』　関西大学出版部

毛利和子　1998　『周縁からの中国──民族問題と国家──』　東京大学出版会

Barth, Fredrik (ed.)　1969　*Ethnic Groups and Boundaries,* Boston : Little, Brown and Company

Jonathan D. Spence　1990　*The Search for Modern China,* New York : W.W.Norton & Company

〈朝鮮語・韓国語文献〉

中国共産党中央委員会文献編集委員会　1994　『鄧小平撰文集第2巻』　民族出版社

延辺朝鮮族自治州委員会毛沢東選集朝鮮文版出版委員会　1992　『毛沢東選集』　民族出版社

中国朝鮮民族足跡叢書編集委員会　1989　『中国朝鮮民族足跡叢書』1-8　民族出版社

朝鮮族略史執筆組　1986　『朝鮮族略史』　延辺人民出版社

文龍吉　1994　『建設中的全国模範自治州──延辺──』　延辺人民出版社

한상복・권태환 1993　『중국 연변의 조선족』　서울대학교 출판부

조너선 D. 스펜스 / 김희교 訳 1998　『현대 중국을 찾아서』　도서출판이산

鄭信哲　1999　『中国朝鮮族社会の変遷と展望』　遼寧民族出版社

中国で聞いた話から
―― 「哈日族」と「哈韓族」という現象 ――

　この数年，北京では馬鹿のひとつおぼえと言われても仕方がないような行動を続けている。「王府井」の買い物もその１つである。午前10時，ホテルからタクシーで大通りの入り口にある本屋に立ち寄る。本屋を出ると道路を横切り百貨店へ直行。店内の中国銀行で両替。再び，大通りへ戻る。露店，お土産屋を覗きながら，町を下る。昼食の店を決めるため，今度は大通りの片側の店舗を眺めながら，町を上る。昼食を済ませた後，お茶屋と薬屋を廻って，午後３時頃，ホテルに帰る。北京に滞在すれば，一日はこの日程で費やされる。この「年中行事」で，町並みの様子や若者の服装の変化がよくわかる。

　先日，王府井で購入した雑誌からある記事を見つけた。若者のファッション感覚の変化についての特集である。記事は自分の眼力と大筋符合する内容で，改めて中国社会の変化を実感させられた。「哈日族」と「哈韓族」。直訳すれば，前者が日本を取り入れた集団，後者が韓国を取り入れた集団ということになる。記事によるとこの不思議な命名は，日本と韓国の若者の間で人気を博しているファッションを取り入れた若者を意味する新造語である。近年の流行の双璧を成しているらしい。「哈日族」はHip-hop音楽に憧れる若者が好むストリート系ファッションを，「哈韓族」は韓国の学園ドラマの清純派ファッションを，それぞれの理想の型としている，という解説が付いている。両者の違いは，サングラスの有・無，ズボンの裾の広さ，靴，アクセサリーなどから一目瞭然であるらしい。両者の共通点としては，それぞれが日本と韓国の漫画を崇拝し，髪を染めていることをあげている。記事を読みながら，延辺で聞いた話を思い出した。最近，延辺では，韓国から輸入された衣類が非常に人気がある。韓国衣類直売店の常連客は若者とその親たちである。親の給料の５分の１に相当する値段（約200元）の衣服が売れ筋らしい。

　「哈日族」と「哈韓族」の親は，文化大革命で青春を「山上郷下」で過ごした世代である。わが子の「ファッション革命」に誰よりも戸惑いを覚えているはずである。しかも，今回の「革命」では，わが子の華麗なる変身を通してその成果が確認でき，過酷な「銭闘」にも堪え忍ばなければならないため，戸惑いはもはや憤りに変わりつつあるだろう。実際，高校生の娘を持つ朝鮮族の男性から，恨むべきは市場経済か，それとも，得体の知れぬ流行をお茶の間に持ち

込む衛星放送受信機か，という話を聞いたことがある。勝手な想像が脳裏をよぎる。薄給を貪る親，親の臑を齧る若者，両者の微妙な葛藤，食卓での睨み合い。しかし，現実はこの想像を嘲笑うかのようである。別の朝鮮族の女性によると，この「革命」を親たちも満更でもない様子で楽しんでいるということであった。統計資料を確認するまでもなく，百貨店を訪れる家族連れの買い物客の数は，王府井でも延辺でも増加の一途を辿っている。当分の間，中国経済は内需拡大の心配もなさそうである。

　中国では，こんな話もよく聞く。1,000元前後の給与生活者が，給与の2倍もの消費をしている（正確にはできる）という不思議な話である。この話が――背景はさておき――事実であるならば，若者の「ファッション革命」が親子の見事な連帯によって成功裏に治まることを信じて疑わない。

写真 3-3　王府井大街

第4章

民族共生への模索
―― 雲南省白族の白語新文字創定とその普及をめぐって ――

第1節　多言語多民族国家中国

　中国が多民族多言語国家であることは，強調されてよいことだと思う。確かに漢族が92％近くを占め，そこで書かれる文書の多くが漢語および漢字を用いて書かれたものであっても，8％の少数民族の中には，たとえば1,500万を超える人口を持つチワン族や700万を超える人口を持つ苗族など，一国を建てても不思議ではない人口を持つ民族グループが幾つも存在するし，広大なチベットやウイグルの自治区などは，歴史的に見ても中国の版図から出たり入ったりしている[1]。そのような場所ではそれぞれの歴史に育まれた独自の文字や言語文化が伝えられ，自らの民族意識もまた強く伝えられている。付け加えれば，漢語と言ってもその方言差は互いに通じないものもあり，区分けの基準を変えれば異なる言語として名づけ得るほどである。この方言の状況については，「北アメリカ大陸のメキシコ湾の中に西ヨーロッパを押し込んだのに類似している」[2]と言われるし，少数民族の言語に至っては，「少なくても80種類以上」[3]と見なされている。

　このような多言語多文化状況をまとめ上げ，一国の「国民」を作ることで一層国家としての統合力を増し発展を目指そうとする時，現在しばしば語られる各民族の総合体「中華民族」という概念は「国民」の概念にかなり近いものに思われる[4]。また，国家に通用する共通語を定めた「普通話」および「規範漢字」は，その「国民」が語るいわゆる「国語」の概念に対応するものだろう。「普通話」とは北京の発音に基づき北方漢語方言を基礎とした共通語のことである[5]。その意識が明確に示されたのが，2001年1月から施行

された「中華人民共和国国家通用文字法」である。その法律は国家機関や学校および教育機関が普通話および規範漢字を用いることを求めている。もちろん，除外規定はあって，そこでは各民族の言語文字の使用も認められているのだけれども，そもそもこの法律のねらいが「各民族間の交流や民族の団結を促し，国家統一を維持するもの」[6]である以上，漢語を話さない民族であっても，「普通話」および「規範漢字」の使用にまったく関わらないことはできない。とりわけ文字を持たない言語を用いる民族の小学生の場合など，学校で学ぶ教科書は「規範漢字」で書かれたものとなるのだが，「規範漢字」で書かれた言葉は「普通話」に他ならず，結局母語とは異なる「普通話」の学習が「語文」（我々のいわゆる国語）の時間となる。小学校に上がるや母語とは異なる言語を学び，それによって各種の文化知識を得る作業は，なかなか厳しいものがあること想像に難くない。現在では各種のメディアによって多くの家庭で「普通話」に接し得るから，普通話とは異なる言語環境に育った子供たちでも「普通話」に縁を持ち，以前に比べて「普通話」の理解に遅れを取り学校に来なくなる「失学」生は少なくなったようだが，今度はまた別の危惧も生まれてきた。それは「普通話」の急速な浸透によって，その民族の言語の消滅あるいは「普通話」への融合である。言葉が民族のアイデンティティとして強い関係をもって位置づけられるとすれば，これは民族の消滅あるいは民族の漢族化に他ならない。

　この章は，中国でももっとも多種の民族が住む雲南省に暮らす白族の新文字創定とその普及運動を通して，彼らがどのような形で新文字を必要とし，また中国に暮らす一員として，中国政府が現在進めている漢語普通話の推進運動といかような形で共存しうるのか等について私見をまとめたものである。

第2節　白語文字の創定

1．問題の所在

　筆者は，この何年かアジア太平洋センターの助成を得て，断続的ながら中

国の雲南省に自治州をもつ白族の新文字普及運動に関わってきた。現在白族は約160万人程度，その内110万人程度が大理白族自治州に住む。白族は8世紀から13世紀までこの雲南で栄えた南詔国および大理国の末裔として文化水準も高いと共に，漢族の影響もまた長期にわたり強く受けてきた。そのせいか，彼らは漢語とは発音が異なり，語法にも差異がある言葉（以後白語と称す）を話していても，文章表記には漢語漢字を用いており，日本語の仮名や朝鮮語のハングルのように言葉に対応する体系を持つ表記法を用いてはいない[7]。

1956年以降，中国の解放に伴い，文字の試案が作られ，幾度かの曲折を経て，1993年に新文字方案となってほぼ方針が固まった[8]。ローマ字を用いて表記するこの白語文字は，その試用がすでに認められており，幾冊かの書籍も出版され始めている。しかしながら，この新文字の普及運動にはいろいろな制限や障碍があって，その後10年近く経た今でも一部での教授および使用にとどまり，いまだ白族全般にまでは広まっていない。

筆者がこの識字運動の状況を調べ始めて足かけ10年になるが，この運動に携わる白族の人々との交流を続けるうちに，ここで起こっている問題は，中国内の1つの少数民族に特別なことではなく，世界中で起こっている「言語の消滅」をどう考えどう対処すべきか，また多言語の共生とはいかなることかという問題にも直接関わるものであることもわかってきた[9]。「言語の消滅」がなぜ起こるか，その状況にいかに対処するか，たとえばなぜ消滅させてはいけないのか，その消滅はいかに防ぐべきか，また多言語の共生はいかなる形が現実的なのか，まさにこういった問いかけが「白語文字」の普及運動の推進の中で実際の問題として現れているのである。

現在，この白語文字普及運動は始められた当初に比べて決して華々しい展開や進展があるわけではない。しかしながら，抛棄されたわけでもないし，新しい計画も始まっている。それを語る前に，まず白語文字をめぐる歴史について概観しておこう。

2．白語はどう書かれてきたか

白語には現在独自の文字がないとはいえ，白語が音節言語であるところか

ら，日本の万葉仮名のごとく白語音に類似する漢字を使って記す方法，つまり漢字の当て字を用いた方法はずいぶん以前から行われていた。この方法の存在は，明代の碑文に残る語彙からも推察ができ，さらに資料によれば，大理国の時代にはすでに民間の言葉で書き記した仏典解説書もあったとのことだから，かなり一般化していたようだ。だとすれば，さらに南詔国の時代にまで遡りうる可能性がある[10]。現在でも同様な方法は実際に用いられている。音楽にのって語られる民間の講談の台本がそうであり，また民間の歌謡を白語のまま記そうとする場合である。たとえば，以下に示す現代の白語歌謡の一節は，その一例で，確かに漢字では記されているが，漢語文として読む限り，多くの部分は意味不明である[11]。

例：(白語歌謡)	(漢語意訳)	(漢語からの日訳)
走波山奴花克山	石宝山上花开鲜	石宝山に花が咲く
克卖克改干如尖	好花开在高山尖	美しき花は高い山の頂に
克卖努克坡欧处	好花开在坡陡处	美しき花は崖の縁に
勾务某达梯	无梯难登攀	はしごがなければ採れやせぬ

このような類似する漢字音を用いて行う表記法の欠点は，ある程度の漢語漢字の知識がないと使えないところにある。もちろんこの方法を発展させて漢字を単に白語音を示すのみの音声記号として用いるようになれば，日本の仮名のように独自の文字が生み出されたかもしれない。おそらくそれによって白語独特の表記法を発達させたことだろう。上の例でいくつかの漢字の対応に見られるように，漢語語彙をそのまま輸入して白語として用いている語彙もあり，それはかなりの量になるというから，漢語でそのまま記しうる語彙は漢字で，白語の場合は独自の白語文字表記でといったように，日本語の漢字仮名交じり表記のような文字体系へと進む可能性も考えられるわけだ[12]。

しかしながら，その漢字の白語的使用法は一般に広まり伝えられることなく，結局「白語には文字がない」という状況のまま現在を迎えることになってしまった[13]。

3. 白語ローマ字方案の制定

このような状況の下で，中国の解放後新文字の創定に取り組み始め，1993年に創定されたのが白語をローマ字で表記する「白語文字方案（草案）」である。識字運動に大きく関わった雲南民族出版社編集者の奚寿鼎氏の記述に従い，それまでの概略を見ておきたい[14]。

白語に文字を作ろうという動きは，1951年周恩来が主宰する前国務院で文化教育委員会の中に少数民族言語文字研究委員会を設置したことに始まる。1957年には調査隊が大理を訪れ，「白族人民の求めに応じて，白族表音文字の作成を計画し」調査および文字の作成に取りかかる。このとき表音文字であるローマ字が選択されたのは，白族の人々からの要求以外に，少数民族の新文字の創造制定には，漢語表音ローマ字と整合性のあるローマ字を用いるという委員会の方針があったことも大きな理由であろう[15]。その後の白語新文字についてはローマ字を用いる方向で進むことになる[16]。翌年1958年にはできあがった《白族文字方案》（草案）が第二次全国少数民族語文科学討論会で認められるが，当時強くなった「民族主義」批判のあおりを受けその実行は頓挫，中国自体も混乱へと向かっていった。

1982年以降，社会の安定に従い自治州北部の剣川県で再び始められた改良白語文字による実験では，国連児童基金からの資金援助も得て小学校の実験教育で大きな成果を上げた。また実験に選ばれた村では白語文字を皆が読めるようになり，文盲が消えたという。この結果はテレビでも放映され各種の新聞でも紹介されたが，剣川での実験は1992年実験クラスの小学校卒業で幕を閉じることになった。この間の理由について，奚氏は「種々の理由」としか記していない[17]。現在では大理州からの援助を得て，剣川の当該小学校において白語文字による教育は再開されており，教科書も雲南民族出版社から出版されているが，いまだに「実験校」の域にとどまっている。

1993年になると，これまでの欠点に修訂を加え方言の記述が可能になった《白族文字方案》（草案）が作られた。以下の例は，方案に記された『白文賛』冒頭の一文である。

大理市を中心とする南部方言：Baipho nidgerf zex 159 ngvt xuiz dier, zvtyaolgvz hel Ngvdnalset nao Dallit Baifcuf zilzilzou lil Nulja Lifsufcuf zilzilzou.

剣川県を中心とする中部方言：Baipho yindgail zex 159 ngvp noljai, zvt yaob gvp gaip zil Ngvdnalsent no Da'lit Baifcuf zil zil zoux yinl Nuljanx Lipsuxcuf zil zil zoux het.

（文意：白族は159万人余りを擁し，主に雲南省大理白族自治州と怒江リス族自治州に住む。『白文教程』より。）

　この方案は試行実験で成果を上げ，標準的な規範文字として現在ではほぼ確定し，これに基づき書籍の印刷もなされている。この運動には当時雲南省の少数民族語文指導工作委員会事務室主任の故楊応新氏の力が大きかっただろう。楊氏は白族の出身で，雲南省や大理州の民族委員会と協力して「白文訓練班」を大理や白族が多く住む昆明で開催し，積極的に白語文字の宣伝運動を組織している。約半月の学習でほとんどの受講者が白語文字をマスターできたという。その後，ここで白語文字を学んだ何人かの者が，それぞれの地元で人々に白語文字を教え始めるが，諸事情あって継続は難しく，2002年春現在では1994年に設立された大理市下陽渓白文学校が残るばかりである。この間，指導的立場にあった楊応新氏が心臓病で亡くなったことは運動に大きな痛手だった。

第3節　白語文字運動の意義

　以上概観してきた白語文字の創定と普及の流れは，1956年に始まり，1993年から1994年にピークを迎え，その後次第に下降してゆくように見える。では，1993年のピークを支えていたのはいかなる情熱だったのだろうか。それは「白語」への危機とそこから導かれる白族の消滅への危惧であった。

　漢族の影響を強く受け続けた白族は，その「白族」的な特徴を「白語」を

話すことによって得ている。たとえ漢語地区で暮らしていても，村に帰れば「白語」を話すべしという「族規」があると言うほど「白語」への愛着が強い。ところが，近年，社会の発達と交流機会の増加で共通語としての漢語使用が増え，また圧倒的な宣伝量を誇るメディアの「漢語」使用がこの「白語」の存在を脅かし始めた。新しい漢語語彙の多量の流入は，「白語」に変化を導きつつある[18]。その結果，「白語」の消滅，あるいは「漢語」への吸収が危惧され始めたのである。「白語」を民族の基盤と考える者にとって，「白語」の消滅は「白族」の実質上の消滅であり，漢族化に他ならない。この点について白族の張貢新氏は，「言葉を失うことにより，民族の主要な特徴を失い，そのほかの民族への融合の危機をはらむ」とし，「白語が失われ，白族が消えてしまわないために白語文字を広めねばならない」と主張する[19]。文字を持つことによって，言語は保守的な力を強化する。これによってその言葉が生き残る可能性が格段に高くなることは論を待たない。また，民間に伝わる白語表現の口承文芸の保存継承も進めることができる。

しかしながら，大理自治州近辺でしか通用しない「白語」を書き話すことと，これを中国全土で通用しかつテレビやラジオまた漢語書籍から大量の情報を発信する「漢語」と比べれば，「漢語」を用いる方がより高い経済性を持つと思わしめる現実は手強い。現在，急速な現代化はテレビ・ラジオを通して白族の一般の家庭にまで進入しているし，雲南でも白族地区以外ではやはり漢語が族際語である。子供の養育においても都市はもちろんのこと白族地区であっても「白語」より「漢語」で育てる者も増え，白語をすでに十分には話せない「白族」の子どもも出始めた。よって，いまさらローカルな白語文字を覚えても無駄であり，白語文字を覚える時間があれば，多くの交流機会を約束するグローバルな漢語「普通話」の学習に費やし，遅れた文明を前へと進めるべきだとの主張も当然現れてくる。白語文字普及運動に行政側が余り積極的でない大きな理由の1つに，白語文字が使われれば，白語ができない行政幹部が困るためだということを聞いたことがあるが，その中にはもちろん白族幹部も含まれている[20]。

けれども，「言葉は言語エリートだけのものではなくて，その言葉が話せるすべての人たちのもの」ということは文字の創定普及でも考えなければな

らない問題である[21]。つまり白族の人々のすべてが漢語を話しうるのではない。中高年の人々や白語のみを使用する山間の農村に暮らす白族の人々は，漢語を使う機会も少なく，学んだとしても忘れてしまう「帰盲」現象も指摘されている。調査で訪れた農村地区の若い婦人の中には「文盲」も何人かいた。また，その言葉で育ったものにはその言葉で表記してこそ自分の感情に沿った表現の記録としての実感もあるはずだ。これまで漢字を使ってまで記してきたもの，それらが先に見たような民間文芸であり歌謡であったのは，白語でしか語り得ない表現がそこにあったからだ。また，次節にも述べるような実験校で白語文字を学んだ小学生が，漢語のみで教授したクラスに比べて一層よい成績を上げたという報告も注意するべきだろう。母語を使って記し，考察力を鍛えること，それによってその言語文化集団は一層発展してゆくのではあるまいか。また，この新文字普及運動にも，我々のいわゆる識字運動がもつ文字を知ることによって，自己の知的世界を拡大するという精神の解放という作用があることも忘れてはならない。現在ではすでに閉じられてしまったが，洱海の東にある海東地区で行われていた識字学級の参加者は，「白語文字を学ぶことで物事を一層はっきり表せる」(13歳) と述べているし，また「この文字を持つことによって記録や手紙ができるようになった」(16歳) と述べていた[22]。

　白族がこれまで育ててきた白語による様々な言語表現を文字を使って自由に記録できるようになることは，その言語によって周囲の事柄を把握し物事を考えてきた「白族」の物の見方自体を記録可能にすることに他ならない。そこにこそ民族性は伝えられているのであり，それこそが民族性を保存継続するものだと考えるのはもっともだ。それはその言語文化を先へと発展させることにつながってもいくだろう。

　では，白語文字方案の制定以後，今では白語文字の教育はいかような状況にあるのだろうか。次に白語文字を実際に用いている剣川県の小学校と大理向陽渓にある白文学校の2種の状況を見てみたい。

1. 剣川県西中小学校での実験

　白族自治州北部にある剣川県は白族がほとんどを占め，わずかに住む漢族

や他の少数民族も白語を皆話すという白語地区である。この剣川の県府より南に数km離れた西中村にある西中小学校で1986年から開始された実験班は，1年生入学時に白語ローマ字を学習し，次第に漢字漢語へと移ってゆくという方法を用いていた。この方法で学んだ生徒と，初めから漢語ばかりで教えた学習班とを比較した結果，白語ローマ字から始めた生徒の成績のほうがよいことがすでに確認報告されている[23]。現在では1年生からではなく，3年生になってから5年生まで学年全体で白語文字を学ぶ時間が週2時間程度設けられている。用いている教科書は色刷りの立派なもの，白語文字と漢語訳が併用して記載され，内容は1年生からでも始められるものである。それをわざわざ3年生から始めることにした理由は，普通話による作文の開始に合わせたためだという。現在では，幼稚園のない農村でも小学校入学前に学前班として1年間漢語の学習をするようになっており，入学した時からすでにかなり漢字にはなじんでいる[24]。しかし，まともな文章づくりとなると，まず母語による思考が必要なので，母語による思考を助けるために漢語作文の始まる3年生から白語文の学習を開始することにしたのだという。まず白語で十分考えをめぐらしそれを漢字と漢語で書き付けるのだ。県の教育委員会の指導者は，いろいろな試行をしたいと言っていた。

6年の生徒にアンケートで尋ねた結果，漢語ローマ字との混同を指摘する者もいたが，白語文字の学習はそれほど難しいと感じているようではなかった。そのアンケートには「白語文字を学ぶことで作文の力を向上させられ漢

写真 4-1 剣川県西中小学校校舎

写真 4−2　剣川県西中小学校白語文字授業風景

語をよく理解できる」と複数の生徒からの答えがあった。教員も珍しい物好きの子どもたちなので喜んで白語文字を学んでいると答え、白語文字の将来には楽観的だった[25]。今後この小学校の生徒が、他の白語を学ばない小学校の生徒に比べて、学力においてどのような差を示すことになるのか、調査が待たれる。

　この小学校がある西中村は、1986年以降しばらくの間白語ローマ字による識字運動が実施され、文盲がいなくなったとされる農村である。2002年の1月、集まってもらった40人の住民に簡単なアンケートを使って白語文字に関して尋ねてみた。その結果は、学んだことがあると答えた人が23名で約58％、そのうち白語文字を使用できると答えた人は14名で全体の35％、現在でもよく使っていると答えた人は、11人で全体の約28％だった。実際に使っている人がそれほど多くないのは、教科書と一部の書籍以外読むものがないためだろう。ふれることが少なければ使い続けるのも難しいはずだ。とはいえ「実験は成功でさらに続けてほしい」と多くの人が述べていた。これは当時の印象の深さを物語るのではないかと思う。「習ってしばらくはよく使った」と答えた人もいたので、もうすこし村全体で活発に動き出すまで続けられれば、皆「頻繁に使う」と答える状況が生まれたかもしれない。新しい文字は実際に読んだり書いたりする状況が続かないと簡単に忘れてしまうからである[26]。

2．大理湾橋向陽渓白文学校

　この学校は，1994年8月に，大理市政府と大理民族委員会などの協力の下，設立された学校で，寺院の一角を借りて始まった。学校設立のために情熱的に活動した校長の張亜氏は，小学校の教員の退職者で，1994年7月に大理で行われた「白文訓練班」に参加してより白語文字の必要性に目覚めたという。基本的には農村の夜学として始まり，白語文教育を中心に伝統舞踊や各種文化知識を教授する専門学校的な役割を持つものである。初期においては，木工細工や舞踊なども教えていたが，現在では職業訓練学校の看板の下，白語文字やコンピュータの使用，また白族舞踊などを教えている。この学校は小規模なものだが，半年教育の専門学校として先年まで就職率も高く，毎回20名前後の学生を社会に送り出してきた。企業も優待して積極的に採用したという[27]。しかし，現在ここに集まるのは高等教育機関に進めなかった生徒が主で，創設当初寄付によって設置されたコンピュータも今では古くなり，集まる学生数も少なく，実際の教育プログラムもあってないようなものになっていた。2002年1月の調査で，授業にやってきた6名の学生は，18歳から26歳，皆女性でこの地区の若者だった。ここで教える4名の教員も他に職を持つボランティアである。卒業生や地区の農民で組織した民族演舞団も持っており，他の地に公演に行く機会もあって，学校と言うよりも実際には白族農村地区の青年文化センターに近いものとなっている。学校は主に州からの補助金で運営され，学費もこの土地のものからは取っていない。経済的にも大きな制限がある。

　この白文学校は，設立初期において，筆者は白語文字教育の拠点として大いに期待を寄せたものだが，想像したものとはいささか違っている。当初筆者が持っていたのは，現代社会の新しい事情や新しい技術，また伝統芸能をこの学校で漢語ではなく白語を用いて教えることで，時代に応じた白語が生まれ，それが現代化する白語社会に受け入れられてゆき，それに応じて白語文字も広まってゆくかもしれないという期待だった。しかし，実際に行われているのは，白語文字を利用した漢字音理解と白語・漢語のバイリンガル形式の教育である。白語と白語文字の習得から，現代の漢語社会にうまく適応

写真 4 - 3 　大理白文学校入口

写真 4 - 4 　大理白文学校民族舞踊班

するような教育を施すという方向へと実際は進んでいるようだ。1998年に中国教育部が白文学校を「民族地区双語教育電脳化」問題の実験試行拠点として認定したことは，その方向性を物語る。双語教育とは，バイリンガル教育のことだが，具体的には民族言語の他に漢語普通話を習得することである。白文学校における白語教育の位置づけも，白族の人々の漢語理解を手助けするところにあるように見える。

　張亜氏は，こういった形でも確実に白語文字は広まっているのだと述べる。

写真 4-5　大理白文学校教室

　確かにこのような方法でも白語文字の理解者は確実に増えてゆくだろう。しかし，白語による情報の発信までは考えないと，実際は衰えてゆくのではあるまいか。張亜氏の話では，現在白族言語文化の拠点学校にすべく建物の建築を計画中で，2002年の末には建つだろうという。この計画は湾橋地区政府の協力や白族の知識人たちの協力も得ており，土地の確保もできているので，これができれば寺院の間借りから出て新しい教育も可能になるかもしれない。今後の進展を見守りたい。

3．白語文字出版の状況

　白語文字普及の点では，白語による書籍の出版状況に注目すべきだろう。学んでも読むものがなければ，その使用は限定されるからだ。現在筆者が収集した書籍では，学校での教科書以外に以下のものがある[28]。

①　『生命知識』1991　総83頁
　　　　　　　　　　中国児童発展センター雲南中心編集印刷　部数不明
②　『石宝山白族情歌百首』1991・12　総101頁
　　　　　　　　　　　　　　　　　　　　　雲南民族出版社　3,000冊
③　『白曲精選』1994・3　総303頁　　　雲南民族出版社　1,000冊
④　『白文作品選』1995・4　総114頁　　雲南民族出版社　1,000冊
⑤　『白族農家致富指南』1995・12　総126頁　雲南民族出版社　1,000冊

⑥ 『大理旅遊歌』　1996・12　総 123 頁　　　雲南民族出版社　5,000 冊
⑦ 『江沢民"三箇代表"重要思想』2001・1　総 130 頁
　　　　　　　　　　　　　　　　　　　　　雲南民族出版社　5,000 冊

　①は改良前の白語文字で記されており，女性の出産や幼児の生育に関する知識を述べたもので，国連児童基金および中国児童発展センターからの援助によるもの。②は毎年石宝山で行われる歌祭りの歌を集めたもの。③は白族に伝わる長編詩を集めたもの。④は白文訓練班の参加者の白語作品の選集で，中には伝統的定型詩からエッセイ，漫才，弔文など幾種かの文体が含まれている。⑤は農村に暮らす白族農民のために農業技術書を白語に改めたもの。⑥は白族に伝わる定型詩の形で大理の名所案内をする創作もの。①から⑥まではすべて漢語による表記も併記されている。⑦は中華人民共和国主席江沢民の論文の翻訳，これだけは白語表記のみで漢語文はない。⑦の登場は，今後高級知識人に議論の語彙を提供するものとして興味が湧くが，ざっと見る限り，白語文字が対象とする領域が白語でしか記し得ない伝統的な文芸領域であること，また漢語からの知識を得がたい白族の人々に向けての知識を伝えようとする分野であることがわかると思う。特に伝統文芸の長編詩（いわゆる講談に近い）などは，今でも農村の中高年者に根強く支持されている。なぜならば，中高年者の多くは漢語を学ぶ機会がかつて少なく，テレビやラジオ等の漢語普通話を理解できないからである。2002 年春の調査で訪れた農村の定期市場では民間芸人の講談の録音テープが売られていた。このテープは幾種類もあり，粗末な装丁で他のテープの上に録音した私製である。人気の根強さがわかるだろう。

　もう一つ注目しておきたいのは，⑥の『大理旅遊歌』という創作歌謡の登場である。この数年大理は観光都市としての変容を進め，白族の文化都市であることを強調する風景も多く見るようになり，白語によって歌われる名所案内は，異国情緒を醸しだすので観光ガイドたちに非常に喜ばれているという。観光は少数民族地区の大きな産業の 1 つで，風光明媚な山川湖沼に富む白族自治州も，力を入れている。その結果民族衣装が以前に比べて華やかになったり，音楽も華やかなものが作られたりと過度の文化表現もみられるのだが，今後も大理の観光特色として白族文化の利用は進められてゆく可能性

がある。その観光産業に白語文字も関わりうるとすれば，白語文字を学ぼうとする人々を増やす方法として考えられるだろう。

第4節　白族の識字運動が提起する問題点と新しいプロジェクトの開始

　これまで述べたことをまとめてみれば，白語文字は教育において効果は上げたものの，実際の状況では現在いまだに実験の段階に止まるものだと言ってよい。その実験の中で得られたものを以下にまとめてみる。
　①　漢語を知るものだけが読みうる漢字表記ではなく，白語を母語とするものが学びやすい白語文字によって白語を記し得ることで，白族に口頭で伝えられている伝統口承芸能が保存され，またそれが多くの人に読まれる可能性があって，白族の言語文化の消滅を防ぎ発展を導く可能性を持つこと（民族性の保存と発展への効果）。
　②　白族の人々にとっては自己の感情や思想を直接伝達可能となるばかりでなく，白語文字を学ぶことによって，漢語ができない人でも，現代的な知識を手に入れる可能性があるということ（個人の知的解放）。
　③　白語文字の振興は中国が押し進めている国家通用言語の漢語普通話の普及と決して衝突するものではなく，白語を母語とするものにとっては母語の理解を通して漢語普通話の理解を進めることができること。これは，白族が伝統的に漢語漢字文を用いてきた状況および今後も漢語の中で発展を求められる状況に対して，決して不利をもたらすものではないことを明らかにする（多民族社会での共存）。
　実は，こういった白語文字の効果は，すでに繰り返し述べられていた[29]。それにもかかわらず，相変わらず試用に止まり，白族文字の公認を国家に求める手続きをなぜ進められないのかという点にこそ問題があるのだが，その大きな理由は行政側の不理解にあるようだ[30]。現在新文字普及運動に携わる白族の人々は，「公認するしないの議論を始めたら先に進まないので，試行の許可に基づき押し広めた方が実際的だ」と言う。
　しかしながら，こういった運動の推進は行政側の積極的な協力が得られな

ければ非常に困難に思われる。というのは，すでに文字の広まった場所，たとえば日本の識字学級の場合は，そこで覚えた文字をすぐさま新聞や街角で確認できるのだが，新しい文字の場合，そのような環境は未だなく，結局仲間内しか通用しないため，学んだ効果は見えにくく，その結果継続への気力が失われ易いからだ。多くの人々が学び，また多くの文書で使用されて一般化し，白語文字を使った文学から実用書までの多くの書籍が出版されれば，白語文字を学ぶことが大きな向上を自らにもたらすように思われる状況が生み出され，使われ続けるだろう。そのためにはある程度行政的な力が必要なのである。たとえば学校教育の中に白語文字を積極的に取り入れ使用可能者を大幅に増やすと共に，関係する多くの書籍を出版するならば，その文字を学ぶ有益性は増し，学ぶ者も増えるだろう。しかし，このような大規模な仕事は個人や小さな団体ではきわめて難しい[31]。大理国の時代，ある程度一般化していた漢字表記が普及に致らず体系として伝えられなかったのも結局一定の集団内部に止まっていたからに違いない。

　このような状況のなか，2001年秋から，筆者と大理市白族文化研究所の研究員4名により新しいプロジェクトを始めた[32]。

　このプロジェクトは，まず北部・中部・南部の各地区の白語の口承文芸を採集，その後，白語文字に改めて記録し出版する。そして，それをテキストとして各地区から希望者を集めて識字運動の講習会（数十名規模）を行い，それによって白語文字を各地区に広めようとするものである。現在，ビデオや録音機の水準が向上しており，民間芸人の講談などかなり質の良いものが採録されつつある。これによって，まず緊急性の高い口承文芸の幾ばくかは記録して残すことができるだろう。また，このような民間の人々になじみの深い口承文芸をテキストとして識字に用いることができれば，学ぶ方も覚え易いはずだ。識字用教科書としては，一度に大量に使用できる環境を作らなければならない。よって，予算が許せば現代的な内容でさらに簡便な冊子形式のものも作りたい。白語文字の教育のために10日程度を計画するが，その教育の現場のビデオ化も計画中だ。これがうまくいけば，家庭での学習が可能である。大理局からテレビ番組として放映されれば，一層効果的だろう[33]。

第4章　民族共生への模索　　113

　白族の農村でも学前班として小学校に上がる前から漢語普通話教育が始められた今，現在推進中の9年間の義務教育を終えれば，多くの生徒が漢語で文章が書けるところまで行くだろう。小学生の高学年になれば，テレビ番組の漢語はおおむね理解できるという。漢語漢字による表記がそれなりにできるようになれば，いまさら文字を持とうという運動に情熱をもてなくなるのも不思議ではない。漢語普通話からかなり距離のある漢語方言を話す人々でも，その方言を記す文字体系を別に持とうとすることのない現実をふまえれば，白語文字の普及運動は，現在，時間との戦いの中にあるように思われる。

注
1) 統計資料は1990年度の調査による。
2) 平田昌司　1994　「雪晴れの風景」『中国——社会と文化——』第9号　中国社会文化学会　pp. 39-50
3) 戴慶廈　1998　「前言」『二十世紀的中国少数民族言語研究』書海出版社　pp. 1-6
4) 「中華民族」の概念によって期待される効用については，別に考える必要があるが，ここでは「我が国の各民族の総称」（『現在漢語詞典』（修訂本）商務院書館 1996）とし，各民族を包括して中国を作り上げる1つの文化集団を示すものと考える。それはとりもなおさず国家を形作る人々つまり「国民」の概念に相当するものだろう。『現代漢英詞典』（外語教学与研究出版社 1988）では「the Chinese nation」とあっさり訳している。
5) この論文では，「漢語」と言えばその中に各種方言および普通話を含む。いわゆる漢族の言語の意味。
6) 『中華民族共和国国家通用文字法』第1章総則第1条。
7) たとえば『白族神話伝説集成』『白族民間故事』といった白族関係の神話や物語はすべて漢語に訳されて書かれて出版されており，漢語ができなければ読めない。
8) この方案は雲南省少数民族語文指導工作委員会によって国務院〈1991〉32号文件により実験や意見を求め，原《方案（草案）》に修正を加えて作られたものである。奚寿鼎　1993　「関於白語文工作和《白族文字方案（草案）》征求意見稿的意見綜述」『雲南民族語文』1999年3号　雲南省少数民族語文指導工作委員会　pp. 13-16
9) これについては，三浦信孝編　1997　『多言語主義とは何か』藤原書店，三浦信孝・糟谷啓介編　2000　『言語帝国主義とは何か』藤原書店，アンリ・ジオルダン編　原聖訳　1987　『虐げられた言語の復権』批評社，ダニエル・ネトル，スザンヌ・ロメイン　島村宣男訳　2001　『消えゆく言語たち』新曜社等の書籍によって提起される問題群を参照されたい。
10) 趙櫓訳注　1988　「叙録」『白文〈山花碑〉訳釈』雲南人民出版社　pp. 1-29　および胡椿・段伶編撰　2001　「大理白族自治州方言志第一章第四節白文」『大理白族自治州志第七巻』雲南人民出版社　pp. 395-398参照。また段伶　2001　「論白文」『大理

師範高等専科学校学報』第 1 期　pp. 39-42 では大理国の時代白族はすでに文字を持っていたと論じる。
11)　剣川県民委・剣川県文化館・剣川県本子曲協会編印　1993　雲南剣川民間文学集成資料『石宝山白曲選』第 7 輯　p. 1
12)　楊応新　1993　「関於白族文字方案如何解決文字差別問題的設想」『雲南民族語文』1993 年 3 号では漢語の占める割合を 60 % 以上として，漢語語彙は漢字で，白語語彙は白語ローマ字で書くという漢字と表音文字の混在文の可能性を説く。
13)　その理由として，モンゴルによる大理の滅亡以後中国の版図に組み込まれ政治的に漢語漢文化の影響を強く受け続けたことを指摘できるだろう。結局漢字による白語表記は私的な領域を出ることがなかった。しかし，この方法を用いて記されたのは，公の記録ではなく，民間の芸能や宗教であったということは示唆に富む。
14)　奚寿鼎　1997　「白語文工作的回顧及若干思考」『白族学研究』第 7 輯　白族学会　pp. 199-204
　　なお，甲斐勝二　1994　「中国少数民族白族の言語文化基礎調査」『福岡発・アジア研究報告』Vol. 3　No. 2 でも概略を述べているので参照。
15)　この点については，岡本雅享著　1999　『中国の少数民族教育と言語政策』社会評論社　pp. 121-139 の記述を参考。
16)　このローマ字の選択が果たして白族の文字記述伝統と整合性があったかについては考えねばならない。つまり多くの漢語を輸入し，かつ漢字を使用して白語を記し得てきた伝統的な習慣があったのだから，漢字を基礎にして白語文字として改良することも考えられねばならなかったはずだ。日本語のような仮名への全面的な改変は無理にしろ，白語の音節に対応する漢字を 1 つに固定して用いる方法も十分考えられたはずである。この問題について，段鼎周　1994　「略論白文和白文的創定」『白族学研究』第 4 輯　pp. 187-195 では，「漢字型の白文について考慮せず，ローマ字白文ばかりを作ろうとするのは，科学的ではないのではないか」と述べている。
17)　私が 1997 年春剣川にて当時の関係者から見せていただいた実験の再開を願う提案文書に対する大理州の政府からなされた返答は「研究するべし」の一点張りでつれなく，そこに正当な理由らしいものは見あたらなかった。実はこの状況は戦後日本のローマ字教育実験の成功を，行政サイドが見て見ぬ振りをした状況とよく似ているように思われる。奚氏も文章の後半で行政サイドの不理解を指摘している。これについては，J. マーシャル・アンカー　奥村睦世訳　2001　『占領下日本の表記改革』　三元社参照。
18)　2001 年 3 月および 2002 年 1 月の筆者の調査では「白語の声調が変わっている」という意見や，「漢語の流入による白語本来の呼称の漢語への置き換わり」等という意見を聞いた。特に後者は多くの者からの指摘があった。
19)　張貢新　1989　「剣川県第一箇推進白族文字的歴史的意義」『雲南民族語文』1989 年 3 号
20)　筆者の感覚では，この傾向は，都市に住み高学歴の知識人ほど顕著に現れるように思う。彼らは漢語を話し漢語で記すことでその地位にあるわけなのだからそれも当然だろう。また，彼らの子どもが白語を話せないとしても，彼らが漢語を共通語として

いる大都市に暮らすのであれば，それもやむを得ない。回族やチベット族のように中心性のある宗教を持たない白族は，白語以外に中心性は持ちづらい。この白語が言語の経済性によって抛棄されれば，白族ではなくなりいわゆる「中華民族」の一員としての中国国民へと変化してゆく……のだろうか。また「中華民族」の言語であるべき漢語普通話の推進を目標にする中央に対して，地方行政としては，個別の民族言語の拡大につながりかねない新文字普及運動に対して，消極的になる気持ちも推察可能である。

21) 田中克彦　2001　『差別語からはいる言語学入門』明石書店　p. 15
22) この意見は海東の地区政府の役員にお願いしてかつて行われていた識字学級に参加した人々に採ってもらったアンケートに記載されたもの。
23) 張文渤　1989　「開発白族児童智力的一把金鑰匙」『雲南民族語文』1989年3号参照。また甲斐勝二　1997　「中国少数民族（白族）の新文字普及運動——その現状と問題点——」『福岡発・アジア研究報告』Vol. 6　No. 1　財団法人アジア太平洋センター　pp. 70-71 にも資料掲載。
24) 筆者の授業参観の折りには学前班のクラスでは小学校1年生の教科書を，漢字を追いながら教員の後に続けて一生懸命読んでいた。学前班は幼稚園がないところで開かれる。幼稚園があればそこで漢語の初期教育がなされるからである。テレビ普通話番組は小学校高学年になればほぼ聞き取れるという返事だったので，以前とは言語環境がかなり変わっていることに注意したい。
25) もちろん皆が皆楽観的なわけではない。剣川の町にあって白語文字を教えていない西門小学校で白語文字について尋ねたところ，教員の中には「あまり発展しないだろう」との意見もあった。なお剣川の町は白語がよく使われる場所だが，西門小学校の教員の何名かは家庭で大人に話すときは白語を，子供に話すときには漢語を話すと答えている。
26) この識字運動時に『農村応用文』『農村実用技術選』などの農業技術書が補助教材として使われたことは，漢語のできない農民にとって有用なものであったと思われる。また，このときの成功を得て1990年以降剣川県の幾箇所かで30クラスの白語文字を使った識字成人学級が開かれたと言う記録があるが，その後の話は聞かない。剣川教育局編　1994　『剣川教育志』雲南人民出版社　p. 208 参照。
27) 1998年から1999年までの職業訓練班の就職表を見る限りほとんどの者が就職している。職種ではホテルやレストラン等のサービス業が多い。
28) このような民族文字を用いた出版社は雲南では雲南民族出版社が受け持ち，それぞれの言語の編集者がいる。白語も正式に認められてはいないものの，試行は許されており，専門の編集者もいて，文字は半ば公認のような状態になっている。
29) たとえば，奚寿鼎　1997　「白語文工作的回顧及若干思考」『白族学研究』第7輯　白族学会　pp. 199-204 では，白語文字の作用として，漢語に縁の薄い白族地区の漢語白語の双語教育に有利なこと，白語文字によって文盲を減らし文化知識を普及できること，文化芸術に携わる者が白族文化を反映させるものとして使用できること，多くの滅びようとする伝統文化を救い得ること等々を挙げている。
30) 同上論文では運動が遅々として進まない状況を第一に行政の関係部門の関心が薄い

こと，第二に白語文字が民族工作や民族文化の領域にあるものと考えられていないこと，第三に白語はやがて消え，白族は皆漢語を話すようになると思いこまれていること，第四に，白族の発展状況が正確に評価されていないことを挙げている。

31) ここで大きな問題となるのは，白族の内部に継承し発展すべきほどの言語文化があるだろうかという問いである。ないというのであれば，いっそその言語や過去を捨ててしまい，漢族となって漢文化の悠久な歴史を手に入れた方が手っ取り早い。つまり漢化してその言語を漢語の方言として位置づけるわけだ。漢語普通話推進運動をめぐって進める側と進められる側の意識の中にしばしばこういった観点が見え隠れするようで，いささか気になっている。この問題は各少数民族の言語文化を漢文化より低く見続けてきた思想と深く関係するので，稿を改めて考えたい。なお，白語文字推進派は白族という文化集団には保存すべき価値があるとする立場に立つことは言うまでもない。

32) この研究プロジェクトは，トヨタ財団の2年間にわたる研究援助金が経済的な裏付けとなっている。立案者は大理市白族研究所所長楊恒燦，施珍華，段伶，張錫録，福岡大学甲斐勝二の5名である。

33) 普通話が用いられるテレビやビデオの普及も，白語しか解せない中高年者にとっては，それほど興味を引くものではない。よって，こうした人々に白語による口承文芸の番組やそのビデオ版を供給することも，運動を盛り上げる役に立つと思われる。こういった識字運動の積極的な援助者に現在剣川県にて家族で白語の方言調査に携わる世界少数民族語文研究院の Bryan Allen 氏の名前も挙げておく。彼はこのプロジェクト後，文字を使い続ける環境を整えるべき次のプロジェクトを計画中である。外国人という部外者からの援助によって新文字制定運動が進められることに，疑問を持つ方もいるに違いない。しかしながら，こういった問題は内部からはなかなか動き出せないのが実情だ。私も Allen 氏も，「文字を持つ」ことが文化の発展に意味を持つと信じ，動き出すまではある程度の援助はできるとしても，それから先は白族の人々の問題だと考えている。

白族の建築と棟上げ式

　剣川県西中村の小学校に調査に訪れたとき，折良く近くの農村に家を建てる教員の棟上げ式を見学することができた。その日は晴天に恵まれ，午前中に立ち寄ったときには，7割方柱や梁の組み立てが終わっており，昼過ぎに棟上げ式を迎えるという。柱を建て梁を渡す家の骨組みづくりの最中から，近隣の人々が庭の各所に設置されたテーブルを囲み，主人は挨拶かたがた食事や酒を配り歩く。テントの下には来客に食事を準備する野外の厨房もでき，庭の入り口には贈り物や祝い金の受付所もあった。同僚のお祝いに小学校の先生方も皆訪れて，どうやら学校も休みらしい。

　筆者は以前，「文字を持たない白族にあれほどの建築は難しいのではないか」と質問を受けたことがあったので，柱や梁を注意して見ていると，それぞれの木材には，漢語でその位置づけが記されているのが確認された。尋ねれば大工の棟梁は漢語ができるのが普通なのだという。

　2時過ぎに棟上げ式が始まった。柱と梁の骨組みの中，土壁を背に設置された祭壇の前には赤く塗られた棟木が備えられ，太極図が貼ってある。祭壇の上には豚の頭や数々の食物，その下にはやがて屋根から振る舞われるはずの饅頭や菓子等が並んでいる。

　棟上げ式は1人の司会者によって進められ，ニワトリの血で清められた棟木を前に，祭壇に向かって大工さんたちや家の方々が叩頭の挨拶をし，最後に招待客が呼び集められた。私もお客様ということで祭壇に向かい挨拶，そして酒を1杯振る舞われた。一口飲んで大地の神へと地に落とすのが儀礼だという。

　その後，爆竹の響きの中棟木が屋上へと引き上げられ，定位置に設置されると，次の儀式が始まった。日本でいう餅撒きだ。まず小銭がまき散らされ，次に饅頭が，最後に米菓子がまかれた。棟上げ式に集まった客は，四方から手をのばして取ろうとして，大にぎわいだった。

　この棟上げ式は，日本の棟上げ式とやり方がよく似ていると思い，帰国後手元の百科事典などで調べたが，その起源まではわからなかった。おそらく中国中央の建築儀礼が四方に伝わり，その名残りが日本と雲南に共に残っているのだろうと思う。日本は神道的に受容され白族では道教的に受容されたということであろうか。

　おみやげにいただいた饅頭はほのかに甘くおいしかった。

第5章
チベットの現代化と教育の役割

はじめに

　チベット（西藏＝チベット自治区，以下同）は遠い彼方にある神秘的なところとのイメージが強いが，中国の「改革開放」政策の推進につれて確実に市場経済やグローバル化の波も押し寄せている。チベットの経済社会を発展させ，内地や沿海地区との格差を縮小させなければならないという目標が掲げられる一方，チベット仏教の雰囲気が工場や大型プロジェクトの建設によって破壊され，人々に精神的喪失感を与えてしまうジレンマもある。

　2000年夏，筆者がチベット調査に行ったとき，現地研究者の案内でラサ東約150km離れた徳宗温泉近くの尼寺を訪問した。友人の助言で予め用意した西洋薬を持参し尼さんたちに差しあげ，その御礼に別の僧侶が近くにあるチベット最高と言われる止貢梯寺の鳥葬台に案内してくれた。その時ショッキングな場面に遭遇した。

　チベット人姉妹2人が私たち一行に近づいてきて，その内の1人が明らかに腫れ上がった頬を押さえながら，私を案内していた僧侶にチベット語で何かを懇願した。僧侶はしばらく考えた後，私に薬はまだあるかと聞いた。「先ほど全部渡しました」と言うと，彼は鳥葬台の真ん中に横たわる大きな岩を指さして何か指示を出した。すると姉妹はおそるおそる後退し，その岩に近づき，一礼した後，そこにある粉のような物を指につけて口の中に塗りつけた。

　それを目にした時はさすがに驚いた。先ほどこの岩の上で3体ほどの遺体が解体されたばかりだったことを目撃したからである。鮮血や砕かれた骨も

写真5-1　鳥葬台で出会ったチベット人姉妹

まだ残留している。後に僧侶にそのわけを尋ねたら、鳥葬台の粉は昔から鎮痛効果があると信じられているからだと教えられた。

この光景は目に焼き付いて脳裡から離れなかった。あの時出会ったチベット人姉妹は決して近代的な治療薬を拒否しているわけではなく、ただそれが手に入らないから鳥葬台の粉に手を出したと思う。彼女たちの幸せを真に願う者がもしこのような場面に遭遇したら、おそらく誰もがまず治療薬があったらと思うに違いない。

その治療薬を与えてくれるのは科学技術の発展であり、欧米社会で達成した現代化である。チベットの人々もそれを必要としている。伝統文化の保護を理由にチベットに現代化は不要と唱え、彼らの「豊かさ」への権利を奪うことができないのであろう。

　チベットの人々の生活を改善し、チベット社会の現代化のために中国国内では莫大な経済支援が行われてきた。1951年から50年間の中央政府からの対チベット財政補助金など累計すれば500億元にのぼり、現在でも自治区財政収入の87％は補助金によって占められている[1]。また東部沿海地域による個別的な援助は近年来活発化する傾向にあり、いずれもほかの少数民族地域にない特別待遇である。

　チベットの政治を安定させることは中国政府が抱える難題の1つであり、そのための経済支援が続けられている。問題はそのような支援は現地指導者の実績づくりのためだけでなく、一般民衆にどのように還元させるかにかかっている。ラサなどの都市部にショーウィンドウのように現代化の成果が集中的に展示されているが[2]、農村や山間部ではもっとも基本的な治療薬す

ら手に入らない実情がある。支援事業がチベットの人々の願いと実利から乖離すれば，一般民衆からの積極的な支持と参加が得られにくい。経済支援がチベット社会経済の全体的発展に寄与するどころか，民族問題を逆にこじらせる恐れすらある。

現在，増え続けるチベット支援について，漢族幹部の側からもすでに不満が噴出している。「自分の利益を顧みずにたくさん援助してきたのに，なぜわれわれはチベット人から責められ批判されなければならないのだろう」[3]。

経済援助のメカニズムを分析し，制度や体制上の原因を明らかにする作業が不可欠だが，一方，文化的側面から深く掘り下げて究明する必要もある。鳥葬台の一幕に象徴されるように，死体棄損が犯罪行為とされる社会と日常的に鳥葬を実行している社会との間に深くて広い溝があり，一般常識では理解しにくいものが多い。彼我の文化差異を無視して現代化を性急に進めることは誤解を招きやすく，逆効果をもたらす危険性もある。社会経済発展の要求と現存宗教文化との間に大きな落差がある以上，経済発展をはかる際に，一般大衆の許容能力も考慮しなければならないだろう。

そこで，「大がかりのプロジェクトを実施し，社会的雰囲気の急激な変化を感じさせてしまうよりも，一般大衆が実感できる分野，医療保険，獣医，災害救済に力を入れ，また手工業や商品貿易を適宜に発展させる」ことが得策であり，同時に「都市，農村，遊牧地区で学校教育を強化し，チベットの子どもに小さいときから徐々に現代的意識や科学知識を伝授し，何世代にわたる努力を積み重ねていけば，新しい教育を受けた世代は自発的にチベット現代化の要求を芽生えさせ，かつそれに参加する能力を備えてくる」という考えが次第に有力になってきている[4]。

歴史，文化，経済，地理など様々な要因が絡んでいて，ダライ・ラマ亡命政府とそれを支持する国際勢力のプレッシャーも加わり，今日のチベット問題は非常に複雑な様相を呈している。政治的，経済的利益をめぐる対立が民族，宗教という複数のフィルタにかけられたため，それを取り除く努力がまず求められている。

本章は，以上のことを念頭に置き，チベットの重要課題である教育の役割に焦点を当て，チベット人の「内地留学」（内地西藏班＝チベット・クラス）

を事例に，チベット現代化に向けた基盤づくり実験の一端を紹介する。

第1節 「嵌め込まれた」現代化

　チベットは中国の西南部に位置するチベット高原にある。北は新疆ウイグル自治区，青海省と隣接し，東は四川省とつながり，南東は雲南省と相連なり，南と西はミャンマー，インド，ブータン，シッキム，ネパールなどと接し，自治区全域の面積は122万km²余りで，全国土面積の約12.8％を占めている。地政学上重要な戦略的地域である。

　1999年末，自治区の総人口はまだ252万人であり，面積に比べ人口密度は非常に低い。そのうちチベット族人口は224万人で，総人口の97％を占めている。中国国内で唯一多民族による混住の少ない地域である。

　この地域に歴史上漢族の移住はほとんどなかった。比較的多くの漢民族の人たちがチベット地区に移住したのは清朝であり，そのうちの一部はすでにチベット族に同化されている。現在チベットに居住している漢族の大部分は中国のその他の省，直轄市，自治区から来た技術者，労働者，教師，医療・衛生関係者と行政幹部である。漢族は少数派でしかもほとんどラサなどの都市部に集中していて，広大な農業，牧畜業地域に住むチベット族の大半は漢語を解さず，中国社会の主流文化との接触もきわめて少ない。

　また，チベットの平均標高は4,000 m以上もあり，ヒマラヤ山脈など高い山脈に四方を囲まれているため高原性寒冷地帯に属する。平均気温が低く，空気が乾燥し，強風が吹くのが特徴である。とくにチベットは空気が希薄で，1 m³当たりの空気の中に酸素が約150～170 gしかなく，平原地域の62％から65.4％に相当する。そのため農業が発達せず，牧畜業も遊牧中心で，工業化に必要な生産資源は自ら提供できない[5]。

　歴史的に，元朝によって併合されたチベットは清朝の統治下にも置かれていた。しかし，清朝はチベットの行政帰属を確立し，駐蔵大臣による監督をつけただけで，皇帝から任命された聖職者であるダライ・ラマを頂点とする独特の宗教支配が行われていた。16世紀以降，中国の江南地方では商工業

がすでに発達し，経済水準も世界有数であったが，「世界の屋根」チベット高原は外部世界から遠く離れ，ほとんど影響を受けなかったことはこのような統治形態に起因すると考える。

1951年，中央政府はダライ・ラマ政府と「チベットの和平解放に関する協定」(いわゆるチベット協定) を結び，政教一致のラマ支配と信教の自由を保証するが，普通教育や西洋医学の導入で旧来の支配体制に風穴を開けた。しかし，1956年から始まった新体制への移行 (民主改革) は旧体制の崩壊でもあったから，1959年にラサでは反乱軍が蜂起し，鎮圧された後ダライ・ラマがインドへ亡命し，ダラムサラに亡命政府を組織した。蜂起失敗後，官府，貴族，寺院の三大領主 (総人口の約3％を占める) の勢力は大幅にそがれ，チベットの民主改革が進み，農奴の解放も行われた。その間，残酷を極めた中世的農奴制の実態は映画化もされ，仏教の慈悲に溢れた桃源郷と宣伝されてきたチベットの暗黒の現実を白日の下にさらしたのである。

1965年にチベット自治区が成立したが，1年足らずで文化大革命が始まり，チベットの新しい民族政策と社会主義化の実施も初期段階で混乱が持ち込まれ，寺院破壊や漢化政策が頂点に達した。その結果，チベットの民族的な特殊性や実情が無視され，経済的にも大きく立ち遅れた。

1980年代以降，経済発展を優先課題に据えた中国政府は，文化大革命当時の急進的な民族政策を改め，少数民族の経済発展を促すことによって国家統一の安定を維持させる方針を採用した。チベットの実情を考慮した政策転換が行われ，国内の他の少数民族地域よりも多くの支援策が打ち出された。1980年の第1回チベット工作会議では6項目の方針が示され，中央からのチベットへの援助資金は他の省・自治区より多くなければならないことが決定された。また，1994年の第3回チベット工作会議を開催し，20世紀中にチベットで10％の経済成長を達成させ貧困からの脱却をめざす方針を打ち出した[6]。

他の少数民族地域に比べ，チベットは経済的価値の乏しい地域と言われている。しかし，国家主権および領土保全の必要性，安全保障にかかわる地政学上の重要性，さらにチベットの民族問題が周辺の少数民族に与える影響の大きさ等が，中国政府が唱えるチベット政策の必要性と特殊性をささえる根

拠となっている。チベットの現代化建設を加速化させることによってチベットの経済を発展させ，チベットと中国内地との格差を縮小し，チベットの人々の生活水準を向上させることに成功すれば，チベットの政治社会情勢も安定し，国際社会の圧力を躱すこともできると強調されている[7]。

具体的には，「105項工程」に代表されるような社会的経済的インフラ整備を図った大がかりな建設事業，全国各地から専門家や技術者を派遣してチベットの現代化建設に関する専門指導に当たらせる人員派遣事業（「幹部援蔵」），そしてチベットに教育資金と教育施設設備および講師団の派遣による支援を行う（「教育援蔵」）と同時に，1985年から全国各省市において「西蔵中学」または「西蔵班」を設置し，チベット自治区の小学校卒業生に「内地留学」の制度を設けた。

しかし，自然条件の劣悪さに加え，中世的政教一致体制の支配が長年続いた結果，チベットの産業が発達せず，現代化の基盤はきわめて脆弱である。1950年代の民主改革を経て建設された社会主義制度は，それを支える経済基盤と人々の意識が空白に近い状態であったため，社会制度と共に嵌め込まれた経済システムも，援助によって外部からもたらされた数々のプロジェクトも，それを受け入れる基盤整備が進まず，外部依存から脱却できない状態が長年続いてきた[8]。

現在，このような「嵌め込まれた」現代化を維持するために，「輸血」（援助）による経済運営が余儀なくされている。現代化の実績を顕示するために，ラサ市内ではガラス張りのビルが建ち並び，デパートや銀行，病院，そして映画館やレストラン，ホテルも次々と建設されているが，ほとんどが各省，市の援助によるものである。

1998年末，中国政府が「西部大開発」戦略の実施を正式に決定し，チベットもその範囲に指定され，チベット鉄道の建設はその代表例である。また2001年6月に，北京で第4回チベット工作に関する座談会が開催され，チベットに対する新たな資金投入計画が決定された。それによると，中央政府が10年計画で新たに117件のプロジェクトを策定し312億元を直接投資する一方，内陸各地とチベット各地との「1対1」による援助プログラムも継続させ，各地でチベットに対し新たに70件の援助プロジェクトを実施さ

写真 5-2　チベットでよく見かける沿海地区寄付の小学校校舎

せ，投資総額は10億6,200万元に上る[9]。

　このような大がかりなチベット支援が実を結ぶかどうかは定かではないが，いずれにせよ，計画経済体制下の行政命令と違って，チベットに今度こそ市場経済の波が押し寄せ，グローバル化が加速するなか，チベット社会が伝統的で閉鎖的な状況を続けることは次第に不可能となった。

第2節　人材不足と教育の窮状

　チベットに対する援助事業の多くは「キー・プロジェクト」といわれる。チベット側に負担をかけずに，援助する側から完成した施設設備や諸システムを引き渡せばすぐに稼働できることが旨であった。しかし，現状ではほとんどの援助事業が短期間に赤字経営に陥り，政治的社会的理由から経済効率を無視した維持コストが現在も投下されつつある[10]。

　原因の1つは，経営主体であるチベット側の経営管理や技術系の人材不足問題が指摘できよう。

　例えば，1990年の人口調査によると，チベット自治区には政府機関や国有企業に在籍する12万1,774人の従業員の内，中等専門学校卒以上または

技術者という資格を持つ「人材」とされる人数は全部で4万2,878人しかいない。しかもこれらの「人材」がラサなど少数の都市部の行政機関に集中し，チベットでもっとも必要とされる農業牧畜業および林業関係の専門技術者は少ない。その上自然科学技術系の「人材」1万7,354人（1999年）の内，教育部門に在籍するのは1万4,995人もあり，生産現場で指導に当たる人は少ない。さらに技術系人材の大部分は期限付きの内陸各地からの派遣（援蔵幹部）であり，チベット人の技術専門家に至っては極端に少ない[11]。

チベットの文化伝統は，現実の世界よりも「来世」に多くの関心を示す。チベットの教育伝統も宗教や歴史の学習に熱心で，医学などを除き，自然科学技術をあまり重視しない。「チベットの教育はすなわち仏法であり，仏法から切り離したら教育もない」と言われるほどであった。その結果，チベットの学生は人文系志向が多く，チベット語による現代自然科学技術の情報が極端に乏しい[12]。

現代化のうねりの中，チベットも経済を発展させ，内地や沿海地域との格差を縮小させなければならない。チベット族のエリートである幹部や有識者もこのような強い要求を持っている。しかし，多くの一般大衆はチベット仏教の影響を受けて，社会変革や経済発展について認識が不足している。今でもチベットの子どもたちは寺院で教育を受けることに積極的で，寺院にはチベット語，歴史，絵画などの知識や技術を伝授する人材がおり，寺院教育は農民や牧畜民から信奉されていると言われている[13]。

客観的に見て，寺院教育は，仏教と深い関わりを持つチベットの伝統文化の保存に貢献できるが，チベット社会に科学技術や新しい生産方式を導入し，経済社会や科学技術の現代化を推進する役割は期待できない。

それを担うのは現代学校，教育であるはずだが，現状は厳しい。

1998年の統計によると，チベットでは小学の入学率はすでに81.3％に達しているが，中学はその半分に過ぎない。また，小中学校はほとんどラサのような人口が比較的に集中する地域に設置され，農村や遊牧地区の小中学校の数は圧倒的に少ない。農業牧畜業の人口は全体の88％を占めているのに比べ，学校配置は明らかに均衡を失している。

高等教育の発展も遅れている。1998年，チベット自治区には理工系専門

の大学はなく，高等教育機関には教授は9人，助教授は99人，そして講師は855人となっている。しかもその大部分は人文系の教師で，理工系の教師は圧倒的に不足している。

その結果，チベットの識字率，学校進学率などの数値は，全国平均水準に到達してないのみならず，人口100万人以上の他の15の少数民族と比べてもほとんど最下位に位置する。10万人あたりの大学・高等専門学校以上の教育を受けた人は1,262人，高校教育を受けた人は3,395人，中学校教育を受けた人は6,136人，小学校教育を受けた人は3万615人，非識字者は85万1,500人もいる[14]。それが究極的にチベットの経済発展を妨げる要因となるのであろう。

このような問題を解決する方策として，カリキュラムの改善や教育施設設備の整備，とくに優秀教員の確保などの努力が求められる。しかし，チベットの実情から見れば，施設設備の整備にかかるコストは交通輸送費が加算されるため内地に比べ3倍以上もかかること，チベット人教員が不足し，その養成・研修など準備期間の長さ，さらに学校教育の内容と生活環境の落差があまりにも大きいことなど，問題が山積みしている。とりわけ現代教育の内容を理解するに不可欠な学習環境はチベットの実情と大きくかけ離れていることが，チベットの子どもたちの学習意欲にマイナスな効果をもたらしている。

そこで，より速やかな解決策として，80年代中期以降盛んに行われていた海外への留学派遣にならって，チベットでは中央政府の指導を受けて，1985年から全国各省市に設置された「西蔵中学」および「西蔵班」へ，小学校を卒業した生徒の1割に相当する1,300～1,500人の子どもを選抜して派遣し，4年間（内1年間は中国語補習に当てられる）の中学教育を終了後，引き続き3年間の中等専門技術教育，さらに一部優秀な高校卒業生には大学など高等教育機関での学習機会を与えるという「内地留学」制度を導入した。

国家教育委員会民族教育調査チームの報告書は「内地留学」実施の目的を次のようにまとめている。①チベットに比べて内地の学校は教育経験が豊富で教職員のレベルも高い。それに学校の施設設備もよく整備されているので，教育水準を向上させるために必要な条件が保証されている。②費用対

効果の観点から見て，チベットに比べて，内地学校の生徒1人あたりの教育経費が少なくて済み，経済的に効率がよい。③学校を取り巻く社会環境は開放的であり，生徒は社会との接触を通じて学習効果を高めることが期待できる。④「内地留学」の影響が広がれば，チベット族と漢族の相互理解が深まる[15]。

第3節 「内地留学」の登場

　中国では古くから，少数民族の青年を選抜して漢民族地区で教育を施す制度があった。中華人民共和国成立後，少数民族の幹部を養成する中央民族学院（中央民族大学の前身）のような高等教育機関もいち早く全国各地で設立された。しかし，中等教育段階から特定の民族出身者を特定の教育機関に「内地留学」させたのは，チベットが初めてである。

　留学派遣を実施する背景に，通常2つの要素があると思われる。1つは，派遣先地域・国との文化交流や先進的な技術知識の学習が重要視されていること，もう1つは，派遣する側の教育整備が立ち遅れていることである。

　1978年以降の中国人海外留学派遣も，改革開放政策の一環として実施され，西側先進国に学ぶことが目的であった。また1980年前後は学部生の派遣が主流であったが，中国国内の高等教育が次第に整備されるのに伴って，派遣対象も学部生から大学院生さらに訪問研究者へと引き上げられた経緯がある。

　1985年から始まったチベット自治区から中国内陸都市部への「内地留学」派遣は，基本的に上記と同じような状況があった。すなわち，国内平均水準から大きく立ち遅れたチベットが，改革開放の流れに取り残されないために，先進地域に学ぶ必要があった。また，チベットでは文化大革命を経て小学校教育は一応普及したものの，中等教育の整備が著しく遅れていたため，派遣も中学段階から始めなければならなかった。

　「内地留学」開始の直接のきっかけは，1984年8月にチベットを視察した中国共産党中央委員会書記処書記胡啓立と国務院副総理田紀雲による「チ

ベット調査研究報告書」の提案である。チベットの経済が遅れている原因を厳しい自然環境だけでなく、むしろ人材の欠乏が最大要因であると断じたこの報告書の第4部分「今後検討すべきいくつかの課題」において、「集中と分散の原則に基づいて、内地の省及び市においてチベットのための人材育成学校を設立する」と提起した。これは後に教育部と国家計画委員会の「内地でチベットクラスを設置し、チベットの人材育成を支援することに関する党中央の指示を実施する通知」(84年12月)によって具体化され、チベット支援のプロジェクトとして正式にスタートしたのである。

「通知」が示した計画によると[16]、チベットに必要とされる中級レベルの専門技術者を養成するために、北京、成都、蘭州の3都市において、「西藏中学」(チベット中学)3校を1987年までに開校させ、上海、雲南など16の省・市の重点中学に「西藏班」(チベットクラス)を100以上特設し、チベットから毎年小学校卒業生の1割に相当する1,300人を選抜してそこに「内地留学」させ、中学卒業後、その8割をさらに中等専門学校に進学させ、終了後はチベットに帰還させる。一方、普通高校に進学できた残りの2割の生徒は、最終的には高等教育機関へと進み、将来のチベットを担うエリートとして養成する内容であった。

義務教育段階の中学における「内地留学」のカリキュラムは全国統一の教育要綱に準ずる。ただ学制は4年間で、1年目は予備教育期間とし漢語の補習を重点的に行う。また、チベット語の科目も実施されるが、その比重は学年が上がるにつれて低減する。なお、チベット語科目の担当教師は自治区から直接派遣される。

後期中等教育段階になると、チベット中学ではチベット語やチベット事情の科目が引き続き講義されるが、中等専門学校ではそれがなくなり、教育内容はすべて統一したカリキュラムに沿って行われるようになる。

「内地留学」を実施する「チベット中学」や「チベットクラス」に対し、さまざまな優遇措置が行われた。

例えば、チベット中学の教職員の定数は他の同類学校よりも増員され、生徒700人に対し、教職員120名の体制で臨むことになった。教職員の内、チベット自治区から派遣されたものはこれまで通り自治区と同じ水準の給与が

写真5-3　山東省済南市にあるチベット中学

支給される。地元の他の学校から配置転換してきた教職員には昇級や手当の支給など待遇改善を図った。さらに，チベット中学に成績優秀な新卒教職員を優先的に配属することも記された。

　なお，チベット中学は学校所在地の教育委員会とチベット自治区の教育庁による二重の指導を受けるが，所在地の教育委員会が主要責任を負うとされている。

　チベットクラスもチベット中学の基準とさほど変わらない。ただそれが全国各地に分散して設立されているので，各地の実情によって幾分違うところもある。

　1985年秋から，1,300人のチベットクラスへの「内地留学」が予定通りに開始した。また，北京のチベット中学もチベット側の要請で予定された開校を繰り上げ，1987年から北京郊外の仮校舎で授業を開始した。

　1989年に「内地留学」の在校生徒数はすでに5,300人に達し，この年に第1回目の中学校卒業生は1,203人であった。チベット自治区の教育科学技術委員会と計画経済委員会が提出した人材需要計画案に基づいて，普通高校に300人，中等師範学校に300人，さらに中等専門学校には603人（14の専門にわたる）が進学した。この時からチベットクラスの中学卒業生の進学は，自治区関係部門が提出した人材需要計画に基づき，国家教育委員会および国家計画委員会の審査を受けて，指令計画として各関係部門，地方政府お

よび学校がそれぞれに役割分担して実施する方式が決定された。

1992年になると，普通高校，中等師範学校及び中等専門学校を卒業した950人のうち，278人はさらに大学などの高等教育機関に進学した。また，中等師範学校を卒業した200人はチベット語を研修するために再度チベット大学に入学した。さらに500人近い中等専門学校卒業生はチベットに戻って行政機関や国有企業に就職した。

こうした安定した推移のうち，特記すべき変化は次の通りである。

1989年および90年に国家教育委員会が2度にわたり通達を出し，「内地留学」の選考試験における健康状況や学力に関する審査を厳しく行うよう指示した。入学選考に不正があって，健康状況や学力に問題のある生徒が「内地留学」した事実が発覚したからである。それ以降この種の問題はあまり目立たなくなり，卒業するまでに途中脱落する生徒もほとんどなくなった。

1991年4月，国家教育委員から「チベットクラスに関する管理強化」の通達が出され，いわゆるダライ・ラマの分離独立に対する批判を強化し，愛国主義，民族団結，そして社会主義制度を擁護する教育の徹底を求めた。この頃からチベット人生徒の共産党への加入も進められるようになった。

1993年3月に北京で「教育支援西藏工作会議」が開催され，教育におけるチベット援助の長期化を確認し，「対口，定点，包幹責任制」（分野別，地域限定，請負責任制）という方針に基づいて，チベットクラスの経費および管理について関係方面が協議した。その結果，チベットクラスを実施している26の省，直轄市及び国務院の関連部局がチベット自治区人民政府と「教育支援西藏協議書」を締結した。これまで中央政府主導によって進められていたチベット人の「内地留学」はこれを契機に各地方政府とチベット側の協力事業となり，この方式は現在まで続いている。

なお，1995年から，チベットクラスへ「内地留学」する生徒の内，1割に相当する124人のチベットに派遣されている漢族幹部（援藏幹部）の子弟が新たに加わるようになった。全体に占める割合が小さいが，チベットにいる漢族幹部の人心安定を狙った効果が大きい[17]。

「内地留学」は大がかりな人材育成プログラムである。開設から2001年7月までの統計では，25の義務教育中学に2万2,669人，84の後期中等教育

機関 (中等専門学校, 師範学校, 職業高校, 普通高校) に 1 万 4,471 人, そして 54 の大学に 2,602 人のチベット人生徒が入学し, すでに 8,897 人が卒業してチベットに戻っている[18]。

小学校を卒業したチベット人子供の 1 割が, 短くて 6～7 年, 長い場合 10 年以上にわたって中国内地で学校教育を受け, 卒業後チベットに戻って教育者や技術者, あるいは管理者としてチベットの現代化事業を支える中堅となっている。

第 4 節 「内地留学」のインパクト

「内地留学」のインパクトは, 学力の向上と宗教的影響の払拭に顕著に現れている。

「内地留学」政策登場の背景に, チベット自治区内での深刻な学力不足問題があった。その際大学入試の合格点数の低さがしばしば例に引き出される。

例えば, 1984 年のチベット自治区での大学合格点は, 満点 600 点に対し, 漢族受験生は 200 点, チベット族受験生は 100 点で, 全国平均の 400 点を大きく下回ったこと, チベット農牧学院が合格ラインをさらに 60 点に下げても募集定員が満たないため, 自治区以外の地域から 60 人を入学させたことなどがよく知られている。また, 1987 年内地チベットクラスへ入った生徒の内, 入学者選別試験で合格点に達していたのは 16.1％だったとかいう数字はその一例である[19]。

その後の展開結果を見ると, 「内地留学」を経験した受験生の点数は明らかに向上し, 高校入試や大学入試において, 自治区の平均点数をかなり上まわり, 全国平均に近づいたり, なかには優遇なしで重点大学に合格した例も出てきた。

例えば, 1992 年, 北京西藏中学, 天津紅光中学, 成都西藏中学 3 校の 279 人の高校卒業生が全国大学入学統一試験に参加したが, その平均成績がチベット自治区内の受験生に比べると, 文系志望の受験生は 164 点, 理系志望の受験生は 141 点も高い。その結果, 22 人がチベット大学またはチベ

民族学院に合格し，ほかに257人が国内の44の大学に合格した[20]。

1993年，284人の「内地留学」高校卒業生は，自治区の平均点より100点以上も高い点数で同じく全員大学入試に合格した。

さらに1994年になると，チベット中学の高校卒業生249人が全員大学入試を受け，内33人が短大合格ライン，18人が本科合格ライン，そして3人が第一期校（重点大学）の合格ラインに達したのである。

「内地留学」はほとんど各地の重点学校において実施されていることがこのような成功をもたらした第一の要因であろう。

チベット中学およびチベットクラスを設置する学校リストを調べてみると，「チベット中学」は北京など当初の3校を除いてほかはすべて90年代以降に新設されたもので，施設設備および教職員配置などの面でも重点学校並みかそれ以上の水準に達している。また，「チベットクラス」も中等専門学校を除き最初から各地の大学附属中学や地元の重点中学に設置されているため，恵まれた環境にある[21]。現在，各地の重点中学の進学合格率がほとんど90％以上に達していることを考えれば，「内地留学」のクラスの学力水準が大きく向上したことも納得できる。

成績改善をもたらすもう1つの要因は「内地留学」による漢語能力の向上であろう。

チベットでは，とりわけ農村や遊牧地区では漢族との接触が少ないので，漢語は全く通じない。小学校ではチベット語中心の教育が行われるが，中学校になると次第に漢語中心となるので，生徒の学力も極端に落ちていく[22]。アメリカ留学が英語学習に役立つと同じように，「内地留学」はチベット人の子どもの漢語能力を高め，それが学習効果の向上につながったと考えられる。

また，「内地留学」による宗教的影響の払拭にも一定の効果が現れている。

そもそも「内地留学」を実施する目的の1つは，チベット仏教の影響がきわめて強い社会から子どもを引き離し，彼らに現代都市文明を身近に体験させ，中国の主流社会に同調させることにあると考えられる。

今日欧米社会のキリスト教などと違って，チベット仏教は長い間，政治経済に対する絶対的な支配権をダライ・ラマを頂点とする教団によって独占さ

れ，政教一致の社会体制が敷かれていた。1950年代後期の「民主改革」を経て，チベットの宗教制度に変化が加えられ，政教分離の実施，農奴制の廃止，寺院僧侶が伝統的に持つ政治的経済的特権を失った。ただ，この改革は外部の力によってもたらされた現象であり，チベット仏教の基本性格は変わってない。1980年代以降中央政府による宗教規制の緩和策が実施されると，僧侶は再び政治活動に積極的に参加し，一旦否定されたチベット仏教の伝統体制を次々と復活させ，国家政権との対立や矛盾を深刻化させている。

　宗教のあり方も含めてこのような社会問題を根本的に解決できるのはチベット内部の努力に委ねるしかないが，そのための準備が進められている。「内地留学」経験者の宗教に関する意識に変化が生じ，すでに300人（2001年）以上の共産党員や1,000人近い共産主義青年団員が誕生していることは，その端的な成功例であろう[23]。

　「宗教はアヘンだ」と決めつけて批判し，唯物論的認識を要求する共産党およびその下部組織である共産主義青年団に加入するに当たって，申請者は自らの宗教信仰を放棄しなければならないと定められている。さらにチベットの場合において，チベット仏教の最高指導者であるダライ・ラマへの否定も要求されている。北京西藏中学の生徒は入党宣誓書に「ダライ・ラマを宗教的に尊敬するが，分離独立を企てるなら非難する」と実際に宣言し，チベットで絶対的権威をもつダライ・ラマに真っ向から対決する姿勢を明確に示している[24]。

　なお，現在，中国の大学の入学定員枠は地域別に定められており，大学入試も原則として受験生の戸籍所在地でしか受けられない。そのため，「内地留学」を終えたチベット人の生徒は自治区に戻って受験し，地元高校卒業者と大学の進学をめぐって競争することになる。「内地留学」経験者の平均点数が高くなればなるほど，地元高校出身者がますます不利になる。実際に各地の有名大学に進学できたのはほとんど「内地留学」経験者であり，そのこともチベットの将来に計り知れない影響を及ぼすのであろう。

第5節 「内地留学」の変容

　チベットでは，北京など内陸都市への「内地留学」は，1980年代以降の漢族を中心とする中国人のアメリカ留学に匹敵するほどの人気がある。今や小学卒業生の9割が毎年「内地留学」の選抜試験に参加し，全国各地のチベットクラスに1万2,246人以上も在学し（うち中学は6,912人，中等専門学校や普通高校は3,972人，さらに大学は1,362人），卒業者も含めると延べ2万2,669人，チベット総人口の1％に相当する人が「内地留学」を経験している。その家族などの関係者も含めるとさらに数倍も膨らむ。夏のチベットに行くと，マスコミや人々の話題が「内地留学」で持ち切りなほどである。
　このような人気をもたらした理由は2つある。1つはチベットの人々が現代化を持ち込んできた外部世界に対する興味関心の高さであり，公費による「内地留学」は多くの人々に外部世界への接近を可能にした。もう1つは「内地留学」がよい就職や生活水準の向上につながるという利益誘導が功を奏しているからである。
　とくに後者について，チベット自治区には改革開放の影響はまだ小さく，進学や就職も計画経済体制の指導下におかれていた1985年頃当時，「内地留学」の卒業生がチベットに戻れば国が就職を保証するというメリットは非常に魅力的であった。近代産業部門が未発達なこの地域では，数限られた国有企業や政府行政機関への就職保証は，一般のチベット市民にとって安定した生活の保証でもあった。
　また，都市部への移住が厳しく制限される中国では，都市住民となるためには国有企業や政府行政機関への就職が近道であるため，「内地留学」は農民や遊牧民にも人気が高い。
　1990年代半ば以降，中国社会全体の変化につれ，「内地留学」にも変化が現れた。
　1つは，「内地留学」による中学を卒業した後，中等専門学校への進学が

徐々に減り始め，普通高校，さらに大学への進学希望が増えていることである。

「内地留学」政策が登場した当時，チベットで不足していた中級レベルの人材を養成するために，中学卒業生の8割を中等技術専門学校に進学させていた。その結果，1992年から1994年までの3年間だけで計2,010人の中等専門学校卒業生がチベットに戻り，ラサおよび各地区や県の所属機関に配属された。しかし同じ時期にチベットにおいても職業教育が拡大され，1996年頃から，地元では中等専門学校卒業生が就職できない問題が浮上してきた[25]。そのため自治区側から「内地留学」による中等専門学校への派遣計画が次第に縮小され，なかには中止となった分野も出始めた。

一方この時から，チベットの人々は「内地留学」による普通高校への進学希望が強まり，高等教育に対する期待も高まってきた。直接の原因は中等専門学校卒業生の就職難という現状に由来するが，1998年末から始まった「西部大開発」がチベットの人々に高等教育の役割を改めて認識させ，大学卒業者が就職や各種事業活動に有利であるとの意識が広がったことも関係者によって指摘されている[26]。

このような動きに対応して，「1対1」の形でチベット援助を行っている一部の沿海地域ではチベット中学が次々と新設された。例えば，江蘇省常州市は援助相手都市であるラサ市との協定に基づいて，管下の南通市に西藏民族中学を開校させた（1997年10月）。上海市は1998年に5,000万元を投じてチベット人生徒のために上海共康中学を新設し，当初上海回民中学に設けられていたチベットクラスをこの共康中学に移設し，規模を拡大させた。

これを追認する形で中央教育行政当局も2000年から「内地留学」による普通高校への進学定員枠を広げ，従来の300人から1,000人に拡大し，それに伴う条件整備を関係方面に指示した[27]。このように職業訓練や中級技術者養成を中心とする「内地留学」はいよいよ教養教育や学歴教育へと変容しはじめたのである。

もう1つの変化は，従来の公費による「内地留学」派遣に対して，一部自己負担あるいは全額自費で「内地留学」する事例も登場してきたことである。

前者の場合，チベット自治区では1980年代中期から就学促進助成制度と

写真 5-4 重慶のチベット中学に入学した熱振活仏の息子

して実施されていた「3包」制度（衣，食，住の無料提供）が90年代後半から廃止され，「内地留学」に対する「4包」制度（衣，食，住＋学の無料提供）も段階的に廃止するようになり，「内地留学」にかかる旅費交通費や生活費そして高校段階からの学習費用は一部自己負担となった。

　後者の事例は主として普通高校への「内地留学」に起きている。これは内陸都市部の高校に見受けられる「借読生」のチベット版ともいえよう。つまり，通常の入学試験では合格していないが，一定の寄付金や授業料を学校側に払えれば，仮の名義で希望する高校に通うことが認められるという仕組みである。チベットの高校よりも教育水準が高いとされる内陸都市部の高校で教育を受ければ，チベット自治区に戻って大学受験に合格する可能性が高くなると考えられているからである。「内地留学」卒業生の大学受験成績が自治区の受験生に比べ平均して150点以上も高い実績が，自費による「内地留学」の大きな動機付けとなっている。なお，自費「内地留学」者にはチベット幹部の子弟のほかに，ビジネスで成功した人の子供や宗教関係者の家族といった旧上流階級の子どもも含まれている[28]。

　このように多額の自己負担までしてもなお「内地留学」を希望する理由は，チベットと中国内地の経済一体化が進み，チベットの人々が今後沿海地域や内陸都市部で活躍の場を獲得するために，内地の大学に進学することは不可欠だとの認識が次第に広まっていると考えられる。

おわりに

　チベット問題とは，国際的には主として中印国境問題であり，国内的には漢族とチベット族の関係すなわち少数民族問題，さらにチベット自治区の民主改革に対する評価と言われている。この場合の国内問題の核心は一般に宗教に集約できる。

　50年代の民主改革によって政教分離の原則が確立されてから，チベットでは政治経済面における宗教勢力の復権はすでに不可能となった。一方，自然環境が厳しく，現代文明が発達しない情況が続くなか，現状を変えるほどの力を持ち合わせてない人々は，自分自身に降りかかったすべての出来事を宿命的に考え，希望を来世に託す意識が依然として根強く，宗教がチベットの人々を内面から支える力はまだ衰えていない[29]。

　ただ，時代の流れと共にチベット仏教のあり方が問われていて，人々の意識も徐々に変化しはじめている。近年のグローバル化の波に乗って，外部から大量の物質文明が流入し，外国人も含めた観光客は年間50万人以上も訪れるようになった。こうした日常的な草の根レベルでの接触が増えるにつれ，チベットの人々は他との対照や比較を通じて自らの伝統文化を見直し，競争社会の中に生き残る方策を考えなければならなくなっている。

　今日の中国の経済成長をもたらしてくれたのは改革開放政策である。人々が文化の多元性を認識し，西側先進国から科学技術だけでなく，それを育んだ文化も積極的に学んでいる。同じように，チベットが現代化の道を歩んでいく上で，先進的な科学文化の取り入れ，意識の改革は欠かせない。教育の役割はまさにチベットの人々を宗教的束縛から解放し，科学技術の知識を広げ，現実の世界に直視できる社会を建設していく人材を育成することであろう。「内地留学」はその突破口として評価できる。

　チベットの子どもは学校教室での勉強をはじめ，社会見学や実習活動を通じて，自然科学技術や現代社会の仕組みなどに対する認識や理解が深まり，これまで不可解と思われた諸現象を合理的科学的に分析する力が教えられて

いる。チベットの人々が主体的に先進的な科学技術文明と文化を導入しチベットの現代化を実現していくうえで，「内地留学」経験者には大きな可能性が秘められている。

また，中国国内の真の民族平等のために，「内地留学」は重要な示唆も与えている。

中国では少数民族に対する優遇政策の一環として，少数民族出身者の大学合格点数は漢族学生よりも低く設定されることが多い。しかしそのことは往々にして入学してきた少数民族の学生に屈折した感情を植え付け，漢族の学生にも優越感や差別感をもたらしてしまう。それに対し，「内地留学」は低年齢段階からチベットの子どもの学力を引き上げ，彼らの人格形成が成熟する大学入学時により平等な条件で競争に参加できたことを実感させている。このような個人の被差別感をなくす努力が，最終的に民族集団全体が持つ不平等感の解消につながるのであろう。

現在，「内地留学」にかかわる予算や教職員配置が特別枠で決められ，加えて上級学校への進学率が教育評価の絶対指標と見なされる傾向も強いため，チベット人の生徒は漢族の生徒と別の特設クラスで勉強するのが一般的である。その上彼らは寄宿制であるので，通学する漢族生徒との日常的な接触もまだ少ない。こうした閉鎖的な環境の中で長期にわたって勉学生活を送るとストレスがたまりやすく，弊害が大きい。

改善の兆しとして，上海共康中学ではチベット人生徒と地元上海出身の生徒による共学の試みがはじめられている。また，一部の地域では祝祭日にチベットの子どもが訪問できる里親制度を発足させ，チベット人生徒と一般市民家庭との接触を増やす試みも行われるようになっている[30]。「内地留学」に対するソシアルサポート体制の整備がすでに始まっている。

中国人海外留学生が外国との経済文化交流の橋渡し的な役割を果たしているように，現在北京や中国各地でビジネス活動を展開しているチベット出身者の中にも「内地留学」経験者が徐々に頭角を現している。彼らは民衆レベルでのさまざまな交流を着実に増やしていくことによって，結果的にチベットと中国内地との経済文化交流の促進と，民族間の異なる文化の相互理解に重要な役割を果たすことになる。

注
1）国務院新聞弁公室　2001年11月8日　「西藏的現代化発展」白皮書
2）中国ではこの現象を「現代化の演出」と表現する知識人もいる。王力雄　1998『天葬――西藏的命運――』明鏡出版社　pp. 398-411 を参照。
3）この種の意見は中国国内では公に発表しにくいが，海外在住の中国研究者によって指摘されることが多い。代表的な例は米国在住でチベット勤務の経験もある徐明旭の記述である。徐明旭　1999　『陰謀与虔誠――西藏騒乱的来龍去脈――』明鏡出版社　pp. 265-273 を参照。
4）馬戎　1996　『西藏的人口与社会』同心出版社　pp. 10-11
5）洛桑・霊智多傑編　1996　『青藏高原環境与発展概論』中国藏学出版社　pp. 137-148 を参照。
6）西藏自治区党史資料征集委員会編　1995　『中共西藏党史大事記1949〜1994』西藏人民出版社　p. 204
7）陳漢昌　2001　『民族振興的旗枳――兼論西藏的統戦・民族・宗教問題――』西藏人民出版社　pp. 95-96
8）孫勇編　2000　『西藏：非典型二元結構下的発展改革』中国藏学出版社　p. 7
9）注1に同じ。
10）国家民族委員会民族問題研究中心編　2000　『跨世紀民族問題研究与探索』中央民族大学出版社　pp. 313-315
11）『中国民族統計年鑑2000』民族出版社
12）馬戎『西藏的人口与社会』pp. 341-342
13）巴登尼瑪「西藏教育的出路」『西藏研究』1994年第4期　p. 47
14）陳華・索郎仁青　2002　「西藏人口，資源環境与可持続発展」『人口研究』第26巻第1期　p. 23
15）耿金声・王錫宏編　1989　『西藏教育研究』中央民族学院出版社　pp. 59-61
16）何東昌編　1998　「中華人民共和国重要教育文献1976〜1990」海南出版社　pp. 2236-2237
17）この間の推移及び数字に関する記述は，各年度の『中国教育年鑑』および『中国民族年鑑』のデータに基づいている。
18）「教育興偉業　雪域頻伝捷――我国内地西藏班弁学掃描――」『中国教育報』2001年7月20日
19）耿金声・王錫宏編『西藏教育研究』pp. 35, 53-54
20）注17に同じ。
21）中国教育部民族司が全国の「西藏中学」および「西藏班」のリストをネット上で公表している。アドレスは http://www.moe.edu.cn/moe-dept/minzu/xizhangban
22）現在，都市部の住民や自治区レベルの幹部の中にはチベット語による授業の普及は，改革開放や現代化に必要な人材を養成する上での妨げになると見なす者が多い。「チベット語は先進的な科学や文化，技術を表現し得ず，使用範囲は狭く，発展する前途もない」「現代的な科学技術を学習・習得するためには，漢語か外国語でないとだめだ」「もし各教科をすべてチベット語で教えたら，チベット自治区で卒業した学生は

自治区内の大学に入るしかなく，内地の名門大学に入れない」「チベット語で各教科を教えれば，チベット自治区の民族教育は更に閉鎖的になり，改革開放という歴史潮流にそぐわない」との意見がよく聞かれる。

　皮肉なことに，ダラムサラを中心とした亡命チベット人社会の学校教育も，6〜8歳まではチベット語によって実施されているが，8歳からは次第に教授用語を英語に切り替えるという教授法を取っている。伝統的価値観を重視するといっても，現代の自然科学，社会科学に応じた教育を普及させるために，英語を使わなければならない。チベット語による学校教育とりわけ自然科学教育の難しさが根底にあると思われる。

23）注17に同じ。
24）北京西蔵中学のホームページを参照。アドレスはhttp://www.tibetinfor.com/school/gk/school
25）西蔵自治区教育研究所・教育学会編　1999　『西蔵自治区教育科研論文選編』　西蔵人民出版社　p. 413
26）これは2000年夏に筆者がラサ市教育委員会の「内地西蔵班」担当責任者である格桑氏から受けた教示である。
27）夏鑄「抓住西部大開発機遇　加快発展民族教育」『中国教育報』　2002年2月21日
28）筆者が2000年夏にチベットの高名な熱振活仏の家庭を訪問したとき，彼の娘と息子が北京西蔵中学と重慶西蔵中学にそれぞれ在学していることを教えられた。
29）馬戎「西蔵的人口与社会」pp. 7-8
30）「在祖国的大家庭里——記在上海読書的少数民族学生——」『解放日報』　2000年10月22日

チベットへの道

　「世界の屋根」チベットへの道は長くてつらい。未だに列車も走ってない。ヒマラヤ山脈の絶景が旅人の息を止めることがなくても，酸素の欠乏はよそ者を簡単に近づかせない。チベットへ通じる玄関口タングラ峠の空気は，海抜5,200 mの高さにあるため，希薄である。

　中央政府は厳しい自然環境によって隔離されてきたチベットを経済的，政治的そして文化的に内陸との結び付きを強化するために，1950年代以降，青蔵道路（青海省の西寧市―ラサ，全長2,122 km），川蔵道路（四川省の成都市―ラサ，全長2,413 km），新蔵道路（新疆ウイグル自治区の葉城県―アリ地区の獅泉河鎮，全長1,179 km），滇蔵道路（雲南省の下関市―マルカム県，全長315 km），そして中国ネパール国際道路（ラサ―シガズェ地区のチャンム通商地，全長736 km）などチベットに通じる幹線道路を整備してきた。にもかかわらず，現在実際に年中通行できるのはそのうちの青蔵道路だけであり，チベットへ流入する物のほとんどは，ラサ・ゴルムド間の起伏の多い2車線高速道路を行き来するトラックで搬送されている。車のなかで眠り，世界で最も危険の多い高速道路の1つを無事走り抜けることに誇りを感ずる運転手たちにとっても，デコボコ道を辛抱する往復6日を要する旅である。

　青蔵道路の中継地として，ゴルムド市は建国後に砂漠の真ん中に建設された辺境の町であり，約20万人が暮らしている。ここはチベットへ行く製品や原料，

写真5-5　チベットに至る青蔵道路

豆から電池に至るあらゆる物品の約90％の通過点となっており，チベット向けの物資補給基地である。青蔵鉄道の第1期工事（西寧市―ゴルムド市）がすでに1980年代の初めに完工して開通したが，ここからは毎日延べ1,000台以上のトラックがラサまで往復し，物資を運んでいる。現在，「西部大開発」事業の一環として，チベット高原に総延長1,118 kmの「青蔵鉄道」の第2期工事が全線施工中であり，ゴルムドから先の30 kmまでは既に敷設，さらに建設予定のルートに従って各地で土盛りや橋げた設置の工事が実施されつつある。

第2期工事は格別困難な企てになるかもしれない。高緯度，急な坂，急激に下がる気温，強風，そして季節によって1 m以上も上下することのある凍土，これらすべてが巨大な技術上の挑戦をしかけてくるのであろう。また，海抜5,000 m超の高所を通過するために，少ない酸素でも働くことのできる特別なエンジンが必要となり，さらに乗客を高山病から守るための空気圧縮車室を用意する必要もあると伝えられている。

2007年に完成予定のこの鉄道は，1日1方向あたり8本の列車が運行するという計画もあるように，「世界で海抜が最も高く，最長の高原鉄道」（「人民日報」紙）による大量輸送が実現できれば，物資だけでなく人的往来も次第に盛んになる。その結果，近くて遠い存在と思われているチベットも大きく変貌するのであろう。

第3部

先住民族のエスニシティ
――台湾，フィリピン，グアムにおける共生の課題――

第 6 章

台湾における多元的エスニシティと民族共生を考える
—— 原住民族の社会福祉政策をめぐって ——

はじめに

　台湾原住民族[1]は過去 400 年にわたり，異民族のもとで変貌と同化の歴史を歩んできたが，その社会構造や生活様式は，戦後社会全体の変動とともに大きな衝撃を与えられ，様々な生活問題を伴ってきたことで，政治的経済的文化的な課題として大きく注目されている。1980 年代半ばから原住民族は劣勢的な政治・社会的地位からの脱却を模索し，文化復興運動を続けているが，これが台湾の民族問題を表面化し，これまでの同化主義的な民族政策を検討する契機となったのである。

　本章は，先行研究と筆者の実地調査[2]を交えながら，台湾原住民族の社会福祉政策を中心に，その政策理念の達成状況と問題点を整理し，民族共生がいかに実現されるのかを考察することを目的とする。以下では，まずは原住民族の動向を，その歴史をふまえて検討することによって，原住民族の生活状況，原住民族であることが彼らの生活に与える影響を明らかにする。つぎに，原住民族を対象に実施されてきた社会福祉政策や政治的な環境を概観し，原住民族と漢民族[3]との集団関係を有効に把握し，原住民族が「原住民」として生きていくためにどんな対応をしていたのかに焦点を当てて考察する。そして最後に，以上の分析を考え合わせて，原住民族に対する社会的適応戦略の発展状況や，主流社会の政策的対応および人々の反応などの分析を通して，民族共生の途を探ってみたい。

148　第3部　先住民族のエスニシティ

第1節　台湾原住民族──その過去と現在──

1．原住民族の概観

　台湾原住民族の総人口は，2001年6月現在414,488人であり，台湾総人口2,234万人の1.9％を占めていると推定され，数的マイノリティである。現在原住民族は法律認定の枠内では10族[4]に分けられている[5]（表6-1）。人口はアミ族がもっとも多く，次はタイヤル族である。それらの各民族がそれぞれの文化慣習を持っており，各民族の言葉はお互いに通じないほど異なっている。
　原住民族の分類は，2001年8月に初めて認可されたサオ族を除いて，日本統治時代に進められた分類と名称を基にし，それまでには9族に分けられていた（原英子 2000）。分類はまた漢化の度合によって，「平地原住民」と「山地原住民」[6]に区分される（李明政 2001）。平地原住民に区分されているのは，アミ族とプユマ族，それにサイシャット族の一部，パイワン族の一部

表6-1　民族別にみる原住民族の人口

族　　別	人　口　（人，1996年）＊
アミ（阿美族）	138,646
タイヤル（泰雅族）	84,757
サイシャット（賽夏族）	6,847
ブヌン（布農族）	41,044
ツォウ（鄒族）	6,732
ルカイ（魯凱族）	11,149
パイワン（排湾族）	66,322
プユマ（卑南族）	9,830
ヤミ（雅美族）	3,924
サオ（邵族）＊＊	355-450（2001年）
原住民総人口合計	約41万4,000人

　＊『台湾省統計年報告56期』1997年8月。
　＊＊2001年8月に初めて認可。

第6章　台湾における多元的エスニシティと民族共生を考える　　149

図6-1　原住民族集落分布

北部：タイヤル，サイシャット
中部：ブヌン，ツォウ，サオ
南部：パイワン，ルカイ
東部：プユマ，アミ
離島：ヤミ

（資料）http://www.apc.gov.tw/index2.html
　　　（Council of Aboriginal Affairs, The Executive Yuan, ROC）

で，他の民族は山地原住民として区分されている。サイシャット族とパイワン族のように，平地原住民と山地原住民の両方に区分された民族もある。「平地原住民」と「山地原住民」の区分は現在でも使用され，「立法委員」などの選挙の際には，平地原住民と山地原住民が分かれて立候補と選挙が行われている。

　旧来原住民族集落の地理的分布は図6-1に表したが，おおむね北部にはタイヤル族，サイシャット族が，中部にはブヌン，ツォウ，サオが，南部にはパイワン，ルカイが，東部にはプユマ，アミが集中し，離島はヤミ族が主に居住している。1950年代から台湾社会の変動にともない，原住民族は，

表 6-2　類別にみる原住民族の人口割合

類　別	人口（人）	割合(%)
山地原住民	156,327	38.8
平地原住民	122,494	30.4
都市原住民	123,873	30.8
合　　計	≒41万	100

（資料）http://www.apc.gov.tw/index2.html
　　　　原住民委員会（Council of Aboriginal Affairs, The Executive Yuan, ROC）

彼らがもとから住んでいる集落をはじめ各地に広く分散し，都市にも多数が居住している（陳茂泰・孫大川　1994：52-62；李明政　2000）。今日原住民族総人口（約41万人）のおよそ3割が大都会で生活していると推定されている（表6-2）。ただし，移動性が高く工事現場とともに移る必要がある建築業などの職業に従事している都市原住民は，戸籍も登録していない場合が少なくないため，その人口を正確に知ることは難しく，実際に都市原住民人口数は上記の推計よりも多いとみられている（謝高橋・張清富　1992；潘彦妃　1998）。

都市原住民の集まる所としては，台北市の内湖，南港など，台北県の山光社区，花東新村，新店，中和など，高雄市の鳳山などが有名である。実は台北や高雄といった大都市圏だけでなく，中・小都市（基隆，桃園，新竹など）にも原住民は雪だるま式に増加した（黄美英　1988；謝高橋　1995；李明政　1997）。今日台湾原住民族を考察する時，都市原住民の存在を無視するわけにはいかなくなったのである。

2．原住民族社会の変貌と生活実態

(1) 原住民族社会の変貌

資本主義的市場経済の導入は，原住民族社会にあらゆる面での変容を迫る勢いである。山地生活から都市生活への転換，狩猟採集および農業生産の経済活動から賃金労働への推移などがそれである。原住民族は絶えず外来民族などの統治を受け，平原地帯から排除され続け，山林に依存して生活してき

たが，農業生産が，増えはじめた人口に追いつかず，経済状況が停滞する一方，貨幣経済の浸透によって，次第に資本物質に依存するようになって，現金収入に対する要求が高まっていた。そして様々な土地改革政策は，原住民族の生存基盤である山林地区を対象にしたため，彼ら自身の地方脱出願望に社会的圧力が後押しする形で都市に働き口を求め，人口流出が助長されたのである（李明政他 1998；莊秀美 2000）。一般的に地方から都市への移動に伴う社会適応過程は，同じ文化に属す人々であっても大変な苦労であるが，文化・言語の違いがはっきりしている原住民族にとって，都市への移動は生活環境の悪化や貧困を原因として半分強制された形での移動が多いため，その苦労は計り知れない（謝高橋・張清富 1991；莊秀美 1998）。つまり，産業化は原住民族にとって極めて苦痛の多い過程であり，社会発展の段階を一段ないし二段飛び越えた社会への適応を強制されたのである。

今日原住民族は地理的にも文化的にも山地と都市に二分化しているが，山地と都市にかかわらず，痛ましい社会問題が様々ある（李明政 2000）。以下では，原住民集落[7]や都市原住民を分けて，それぞれの生活状況および直面している生活課題を具体的に見てみよう。

(2) 原住民集落社会構造の解体

戦後，原住民集落は，生活改善や近代化を求める内部・外部の様々な圧力や，徹底的に行われた政府の同化政策および資本主義的経済発展などを押し付けられ，その言語や文化はますます影の薄いものになった。世代間に大きな意識の断絶が生まれ，伝統文化の継承を困難にさせ，元来厳格であった社会構造が崩壊しつつある。

原住民集落の変貌は下記のようである（尤哈尼 1997）。①閉鎖排他的な社会から開放自由的社会へ転換すること，②集落意識が弱くなったこと，③長老の少数専権から若年分権の多数民主に移ること，④同質的社会から異質的社会に変化すること，⑤道徳主義的社会から功利主義的社会に変容すること（李明政 2000）。つまり，原住民族集落は，長老が伝統的な生活様式の中で持っていた「権威」が衰弱して，これまで持っていた自律性，権威体系が崩壊しつつあり，その社会規範から逸脱者に対して集団制裁を加える共

写真6-1　洋風化している原住民の結婚式・家族記念写真（台東）
（撮影：荘秀美）

同的社会組織ではなくなり，集落の統制力が弱くなった。つまり，言葉，価値観，精神性などは消滅する危機が存在している（荘秀美 2000；李明政 2000；李明政 2001：64-74）（写真6-1）。

　飲酒問題は原住民の社会・文化の不適応を反映している。アルコール依存は彼らの健康や生活をだめにし，それに基づく家族の悲劇は少なくない（王慶福他 1994；葛応欽他 1994）。集落に入ると，片隅で数人ほど集まって酒盛りをしている姿がよく目につき，浴びるほど酒を飲んでいる。その結果，本人の健康の破滅，家族の崩壊，失業を招き，暴力・犯罪につながり，民族の存続を危機に陥れているし，そのうえ原住民に対する一般社会の偏見を助長している（李明政 1997）。

　原住民集落の多くは，非原住民の居住地域から遠く離れた過疎地域に分布しているため，現代的医療施設や人力が常に充分でない（李明政他 1998；荘秀美 2000）。一方，幼児教育施設も普及していない。漢民族文化が教育政策の中心とされるため，原住民集落における学校の設備，教師の雇い入れ，学校のプログラムなどの展開過程は，政府の主権を確立するという政治目標を反映するにすぎない。子どもたちが原住民の言葉で学ぶ環境は消失し，母語

写真 6-2 原住民の精神生活に入り込んでいた教会が社会福祉サービス事業もはじめる（宜蘭南澳）（撮影：荘秀美）

の伝承は困難であり，伝統文化は衰退しつつある（台湾原住民生活状況調査報告 1998）。こうした教育条件の劣悪さと就業機会や環境の不備が原住民の経済的な立ち遅れをもたらしている（李明政 2000；李明政 2001）。

　高い事故死亡率は欠損家族を伴い，間接的に児童の教養に影響を与える。片親家族は全体の17.9％を占め，非原住民家族の3.9％よりはるかに高い（台湾省政府社会処 1996）。集落の過疎化・高齢化に伴い，子どもの教育や老人の介護は深刻な問題になっている（陳茂泰・孫大川 1994：52-62；台湾原住民生活状況調査報告 1998；荘秀美 2000）（写真6-2）。

　若者の多くは，学校を中退したり，進学をしなくて，仕事にもつけない状況にあり，アルコールに溺れたり，自信を喪失したりしている。また，欠損家族の故もあって，少女売春も深刻である（黄淑玲 1995）。新しい文化，生活様式と言語を押しつける同化主義政策は，原住民のアイデンティティの動揺や不安定化を引き起こした。そうした社会不適応の結果，原住民の自尊心を傷つけることが多く，家庭内暴力問題が絶えないのである。家族は彼らが経験していたような家族集団ではなくなったのである。

　経済不況にみまわれ，原住民が受けたしわよせは最も深刻で，失業率が高

まる一方である（李明政 1997）。1989年からの外国人労働者の流入は原住民の就労環境を一層悪化させ，原住民社会の内部に反動の思潮も引き起こしている。都市に働き口がなくなったため，地方へのUターン現象がみられる。故郷に戻った人々は，伝統的な役割が既に残されていないので，堕落した生活をおくるしかない。こうした情緒的不安や目的喪失による社会不適応状態を発生させ，アルコール依存者が増えることになる（李明政 2001：74）。

(3) 都市原住民の生活問題

台湾原住民族の都市への移動が顕著だったのは，1950～60年代の終わりにかけてである。以下では，都市原住民をめぐる現状を概観する。

土地と深く結びついて暮らしてきた原住民族は，どのように故郷を去ったのであろうか。台湾の経済復興期には，都市の基幹産業に多くの労働力を集める必要に迫られ，地方に住む原住民族に対し都市の就労が奨励された。熟練を要さず稼ぎのよい仕事は多くの人手を必要とし，また地方にはない，都市の魅力が原住民の都市化を推進する大きな誘因となった（林金泡 1996）。かつては，漢人の入植と植民地拡大によって周辺地域に追われていた原住民は，居留地の生活環境が悪化し，都市生活への憧れとともに，金銭収入獲得のため職を求めて都市に移住し，定住する傾向も強い（林金泡 1980；謝高橋・張清富 1992；陳茂泰・孫大川 1994：52-62；李明政 2000）。

ただし，都市生活は原住民の想像よりもハードである。都市に出てきた原住民は，教育レベルが低く，文化・言語的にも主流社会の人々との隔たりが大きいため，劣悪な状況におかれている。結果的には，類似した職業（土木作業など様々な単純肉体労働）に就いた低賃金で不安定就業労働者が多く，あるいは失業者とさえなった。また，漢人の居住地域から遠く離れた場所に分布し，周辺的居住者となるのが普通である（黄美英 1988；陳茂泰・孫大川 1994：52-62；謝高橋 1995；林金泡 1996；李明政 1997；潘彦妃 1998；荘秀美 2001）（写真6-3）。

都市原住民は経済的にも社会的にも不利な立場に置かれている（林金泡 1980；黄美英 1988）。都市生活のなかで，漢人から不当な民族的偏見と差別を受けている。雇用の際や，家や部屋を借りる時に，差別を体験することが

第6章 台湾における多元的エスニシティと民族共生を考える 155

写真6-3 孫の面倒を見ている都市原住民の老人（台北）（撮影：荘秀美）

多かった。漢人であれば個人単位で扱われるようなことが，原住民はエスニック集団が負ったマイナスのイメージのまま遇された（李明政 2001）。原住民に課された負の印象は枚挙にいとまがない。例えば原住民の就業能力が劣っている，酒に溺れ不健康である，時間や規則を守らない，ずる休みをする，むだ遣いをする，などである（荘秀美 2000；李明政 2001：75-82）。

一方，原住民が都会で職を得て暮らすには，まず資本主義経済的な生活様式になじまねばならない。しかしながら，例えば家計の遣り繰りをとってみれば，彼らは資本主義経済における金銭の取り扱い方，貯金・投資・貸し借りといった仕組みになじみにくく，常に経済的破綻を伴ったのである（李明政 2001；荘秀美 2001）。

今日，外見的にも文化的にも漢人化している原住民は台湾社会の中で暮らしているが，微妙な立場におかれ続け，生活ぶりもものの考え方も大きく異なっている。彼らにとって，民族として何者であるのか，つまり民族的帰属は大きな問題である。原住民族をめぐる状況の多様さはまた，彼らの歴史が新たな時代に差し掛かったことを示している。

第2節　原住民族社会福祉政策にみるエスニック集団関係

　原住民族の社会構造と生活の現状を以上のように述べたが，そこに存在している基本的生活問題に対応する社会福祉施策が強く要請される点に疑う余地はないであろう。ここでは，政府側面（社会的干渉）および原住民族社会内部（民族復興運動）から，原住民族の社会問題に取り組むさまざまな動きをみて，原住民族をめぐるエスニック集団関係を考察する。

1．原住民族社会福祉[8]政策の沿革

　戦後政府は内政に関連する原住民族の問題に最低限しか関わらない姿勢をとり，さまざまなプログラムを援用し，漢民族生活に同一化する政治意志を貫徹したため，原住民族の社会問題に対する対応は遅れがちであった（荘秀美 1998）。原住民族を対象とする社会福祉施策は，山地原住民生活改善段階，都市原住民生活指導段階，原住民社会福祉政策体系化段階，という3段階に分ける（李明政他 1998：35-40）。

(1)　山地原住民生活改善段階

　政府がつくった原住民政策は，それまでは一貫して「同化政策」であり，原住民族の文化的異質性を一切認知せず，漢人文化への完全な適応（言語，宗教，生産活動，学校教育その他，生活全般における漢人文化の受容）を一方的に要求するものである。この段階の中心業務は原住民族の生活改善であり，民族主権などは認められていない。外見だけから見ると，物質的側面では住居は新しく綺麗になり，家庭生活は電化して便利になった。差異が見られるのは生活慣習および価値観などである。

(2)　都市原住民生活指導段階

　1970年代までには，原住民族社会福祉施策は概ね原住民族生活改善を前提としているが，醸成しつつある「民族多元主義」の流れとは食い違ってい

る（李亦園他 1983）。1970 年代以降「民族多元主義」的思潮が広がってきたため，抑圧されてきた原住民族に対する福祉と人権は重要な課題として認識され，彼らの意見や参与が重視されるようになった（陳茂泰・孫大川 1994；孫大川 1994）。1980 年に「高雄市山胞生活指導要点」が制定され，原住民社会福祉施策は新たな段階を迎え，都市原住民の生活指導，原住民青少年の生活指導，原住民社会生活の発展に焦点が当てられている（李明政 1999 c）。そこからは従来のような原住民族に対する人種主義的で同化主義的な対応は影を潜め，多文化主義的な対応が求められるようになった。

(3) 原住民社会福祉政策体系化段階

1990 年代になってからの原住民族に関する社会福祉課題は新たな局面を迎えている。1996 年 3 月に「台北市政府原住民委員会」が，同年の年末には「行政院原住民委員会」[9]（略「原民会」）が設置され，原住民に関する事務を取り扱う専門機関になり，原住民族に直接対応するさまざまな部署を設け，土地をめぐる具体的な法手続きの手助けや，教育，福祉，衛生などの施策を行っている。その中で「社会福祉処」が原住民福祉推進プロジェクトとしての取り組みを始めている。各種の優遇政策が導入されることにより，原住民は，経済的利得を得ることができるようになった。原住民社会福祉対策は「原民会」が主導的役割を果たしており，積極的に各種の福祉方案を企画している。また，「台湾省政府原住民事務委員会」が 1997 年に，「高雄市政府原住民事務委員会」が 1998 年に相次いで設置され，原住民社会福祉が体系化段階に展開されようとしている（李明政他 1998：35-53）。

上述した広範な行政施策とそこに投入されてきた膨大な予算，手厚い社会保障，教育面の優遇措置など，いずれを取ってみても，台湾は原住民族社会政策が進んでいないとはいえない。だが，原住民族が全般的に低学歴であること，高い失業率，縮まらない経済格差，深まりつつある疎外感・喪失感などは，政府による多くの政策への莫大な支出にもかかわらず，あまり改善されていない実状を反映している（李明政 1999 c）。

2．原住民族復興運動

　1970年代後半から世界各地で沸き起こり始めた原住民族の復権運動を背景として，また長い戒厳令が解除された1987年の前後から急速に進展した台湾ナショナリズム[10]の高揚と歩調を合わせて，過疎化が進んで原住民集落が著しく衰弱してきた一方，都市原住民の多くが漢人の高い壁に阻まれ，どうしても漢民族が主とする社会体制に溶け込めない状況に対する強い危機意識から，民族意識が高まって，歴史上はじめて，原住民族自身による権利復興運動が起こってきたのである（鐘青柏 1990）。

　過去様々な不適切な施策が積み重なってきたため，原住民族は政府当局に不信感を抱くようになってきた。このような動きの中に，国家への同化を迫られながら自らの不利益を受ける状況が改善されないことに対する，原住民たちの根強い不満が存在する（洪泉湖 1994）。1984年には主に都市原住民，特に若い世代のエリート層を中心として，「台湾原住民権利促進会」[11]（1987年「台湾原住民族権利促進会」と「族」の字を付加して改称）を台北に発足させ，民族復興運動を導く役割を担っている（李明政他 1998：35-53；原英子 2000）。原住民族復興運動が広く支持を集めるにつれて，原住民社会の内部から自民族の文化や歴史に対する関心が高まってきたのである（写真6-4）。

　1990年代から，民族自覚や生活福祉などを求める運動が次々に展開し，多岐にわたる問題に取り組んだ。主要な成果は「台湾原住民族権利宣言」，国家管理となっていた土地などの「土地返還運動」である。また，過去に与えられた「山胞」という呼称に代えて，「原住民」を名乗るようになり，1994年に憲法の中に明記されて，広く台湾の社会に受け入れられた。つまり，原住民が原住民であることを名乗り出たということである。彼らは，原住民であることを自認，公表することで政策のもたらす利得を確保しようとしたのである。

　なお，差別の告発や生活困窮者を救済する行動は各地で進められ，民族固有の氏名復活運動（1995年承認）や，学校教育における偏見に満ちた教材の追放など，多くの具体的な改革が実現されている。また若い世代に対する民族語教育の実施，歌や踊りや祭りの復活と継承，新しい民族衣装や造形文

写真6-4　伝統的彫刻で飾られた原住民の小学校（屏東）（撮影：荘秀美）

化の創出，新聞・雑誌の刊行，原住民文学の出現など，様々な試みが出てきている[12]。

第3節　原住民族に対する社会的適応戦略の発展

　文化・言語，生活様式の異なる主流社会への原住民族の適応の成否は，主流社会の人々が異文化・異言語集団である原住民族に対してどのような態度を示すかによって大きく異なっている。主流社会の人々が原住民に対して人種的な態度を露骨に示し，差別と偏見に基づいた対応をすれば，原住民がどんなに自助努力をしても，その結果は悲惨なものに違いない。そのため，原住民をめぐる社会的環境，とくにエスニック集団関係状況を知ることが大変重要である。ここでは，主流社会の政策的対応および人々の反応に焦点を当てて考察する。

1．主流社会の政策的対応：同化主義から多文化主義へ

　人種差別的な観点の強い同化主義は，原住民を著しく不利な状況に追い込

み，適応の失敗を招きやすい。その基本的な原因は，現実には主流社会の成員による偏見や差別にあるにもかかわらず，不適応者である原住民の適応への努力不足のせいにされ，努力の少なさは伝統文化と生活様式に起因するとされやすい。つまり，犠牲者であるはずの原住民が非難されるという「犠牲者非難」の結果に終わることが多い。犠牲者非難の問題点は，原住民はもともと貧困になじむ文化（貧困の文化）をもち，それが不適応や貧困の原因だという態度と同じもので，同化主義の基本的特色である。同化主義による文化と言語の否定は物心両面の打撃を原住民に与えることになる（傅仰止 1994；李明政 2001：139）。

　1980年代までは，台湾の原住民政策は上記の同化主義に基づくものであるが，それ以降は，多文化主義に転換する傾向が見られ，原住民族を取り巻くエスニック集団関係をめぐる社会環境が変化し，政府はさまざまな原住民優遇政策をとってきた。具体的な施策としては，地方政治における昇進，大学やその他の教育・職業プログラムへの入学に際しての優先などがある。1990年代頃から，政府の原住民族に対する見解は大きく変わってきた。多文化主義的な政策対応が採用され，原住民の都市生活への適応援助のみならず，伝統的居住地や居留地などでの生活援助や福祉政策も充実しはじめ，文化・言語の維持活動に対する財政援助もなされるようになった。さらに，原住民による民族自決運動や土地返還運動などにも一定の理解がみられるようになっている。

2．一般国民からの反発

　確かに多文化主義は民族的少数者である原住民族の権利を保障してきたことを示す好事例であり，これまでそれに基づいて展開してきた原住民に関する施策は大きく評価されている。しかしながら，その一方で，民族的少数者間の対立とエスニシティ集団の間の葛藤を生んでおり，社会の分裂を招くことはありがちである。これが多文化主義をめぐる新たな係争課題となっている。

　今日，主流社会の人々と原住民が居住する周辺地域の距離が，以前と比較すれば飛躍的に近くなってきているが，社会的接触が必ず相互理解を促すと

は限らず，原住民への対応の動きに逆風が吹きはじめ，不安要素が生じつつある。現実には経済不況に災いされ，原住民福祉政策や各種の優遇・補償措置に対する不満が主流社会の一部に増加している（傅仰止 1994）。

過疎地域で原住民並みの生活をしている漢人が，多文化主義の政策に強く反対している。社会的地位の側面からみても，彼らは，普段は社会の主流からは，遠い位置にあり，ほとんど人々の注目を引くことはない。彼らの多くは原住民族と競争関係にあるブルーカラーであり，脅威を感じているのは原住民と社会の底辺部で就職や昇進を争うことが多いからである。自分たちが経済的にうまくいかないのに，原住民だけが保護されるのに対して不満だらけである。特に中流以上の生活をしている原住民に対しては，妬みや羨望からくる反発が強まりつつある（傅仰止 2001）。このような状況は経済不況が深刻化し，失業率が増大しつつあり，きびしい生活状況が続いている1990年代に入ってから顕在化している。山地郷鎮に居住している一部の漢人は生活水準の下降に悩み，不安感や絶望感を爆発させた。「政府がこれだけ税金を費やし，優遇措置や保護施策を重ねたから，原住民族は劣勢的マイノリティだとはいえない」と反発し，自分たちこそが「劣勢よりも劣勢的なエスニシティ」であると自称し，反原住民優遇政策を旗印として，「山地郷平地人権利促進会」を発足し，暗躍する反動勢力に引き付けられ，漢人向きの権益を得ようとしている（傅仰止 2001）。

また，エスニック・グループの中では，「客家人」は人口から見ると少数民族であり，その伝統文化は消滅する危機が存在し，原住民族と同様に劣勢的マイノリティでもある（傅仰止 1995）。彼らが同じ国民なのに，漢人の困窮を後目に，先住民だけに手厚い保護の手をさしのべるのは平等ではないと考えている。文化的自律と経済的利得を要求する原住民の発言には，一方的な議論が多く，自らのエスニックの美徳や生活の苦痛を誇示すること，不満を表明することだけに終始していると批判し，原住民族向きの各種の優遇・補償福祉政策や措置に対する「敵意」が増大している（傅仰止 2001）。

経済のグローバリゼーションの潮流の中で，自由市場経済至上主義に基づく台湾国内の経済状況は，保護主義や政府による各種経済規制の撤廃と緩和，経営の合理化と民営化を求める動きを生み，マクロ経済の自由化・合理化と

ともに企業のリストラを強め，失業の増大と雇用不安を生み出し，貧富の格差が深刻化し，国民にきびしい生活状況を強いることが多い。生活の厳しさは原住民だけでなく，主流社会の人々の失業者層や不安定就業者層にももたらされる。こうした社会状況の中で，一部のマイノリティである原住民のみが優遇されていることは，一般国民には逆差別されているとの誤解が生まれる。生活面でも文化面でも不当に優遇されている国民と，そうでない国民という2つの国民が一国家に存在するのはおかしい。平等に扱われる1つの国民のみが存在すべきだという主張が登場してもおかしくはない。

また原住民に対する優遇供与は，マジョリティである漢人に，原住民が劣等であるというステレオタイプを与える結果となっている。これは少数民族枠によって範囲を特定し，一般生活に通常存在する競争からも排除することによって与えられる利益に対する，マジョリティの不満あるいは不当感の表明でもあろう。つまり，保護政策の結果として原住民の劣等性が強調される一方，マイナスの評価を受けている原住民にも何らかの心理的影響が存在すると予想される。実際，保護政策と称して原住民は主流社会から隔離されている。現段階では，漢人と原住民との間のエスニシティ集団関係が益々複雑化している。

第4節　民族共生への模索

これまで原住民族を対象とする様々な優遇施策がなされてきたが，現実には残されている問題が沢山ある。上述したエスニック・グループ間の緊張関係の増大に関しては，国民の反発は経済のグローバル化にともなう生活不安に起因しているため，政府は国民の生活感情に配慮した経済改革戦略をとる必要があろう。少数派文化が多様な次元で発生することを認めるならば，多文化社会は様々な文化の共生を，エスニシティ以外の局面で考える必要が生まれる。特に社会的資源の配分については，例えば，補助金の分配はどのような基準で決定を下せばいいのかなど，施策者にとって小さな挑戦ではない。これらの問題は，多文化主義の根幹に関わるテーマである。

また，これまで多く実行されてきた原住民社会福祉対策は過渡的な性格を持っている上，諸法制の寄せ集めにすぎず，整合性は欠如している。しかしながら，経済的困窮や差別，抑圧を解決することが急務であるという一般の原住民の考えは，高等教育を受けた原住民族のエリートたちの考えとは食い違っている。そこから，原住民の状況改善についての提案に関しては，原住民社会の内部で二分化していることがみられる。現在，最も重要な問題はマイノリティとしての原住民の子孫をいかに漢人中心の主流社会に，平等の権利を確保しながら，包摂統合するかという重い課題である。そのためには長い間なされてきた差別を取り除き，平等な参加を保障することによって，原住民と漢人の間に存在する現実的な富と収入のギャップをどう埋めるかという経済的な課題が残されている。そこには数多くの困難な障害が存在している。このような状況の中で，今後原住民はどのような社会的適応戦略をとっていけばよいのだろうか。従来の卑屈な同化主義戦略に戻ることは基本的にはできない。それ故に，今後も多文化主義適応戦略を続けていくことになるが，一部の国民からの反発が強くなることも予想されるため，原住民集団の間の連携を強めて政治的な発言力を強めるとともに，主流社会の良識ある多数の人々との間の連携を深めることがまず重要であろう。

他方では，民族権利の保障は遅々として進んでいないため，長期間に及ぶ差別と抑圧による後遺症は依然として大きい。言い換えれば，これまでの原住民社会の変動過程を念頭におく時，民族権利の保障がなければ，いくら保護施策ができても全く無意味である。原住民族は，新しい社会的秩序の樹立を模索しつつある段階だと見ている。もはや原住民族が「伝統」という枠組みの中ですべての問題を解決することが不可能である以上，対等な立場で民族の共生を模索することが急務である。

中・長期計画については，政策徹底を図る上で，また多文化時代の到来とともに，法律規制は大きな課題となることが予想される。90年代に入ってから，多文化主義政策の延長線として，「行政院原住民委員会組織条例」(1996年)，「原住民族教育法」(1998年5月)，「憲法」の修正[13] (2000年4月)，「原住民身分法」[14] (2001年1月)，「原住民族工作権保障法」(2001年10月)などが相次いで公布・実施され，邵族（サオ族）の承認（元の9族に加えて

10族になった）（2001年8月）もなされたのである。また「原住民族発展法」（草案）「原住民族自治法」（草案）も審議段階におかれているが，原住民族自治区が企画され，統合に向って着実な前進がなされつつあるといえよう。今後，新しい法律の制定は厳しい現状への対応策であり福祉の強化策である。現状を打破していくには，根本的に解決すべき多くの課題が残されているが，将来はさらに多様で豊かな発展の可能性を持つであろう。

つまり，多文化共存をさけることができない現代社会において，多文化主義は法律上の範囲に止まらず，国民の相互理解・尊重に基づくものである。今求められているのは，これまでの様々な福祉対策による恩恵的な保護・救済ではなく，権利の保障を前提にした人種的差別の一掃，経済自立を要求することなど，抜本的かつ総合的な制度を確立することである。原住民族権利の解決は，社会的存在としての原住民にとって必然であると同時に，社会それ自体の存続のためにも避けることのできない最低必要条件を満たすものでなくてはならない。社会の平等化や偏見の根絶をめぐっては，エスニシティと競合するいくつもの次元がある。そのことを視野に入れない多文化主義論は一元的に過ぎない。多くの次元における人々の違いを受け入れ，その間の共生をはかっていくことが本当に多文化的である。

注

1）現行の法律により，台湾で認定されている「先住民族」は旧称の「高砂族」，「山胞」の民族グループを指す。今日では差別廃止のため，「原住民（族）」と呼称する。

2）アジア太平洋センター自主研究6Aプロジェクト「多民族国家にみるエスニシティ──アジア太平洋地域における民族共生への模索──」（研究主査：片山隆裕）による台湾地区の実地調査である。調査を可能にしてくださった方々，および調査中お世話になった方々には心よりお礼を申し上げたい。本文において，特に資料の出典は説明がない限り，実地調査に基づく資料である。

3）また議論の余地が残っているが，多民族から構成された台湾社会は，一般的に外省人，閩南人，客家人，原住民（族）という4つのエスニック・グループに区分されている。原住民族に対して，外省人，閩南人および客家人は合わせて「漢民族」として，台湾のマジョリティとみなされている（傅仰止 1995；孫大川 1996）。「漢人」（略語）とも称される。

4）10族は，タイヤル（泰雅族），サイシャット（賽夏族），ブヌン（布農族），ツォウ（雛族），ルカイ（魯凱族），パイワン（排湾族），プユマ（卑南族），アミ（阿美族），ヤミ（雅美族），サオ（邵族）をさしている。そのほか，原住民として認定されてい

ない「平埔族」(ケタガラン，タヴァラン，パゼッへ，シラヤなどの民族を含む) を総称する民族グループがあり，すでに「漢化」(漢族文化を強く受けた) しているなどの理由からである。
5) Council of Aboriginal Affairs, The Executive Yuan, ROC, 2001 年7月。
6) 清朝，日本統治時代の区分に基づいて，その後 1956 年の「台湾省平地山胞認定標準」および 1991 年の「山胞身分認定標準」により，平地行政区 (25 の郷鎮からなる) に居住する原住民族の者は「平地山胞」として，山地行政区 (30 の郷鎮からなる) に居住する原住民族の者は「山地山胞」として規定された。1994 年に「原住民身分認定標準」が修正発布され，それまで山胞とされていた名称が「原住民」と改められた。それに伴い平地山胞は「平地原住民」と，山地山胞は「山地原住民」と改称された (李明政 2001：50-51)。
7) 元の集落に居住している「平地原住民」と「山地原住民」のこと。
8) 原段階政府側 (行政院原住民委員会社会福利処) が取り扱う「原住民社会福祉」業務の内容によれば，概ね「社会福祉サービス」，「医療衛生保健サービス」および「就業安全サービス」という枠組みになっている (李明政等 1998：16-18)。本文では，「社会福祉サービス」に焦点を当てることにする。また，教会や民間社会福祉施設 (台湾ワールドビジョンなど) も原住民を対象にして，多様な社会福祉サービスを実施した (李明政 1999 c) が，ここでは，紙面の制約があるため，それに関する説明は省略する。
9) 「行政院原住民委員会組織条例」(1996 年)。
10) それまで国民党政権のもと，抑圧されていた台湾的な文化や台湾意識を求める社会運動である。
11) Alliance of Taiwan Aborigines.
12) ただし，彼らの文化がもっと直接的に観光事業や現金収入の対象として扱われている場合もある。現代の原住民文化には，見せる，売るという一面があることも無視できない。
13) 中華民国憲法第 10 条によれば，「国家 (政府) が多元文化を尊重し，原住民族の言語および文化を積極的に維持・発展させる。政府が民族の主観的意欲を考慮しながら，原住民族の社会的地位および政治参与を保障するとともに，彼らの教育文化，交通水利，衛生医療，経済土地，および社会福祉事業などを指導し発展させるべきである」がうたわれている。
14) 民族籍選択にあたっては，過去には一般的には父親の民族籍を選択するとされていたが，現在は絶対的な基準ではなくなり，両親の民族籍が異なる場合は，どちらかの民族籍を選択することができる。

参考文献
〈日本語〉
荘秀美 1998．12 「台湾の原住民をめぐる社会福祉政策の課題」『APC アジア太平洋研究』3 pp. 55-62 ㈶アジア太平洋センター
日本順益台湾原住民研究会編 1998 『台湾原住民研究への招待』風響社

原英子　2000　『台湾アミ族の宗教世界』九州大学出版会

〈中国語〉
内政部戸政司統計資料　2001年7月　Council of Aboriginal Affairs, The Executive Yuan, ROC.
山海雑誌記事　1995年7月28日
台湾省政府社会処　1996　「台湾省山地郷原住民社会福利需求調査報告」　p. 8
台湾省政府民政庁　1991　「台湾省偏遠地区居民経済及生活素質調査報告」　第一巻：山地，平地，都市山胞部分　p. 21
行政院　1997　「行政院原住民委員会八十八年度中長程計劃（修正草案）」　pp. 9-10
行政院原住民委員会資料　Council of Aboriginal Affairs, The Executive Yuan, ROC.
行政院原住民委員会　1998 a　「台湾原住民生活状況調査報告」　台湾：行政院原住民委員会
行政院原住民委員会　1998 b　「行政院原住民委員会社会福利業務報告」　台湾：行政院原住民委員会
王慶福等　1994　「台湾両個山地部落原住民之飲酒探討」『中山医学雑誌』第5巻第1期　pp. 29-39
李亦園等　1983　「山地行政政策之研究与評枯報告書」　台湾：中央研究院民族研究所
李明政　1997　「大台北地区都市原住民生活模式及其変遷情況的描述分析」　台湾原住民歴史文化学術研討会論文
李明政・鄭麗珍・荘秀美　1998　「原住民族社会福利体系之規劃」　台湾：『行政院原住民委員会委託研究』　pp. 20-28
李明政・鄭麗珍・馬宗潔・荘秀美　1999　「原住民児童福利需求之調査」　台湾：『行政院原住民委員会委託研究』
李明政　1999 a　「原住民与社会権」『厚生雑誌』(8)　pp. 20-22　財団法人厚生基金会
李明政　1999 b　「原住民福利服務」『厚生白皮書』社会福利篇学術研討会　1999年8月28，29日　財団法人厚生基金会
李明政　1999 c　『都市原住民社会福利服務史』　台北：台湾省文献会
李明政　2000　「原住民族社会問題」　徐震・李明政・荘秀美共著　『社会問題』　pp. 365-394　台北・台湾：学富文化出版有限公司
李明政　2001　『文化福利権：台湾原住民族社会福利政策之研究』　台湾：双葉書廊有限公司
李亦園等　1983　「山地行政政策之研究与評枯報告書」　台湾：中央研究院民族研究所
林金泡　1980　「北区山胞生活状況調査報告」　台湾省政府民政庁
林金泡　1996　「原住民的都市情境」『人類与文化』　31　pp. 178-184
洪泉湖　1994　「台湾地区『山胞保留地』政策之探討」『山海文化』双月刊　1994年3月　台湾原住民政策與社会政策
高徳義　1984　「漫向『多元一体』族群関係：原住民基本政策的回顧与展望」　中華民国台湾原住民族文化発展協会編　『原住民政策与社会発展』　pp. 140-181
陳茂泰・孫大川　1994　「台湾原住民族族群与分布之研究」　台湾：内政部専題委託研究

黄美英　1988　「異郷的辺縁人——原住民的都市適応與文化認同——」『文星』月刊　118　pp. 81-87
黄源協等　2000　「建構山地原住民社会工作体系之研究——以部落為基礎的服務整合模式——」　台湾：行政院原住民委員会委託研究
莊秀美　2000　「原住民族老人生活状況與福利需求之研究（研究報告書）」　行政院国家科学委員会専題研究（民国八十八年度）
莊秀美　2001　「都市原住民老人之生活適応與福利服務需求之調査研究（精簡研究報告書）」　行政院国家科学委員会専題研究（民国八十九年度）
葛応欽等　1994　「台湾地区原住民的健康問題」『高雄医学科学雑誌』　第10巻第7期　台湾：高雄医学院
曾碧淵　1994　「除了正名以外——浅論原住民之就業問題——」『労工之友』　第52期　pp. 22-25
傅仰止　1995　「台湾族群的意象與位階：比較他群和我群」　中央研究院民族研究所小型専題検討会系列之十五　台灣族群關係的社會基礎：『台灣地区社會意向調査』資料的分析
傅仰止　1987 a　「台北市山胞的処境」『中国論壇』　第275期　pp. 28-32
傅仰止　1987 b　「都市山胞的社経地位与社会心理処境」『中国社会学刊』　pp. 55-79
傅仰止　1994　「台湾漢人対原住民社経困境的個人帰因與結構帰因」　伊慶春主編　『台湾社会的民衆意向：社会科学的分析』　pp. 91-133　台湾：中央研究院中山人文社会科学研究所
傅仰止　2001　「台湾原住民優惠政策的支持與抗拒：比較原漢立場」『台湾社会学刊』　第25期
潘彦妃　1998　「都市裏的 Lom'a——都市原住民集落的封閉型態——」　碩士論文　台湾国立台湾大学中国文学研究所
孫大川　1994　「自我反省與展望：原住民的過去，現在与未来」　中華民国台湾原住民族文化発展協会編　『原住民政策与社会発展』　pp. 117-139
孫大川　1996　「多元族群相遇中倫理問題之哲学反省」『哲学與文化』　23(1)＝260　pp. 1212-1232
梁秋紅　1996　「原住民教育与職業成就的相関」　修士論文　台湾国立政治大学教育研究所
鐘青柏　1990　「台湾先住民社会運動研究——以『還我土地』運動為個案分析——」　碩士論文　台湾国立政治大学辺政研究所
謝高橋・張清富　1991　「台北市山胞人口普査報告」　台北市政府民政局委託専題研究報告之一　台北：台北市政府
謝高橋・張清富　1992　「台北市山胞生活需求与補導業務研究」　台北市政府民政局委託専題研究報告之二　台北：台北市政府
謝高橋　1995　「台湾大都会原住民的居住隔離——以台北市為例——」　曹俊漢等編　『中西都会之発展與面臨的問題』　pp. 203-239　台北・台湾：中研院欧美研究所

楽園に住んだヤミ（雅美族）

　台湾の南端から東約100 km離れた太平洋上の蘭嶼は，青空がすがすがしく，藍色の海に囲まれた，世俗にとらわれない楽園である。ここは台湾原住民族ヤミの故郷であり，小さな島でありながら，言語的，文化的に興味深いものが多い。ヤミの人々は，裸で褌をしていて，最も原始的な生活をしているように思われがちであるが，今日では祭典などの時しか褌をつけることがない。

　ヤミの人口は約4,000人で，台湾原住民族の中では人口の少ない集団である。伝統的な暮らしは農耕と漁労活動によって支えられてきた。主食となるイモが最も重要な農作物であるが，最近では政府の指導により，西瓜などもともと島内になかったものも栽培している。漁労は飛魚とシイラが中心であり，捕獲した魚は当座食するもの以外は天日に干し，乾燥保存して，一年中食べられる。

　ヤミが住む伝統的な家屋は通常，主屋（半地下屋），副屋，涼み台で構成される。こういう家屋の構成は，生活，仕事およびレジャーなどをすべて考え入れて，デザインしていると思われる。副屋は仕事の作業場として使われている。涼み台は家族の休憩，レジャー用の機能がついている。主屋は地下1.5 mほど建て込まれ，屋根が地上に露出しているため，「半地下屋」ともいわれる。主屋は生活の場でありながら，地震と台風の時に最高の避難所でもある。地下に嵌め込んでいる主屋の採光や排水などはどうなっているのかと問われるが，ヤミ

写真6-5　「半地下屋」の屋根に集まった羊群がヤミの特有の風景である（蘭嶼）（撮影：荘秀美）

の知恵でそれらは問題にならないようである。今日，ヤミの伝統的な家屋が保存されているのは野銀集落や朗島集落だけである。実地調査の際に，まず屋根に集まった羊群に驚かされた。これは初めて見た風景である。

ここ十数年で資本主義化とともに，ヤミをとりまく社会的環境は急激に変わってきて，彼らの住居慣習も変貌しつつある。のちに，伝統的なヤミの家屋は消えていくかもしれない。

第7章

フィリピン・パラワン族の土地問題と開発

第1節 問題の所在

　フィリピン・パラワン島は，大規模な植民計画や森林伐採，開発などによって少数民族がきわめて大きな被害を受けた地域のひとつであり，ここでは少数民族の権利に関わるさまざまな問題が発生している。とりわけ，政府主導による植民計画が実施された1950年代以降，多くの移民がこの地に流れ込むことになり，先祖伝来の土地をめぐる争いが多発，このことが彼らにとってもっとも深刻な問題となっていった。パラワン島南部に主として居住するパラワン族も，大量な低地民たちの入植によって土地を奪われ，だんだんと山地へと追いやられた人々である。しかし現在では，その山地でさえ商業目的による森林伐採や鉱山の開発によって脅かされてきている。

　1997年10月，ラモス政権は共和国法第8371条，いわゆる「先住少数民族権利法（Indigenous Peoples Rights Act：以下IPRA）」を制定し，抑圧され，疎外され続けてきた少数民族の権利を回復し，これまでの不平等な扱いから彼らを解放することを約束した。IPRAは，その主たる目的として国が正式に少数民族の先祖伝来の土地／土地領域に対する権利を保障するという，他国にあまり類を見ない画期的な法律といえようが，依然として多くの課題が残されており，実際にはほとんど機能していない。

　そんな矢先，パラワン族の先祖伝来の土地で，セメント会社の操業を巡って大きな騒ぎが起こった。積極的にこれを推進しようとする行政側とこれに反対するパラワン族との対立は大きな社会問題となっていったが，現実には反対派の立場が絶対的に弱く，仮にIPRAによって先祖伝来の土地／土

領域に対する権利が認められていれば簡単に操業受入を拒否することもできたかもしれないが，実際の手続きはまったく進んでいなかったため，直接影響を受けるパラワン族には反対する術がなかった。一方，パラワン族内部でさえ，セメント会社を受け入れることでもたらされる恩恵に心を動かされる人々が賛成派にまわるなどして事態はきわめて混乱している。

　従って本章では，こうした状況のなかで，果たしてIPRAはいかに働くのか，パラワン族の人々はこれにいったいどのように対応したのか，また，それに対し周囲がどのように動いたのかをみることでIPRAの問題点を探り，本来，社会的弱者を守るはずの法がいかに不完全であるかを考察し，民族共生のありかたを模索したい[1]。

第2節　先住少数民族権利法（IPRA）

1．IPRAが規定するもの

(1)　IPRAは何を保障するか

　フィリピン国家はIPRAの第1章において，国家の統一と発展という枠組みの中で先住少数民族[2]（Indigenous Peoples）のすべての権利を認め，それを増進させることを確認している（IPRA第1章第2条）。そして，それを実現するために以下の5つの項目をIPRAの骨子として立てている。すなわち，

① 先住少数民族に先祖伝来の土地／土地領域に関する権利を認めることによって，経済的，社会的，文化的福祉を確保し，財産権に関する慣習法の有効性，あるいは先祖伝来の土地／土地領域に対する所有権とその範囲の決定に法の遡及を認める。

② 先住少数民族に文化や伝統，諸制度を維持・発展させる権利を認め，これを尊重し保護する。これらの権利を国法と政治に明確に示す。

③ すべての先住少数民族が，性にかかわらず，差別のない人権と自由とを十分に享受することができるよう保障する。

④　先住少数民族の権利を保護し，文化の保全を重視することを関係する先住少数民族がその意志決定に参加することで保障し，国法や法規が他の人々に認めるさまざまな権利や機会に対し，彼らが同じ資格で恩恵を蒙ることができるような手段を採る。

⑤　先住少数民族に向けられる他のサービス同様，教育，健康の面でも，先住少数民族が最大限参加することを保障し，これらが彼らの要求や必要性により応じたものになるよう努め，文化を保全するという強い意志に応える義務を認識する。

の以上，5点である。

IPRA 全体は13章からなり，第4章で自治権やエンパワーメントの権利，第5章で社会的正義と人権，第6章で文化の保全なども個々に謳ってはいるが，ここで扱うもっとも大きな問題は，やはり第3章で規定される先祖伝来の土地／土地領域に対する権利の保障であろう[3]。この権利を獲得するためには，先住少数民族自身が自己申告により所定の手続きを経て，CADT (Certificate of Ancestral Domain Title)/CALT (Certificate of Ancestral Land Title) を得なければならないが，実際には手続き上，多くの困難があり，IPRA が施行されて4年以上経った現在（2002年3月）でもその保障はほとんど進んでいない。筆者が調査したパラワン島においても，現地 NGO の助けを借りていくつかの申請がなされてはいるが，途中の段階でペンディングされたままである。

(2)　先住少数民族（Indigenous Peoples）とは誰か

それでは先住少数民族とは，いったい誰を指すのであろうか。IPRA によると，Indigenous Peoples とは次のように規定されている（IPRA 第2章第3条 h）。

> 土着の文化的集団（Indigenous Cultural Communities），ないし先住少数民族（Indigenous Peoples）とは，自己または他者によってその帰属が認識されている人々の集団または同質の社会をいう。組織化された共同体をもち，共有地として境界が定められた領域に継続的に住み，先祖伝

来，その領域に対する所有権を主張する，ないしは占有する，その領域を占有し利用している人々。共通の言語と文化，慣習，その他，特筆すべき文化的特長をもつ人々。あるいは植民地化，非土着の宗教・文化からの侵害に対する政治的，社会的，文化的抵抗を通して，歴史的にフィリピンの主要なグループから差別されてきた人々。土着の文化的集団ないし先住少数民族には，征服の時代ないしは植民地時代，非土着の宗教・文化から侵害を受けた時代，あるいは現状の境界線が設定された時，既にこの国に住んでいた人々に出自を辿ることができる者で，先祖伝来の土地領域から移動した，あるいは別の土地に再定住したが，自分たち自身の社会的，経済的，文化的，政治的制度の一部あるいはすべてを保持している人々をも含む。

このようにIPRAでは，かなり広い範囲で先住少数民族を規定しているが，フィリピンの場合は，全体で120以上の民族からなる多民族国家であり，どの範囲の人々を先住少数民族とみなすのか曖昧である。

(3) 先祖伝来の土地領域（Ancestral Domain）とは何か

IPRAでは，この先住少数民族に先祖伝来の土地／土地領域に対する権利を認めることを大きな柱としているが，それでは先祖伝来の土地／土地領域とは何であろうか。IPRAによると，Ancestral Domainとは次のように規定されている（IPRA第2章第3条a）。

先祖伝来の土地領域（Ancestral Domain）とは，土地，水源，海岸線，地表下の天然資源からなる，一般に先住少数民族に属すると考えられているすべての領域で，太古から[4]（since time immemorial）現在まで——戦争や強制移住，騙し，略奪によって，あるいは政府プロジェクト，その他の政府，企業，個人が経済的，社会的，文化的福祉を実現するため立ち入った自発的な行動などによってその土地から離れていた期間を除く——継続的に，自分たち，ないしは祖先を通じ共有地として，あるいは個人的に所有権を主張してきた，または占拠，占有してきたもの。先祖伝来の土地や森林，牧草地，居住地，農業用地，その他，個人

的に所有され譲渡や処分が可能なすべての土地も含まれる。あるいは狩猟地，埋葬地，聖地，水脈，鉱物・その他の天然資源，その他，もはや排他的に占有されることはないが生業活動や伝統的行為とりわけ先住少数民族が依然として遊牧や焼畑を行うために伝統的に利用してきた土地も含まれる。

この先祖伝来の土地領域に対し，先住少数民族は次の8つの権利を認められている。すなわち，①土地の所有権，②土地や天然資源を開発する権利，③領域内に居住する権利，④移住と先祖伝来の土地領域に戻る権利，⑤移民の侵入を規制する権利，⑥水と空気の安全と清浄性を守る権利，⑦保留地の一部を先祖伝来の土地領域として主張する権利，⑧争いを解決する権利となっており，きわめて先住少数民族に有利な内容であることがわかる（IPRA 第3章第7条）。

なお，先祖伝来の土地（Ancestral Land）についても同様の規定がある。この場合，先住少数民族の個人，家族，クランのメンバーがその権利を主張できる（IPRA 第2章第3条b）。

2．IPRA の問題点

1998年9月，2人のフィリピン人法律家によって「IPRA は憲法違反である」との申し立てが最高裁になされた。そこで争われた点について，たとえば IPRA では先祖伝来の土地／土地領域に対する先住少数民族の権利のなかで，その土地の天然資源に対する権利をも認めているが，これは憲法の「地表下の鉱物資源は国家のものとする」という規定に反する。また，先祖伝来の土地／土地領域に対する慣習法の有効性について，慣習法は成文化されておらず，また，その慣習法をもつ特定の地域の人のみが記憶しているという性質のものであるから，「すべての法および法令は，正式に決定する前に公示され，国民の審判を仰がなければならないというフィリピンの法の理念と矛盾する」など，国法との関係の中でさまざまな問題が浮上しているという。

ここでは，こうした法そのものの根本的な問題とは別に，その実施上の問

題点をパラワン島の場合を例にとって整理してみたい。それには，まず移民の土地問題がある。1949 年，政府はパラワン島中部に 24,000 ha にも及ぶ植民のための保留地を作り，数年間にわたって積極的に植民政策を遂行した。しかしこの保留地は本来，パラワン島の先住少数民族のひとつであるタグバヌワ族の土地であった。一方，こうした政府主導による植民計画に乗ってやって来た人々と共に，個人的に彼らを頼ってやってきた親族も大量にパラワン島に流れ込むことになり，タグバヌワ族だけでなく，パラワン族や同じ先住民族であるバタック族の土地も脅かし始め，これまでパラワン島のなかで多数を占めていた先住の人々の立場は，やがて，マイノリティへと逆転していく。フィリピン国立博物館の調査によれば，パラワン島に居住する民族の数は 33 と確認されている。しかしその多くは，比較的最近になってこの島にやって来た人々であり，パラワン島にもともと住んでいた主要な民族はそのうちのいくつかに過ぎない。上述した 3 つの民族（タグバヌワ族，パラワン族，バタック族）は，通常，パラワン島の先住の民族と考えられているが，実際に，何をもってパラワン島の先住少数民族とみなすのかの判断は容易ではない。また，パラワン島では，多数派の民族と先住少数民族といった対立よりも，むしろ集合的に少数派の山地民族が多数派のキリスト教移民と対立し，社会的，政治的，経済的に劣位に置かれるといった傾向が強い。

　パラワン島の少数民族を組織する NGO，パラワン少数民族同盟会議 (Palawan Tribal Council Federation Inc.：以下 PTCF) は 9 つの民族，すなわちパラワン，タグバヌワ，バタック，パニムサン（パラワン・ムスリム），モルボグ，カラミアン，クヨノン，アグタイネン，カガヤネンを先住少数民族として指摘する[5]。IPRA の下に作られた政策遂行組織，国家先住少数民族委員会 (National Commission on Indigenous Peoples：以下 NCIP) は，パラワンの先住少数民族として同じくこの 9 つをあげるが，実際には NCIP スタッフのほとんどがパラワン島出身ではなく，パラワン島の民族に関する知識や情報をもっていないため，PTCF に追従する形をとっている。それでは，仮にこの 9 つの民族に先祖伝来の土地／土地領域に対する権利を認めるとどうなるであろうか。たとえば，上記のカラミアン，クヨノン，アグタイネン，カガヤネンの 4 民族はスペインによる植民地支配の結果，16 世紀半

写真 7-1　パラワン族

ば頃から既にキリスト教に改宗した人々で，本来，パラワン島北部の小さな島々に住むが，これらのうちクヨノンを始めとする多くの人々が1910年代頃からパラワン本島へ土地を求めて多数渡ってきている（Eder 2000：201）。忠実にIPRAの規定に従うならば，クヨノンの先祖伝来の土地領域はクヨ島であるが，わずか5,730 haの土地にパラワン島全体に散らばる8万人あまりの人々の権利を保障することなど実際には不可能である。一方，次節で詳述するパラワン族が主として居住するケソン郡ではパラワン族が2割強を占めるに過ぎないが，実際にパラワン族が先祖伝来の土地／土地領域に対するすべての権利を主張すれば，ケソン郡全体の面積の約90％が彼らのものとなるという。

第3節　パラワン族の土地をめぐって

1．パラワン族

(1)　調査地概況

パラワン島南部に主として居住するパラワン族は，焼畑耕作を主な生業とする原始マレー系民族である。同じ原始マレー系民族で居住地が隣接するタ

178　第3部　先住民族のエスニシティ

図7-1　パラワン島

プエルト・プリンセサ市
アボルラン
ケソン　ナラ
ソフロニオ・エスパニョーラ
ブルックス・ポイント
バタラサ

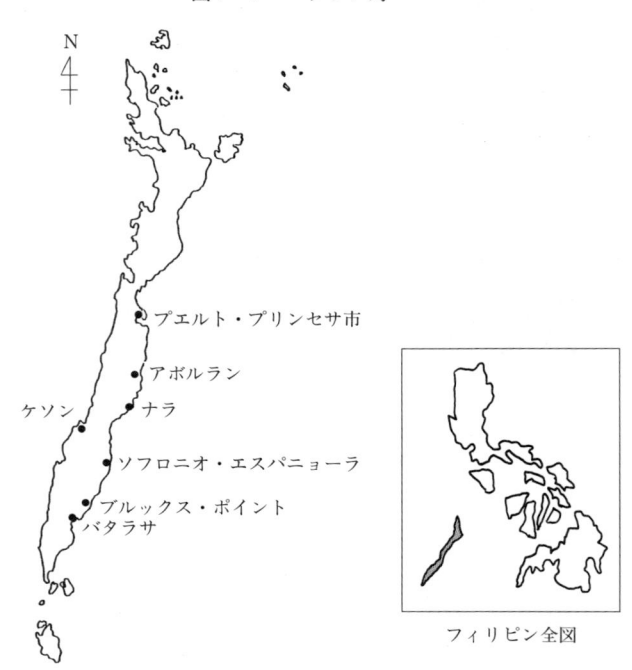

フィリピン全図

表7-1　パラワン族の比率

郡名	パラワン族の数(人)	郡全体の人口(人)	郡全体の人口に対する割合(%)
アボルラン	345	18,752	1.84
バラバグ	407	20,056	2.03
バタラサ	7,337	29,142	25.20
ブルックス・ポイント[*1]	17,346	57,934	29.90
ナラ	1,097	41,326	2.65
プエルト・プリンセサ(市)	38	92,147	0.04
ケソン	7,009	32,538	21.50
リサール	5,752	16,819	34.20
合　計	39,331	州全体の人口 524,493	州全体の人口に対する割合 7.52

(1990年国勢調査[*2])

*1　ブルックス・ポイント郡は1994年に現在のソフロニオ・エスパニョーラ郡とブルックス・ポイント郡に分割された。
*2　国勢調査による民族分類は20％抽出調査であるため、ここでは5倍の数にしている。

第7章　フィリピン・パラワン族の土地問題と開発　179

写真7-2　焼畑耕作

グバヌア族とは，文化的にも似通っているため，日常的な交易や通婚が多くみられる。他方，同じパラワン族内部でもかなりの地域的偏差があり，その文化的特徴からいくつかのサブ・グループ化も試みられているが，実際にはパラワン族全体にわたる調査は行われておらず，さらなる広範な調査が待たれるところである。現在，パラワン族の多くはパラワン島南部のケソン郡を中心として，隣接するアボルラン郡，ナラ郡，ソフロニオ・エスパニョーラ郡，ブルックス・ポイント郡，バタラサ郡などに広く分布しており（図7-1，表7-1），人口は全体として約35,000人と推定される（Fox 1972：401-412）。原則としてパラワン族だけでひとつの居住集団を形成するが，山を捨て，平地のココナッツ・プランテーションなどで労働者として働く人々がタグバヌア族やイスラム教徒と混住することもある。生業は陸稲を主たる生産物とする焼畑農耕であるが，最近では商品作物のトウモロコシやヤシ，タバコ，バナナなども栽培されている。焼畑は，通常，2～3年のサイクルで移動し8～12年間休まされるが，急激な人口増加による耕作地の不足がだんだんと休閑期間を短縮させることになり，地味の低下を招いている。主食は米だが，収穫期の前にはしばしば食料が不足するため，イモやバナナも重要な食料となる。鶏や水牛なども飼育されてはいるが飼育の請負や販売を目的とするものがほとんどで，自分たちで消費することはあまりない。したがって野菜や米から摂取できない栄養は主として男性の狩猟や漁に頼ること

図 7 - 2　調査地周辺

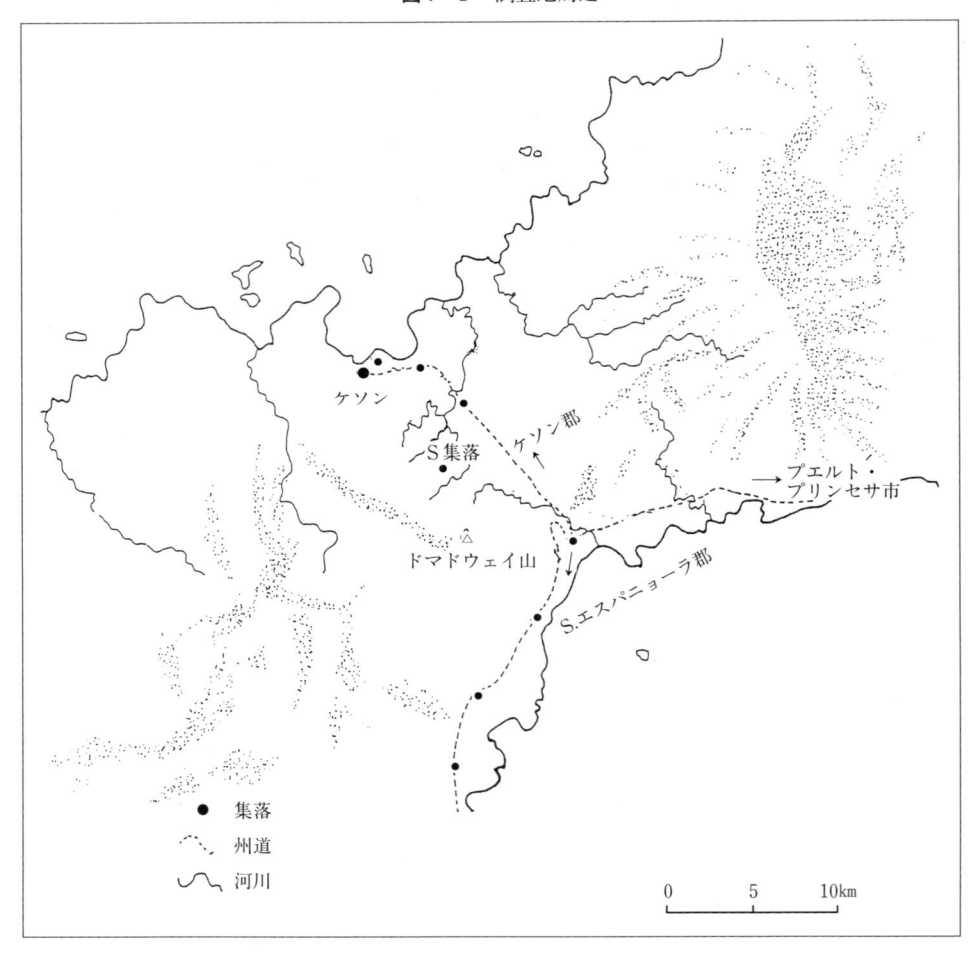

になるが，捕獲量は少なく，栄養の偏りがみられる。基本的な生産と消費の単位は一組の夫婦とその未婚の子供たちからなる核家族であるが，これらの家族が親子や兄弟姉妹関係を基礎として結合し，より大きな居住集団（ルルガン *rurungan*）を形成している。この居住集団が焼畑のテリトリーとしてのひとつのローカル・コミュニティを構成している場合もあるし，いくつかの居住集団が集まってローカル・コミュニティを構成している場合もある。

筆者が調査したパラワン族のローカル・コミュニティ，S集落は行政上，ソフロニオ・エスパニョーラ郡のA村の一支村（シティオ Citio）を構成している（図7-2）。しかし，村内にいくつかの支村が広範に散らばっていることもあって，パラワン族に「どこの出身ですか」と質問すると，焼畑のテリトリー区分としてのローカル・コミュニティ名が用いられることが多く，S集落においてもA村の成員としての帰属意識はほとんどない。また，行政的にはソフロニオ・エスパニョーラ郡であるが，隣接するケソン郡の町のほうがアクセスしやすいこともあって，買物やビジネス，情報収集などへ頻繁に出かけていくのはこのケソン郡の町ケソンである。

(2) パラワン族の土地観念

パラワン族にとって大地はカミ（エンポ Empo）のものであり，大地から得られる生産物はカミの恵みであると考えられてきた。そのため，本来，土地そのものに対する個人的な所有といった観念は存在せず，その用益権のみをこれまで慣習的に認めてきたにすぎない。彼らにとって重要なのは「収穫された物」であって，作物が植えられていなければ土地は何の価値もないという。

通常，パラワン族の土地は，個人が占有する焼畑として開墾された部分と，周辺地域全体で共有する部分の2つのカテゴリーに類別されている。つまり，所有権がないといっても，実際にはその土地を使用している限りにおいて占有権が認められており，また，土地を開墾する権利についても個々のローカル・コミュニティ，あるいは個々の家族集団によってそのテリトリーが定められている。それぞれのテリトリーを使用する権利は，父方・母方を通し兄弟姉妹に均等に相続されるが，通常，婚姻を契機として男性は妻方居住を行うため，遠方に婚出した場合にはそのまま放置されることが多い。ただし，その場合の男性は，婚入先で妻の土地を耕作することになるが，あくまでもそれは妻の土地であって夫のものではないとされる。一方，ローカル・コミュニティ内であっても川や泉などの水源は公共のものとされており，狩猟や漁労を行う場所についても皆が平等に利用できることになっている。しかし，たとえこうした規範が規範として存在しても，その運用に関してはかな

り柔軟な対応が可能である。たとえば，血縁や姻戚関係を頼って親族の住む土地に移り住み，そこで焼畑を拓きたいのなら，その集団の長老（パンリマ *panglima*）や個々の家族の許可があればいいという。その場合，パラワン族どうしのやりとりであれば，地代や収穫の一部を支払うなどということも原則として行われない。テリトリーがあっても，実際には外部の者の利用に対して比較的寛容であり，それぞれの状況に応じて柔軟にその土地に対する用益権を行使してきた。また事実，それが可能なだけの十分な土地がかつては残されていたのである。

写真 7-3　市場の中心は低地移民たち

2. パラワン族の土地問題

(1) 土地問題の発生

1950年代に始まった政府指導による植民計画は，パラワン島にも多くの移民たちを送り込むことになった。とりわけパラワン島は，当時，人口密度がもっとも低い地域のひとつであったため，「最後の未開拓地」として多くの土地なし農民たちに注目された。しかし，未開拓地であったはずの土地は，実際にはパラワン島に古くから居住する人々が焼畑耕作や狩猟を行っていた場所であった。移民たちの多くは田畑はもとより，大規模なココナツ・プランテーションや牧草地などを開拓するために，これらの土地から彼らを追い払っていったのである。こうした土地の収奪は，南部のパラワン族に対しても同様，パラワン島全体で頻繁に行われていった。たとえば，パラワン族の主たる生業である焼畑耕作では数年ごとに耕作地を移動し土地を休ませなければならないが，移民たちはその休閑地として放置される土地に目をつけ，これを放棄したものと勝手にみなして自分の土地として登記，税を払い続けることで合法的にその土地の排他的権利を獲得していった[6]。あるいはまた，

急激な貨幣経済の流入により，借金生活にたよるパラワン族が多く発生した結果，借金の形として移民たちに土地を奪われることもしばしばあった。一方，1960年代から1970年代には鉱山開発やアグリビジネスを目的とする多くの企業がパラワン島に進出してきたため，さらに森林伐採や採鉱，放牧などに多くの土地が必要となった。その結果，低地移民だけでなく，こうした開発業者たちによっても今まで以上に彼らの生活が脅かされることとなった。

こうした状況のなかでパラワン族は，自分たちの先祖伝来の土地を共同で守るため，この地にヘルスワーカーとして派遣されていたアメリカ平和部隊（Peace Corp）の助けを借り，1982年，ブルックス・ポイント郡（現在はソフロニオ・エスパニョーラ郡）のA村とI村を中心とする2つのNGOを組織した。すでにフィリピン政府は，焼畑耕作民たちに先祖伝来の土地に対する権利を保障することで環境問題に対する認識を深めさせ，自らの手で森林を守っていくことを期待，公有地としての森林地内での共同体の存在を認め，長期間にわたって公有地の一部を貸与することを認めていた（Bureau of Forest Development Administrative Order 48, 1982）。そのため，このNGOのひとつが1983年にピナグスルタン財団を設立，国に対し森林の管理契約を申請し，1985年にはCFSA（Community Forest Stewardship Agreement）が認められた。また，これにならって設立したドマドウェイ財団も同様に1987年にCFSAが認められることとなった[7]。こうして，ピナグスルタン財団は1,336 ha，ドマドウェイ財団は2,530 haにおよぶ土地を，前者が206世帯，後者が191世帯（設立当時）で構成されるパラワン族たちのグループによって自ら管理していくことが法的に保障されたわけである。それは彼らにとってはまた，土地に対する権利だけでなく，伝統的な文化やアイデンティティを守るためのものでもあった[8]。

本章でとりあげるS集落はこのドマドウェイ財団を構成するシティオのひとつである。ドマドウェイ財団は全体で8つのシティオにまたがり，全部で604人，191世帯のパラワン族によって構成されている。これらの人々は，近隣から婚入してきた人々を除いてはすべてこの地で生まれ育った人々である。ドマドウェイという名前はこれら8つのシティオに取り囲まれるようにそびえ立つドマドウェイ山に因んでつけられたものであるが，この山を中心

として2,530 haの土地がこの財団の借地として1986年から25年間の契約で貸与されることとなった[9]。ドマドウェイ財団の中心となるのがこのS集落で、ここには財団内で唯一の小学校や教会もあり、国道までは1時間半ぐらいで歩いていけるため、比較的アクセスしやすい。

(2) 財団とIPRA

CFSA契約にあたっての財団の最大の目的であり義務は森林地を開発し、これを環境破壊から守ることであった。そのため、彼らには環境天然資源省 (Department of Environment and Natural Resources：以下DENR) の森林開発局 (Bureau of Forest Development) と協力し、財団内の自生の森林や生産物を保護することが義務づけられており、商業目的でこれらを採集してはいけないことになっている。つまり、財団内での伝統的な生活が保障されるといっても、あくまでも貸与地を管理・統制する権利はフィリピン政府にあり、財団の目的を達成するための努力が払われなかったり、規約違反が続いたりするような場合にはいつでもこれを無効とすることができるとされている。国家というより大きな社会システムのなかでは、パラワン族はあくまでも「公有の森林地」を国との契約に基づいて借りている財団に過ぎない。国が財団との賃貸契約を破棄すれば、いつでも彼らはその権利を失うことになるわけである。パラワン族はたとえどんな形であれ、この契約によって自分たちの先祖伝来の土地を守ることができたのであるが[10]、結局はそれに甘んじてしまい、実際には、契約の際に掲げた開発計画をほとんど遂行することができなかった。彼らにとって、財団はあくまでも自分たちの最低限の生活を守る上での手段でしかなかったわけである。その結果、ドマドウェイ財団に対するCFSAの契約は1998年に破棄されたという。

しかし一方で、ドマドウェイ財団は、こうした賃貸契約ではなく本来の先祖伝来の土地に対する権利を獲得すべく、これまで財団が管理してきた領域をDENRの定める先祖伝来の土地領域として認めてもらうための申請を行っていた。これは1993年に制定されたDAO 2とよばれるDENRの行政規則 (Administrative Order No. 02) によっており、1987年憲法における「先住の文化的共同体 (Indigenous Cultural Communities)」の経済的、社会的、

文化的福祉を保障するため，先祖伝来の土地領域に対する権利を認める」という諸規定（1987年憲法第2条第22節，第12条第5節，第13条第6節）に基づくものである[11]。実際には，IPRA によって先住少数民族の権利が保障される以前に，DAO 2 によって先住少数民族の権利保護のためのプロセスが進んでいたわけである。その結果，フィリピン全体では1998年6月6日時点で既に185の権利証書（Certification of Ancestral Domain Claims：以下CADCs）が発行されており，実に総面積の8.5％に相当する土地2,546,035 ha が，先住少数民族の先祖伝来の土地として認められたことになる（Castro 2000：39）。しかし，DAO 2 のもとせっかく取得した権利も IPRA が施行されたことによって，再度 IPRA のもとで権利証書（CADT/CALT）を取得しなければならないことになった。パラワン島においても4つのグループがCADCs を取得しており[12]，すでに DENR によって先祖伝来の土地であると認められているにもかかわらず，DENR と NCIP 間での書き換え手続きといったことは行われないため，再度 NCIP に申請し直さなければならなかった。その後，2002年に施行された省令2号（NCIP Administrative Order No. 2, Series of 2002）により，CADCs から CADT/CALT への書き換えが優先して行われることが定められたが，そうした手続きさえ実際にはほとんど進んでいないのが現状である。ドマドウェイ財団については，CADCs を取得する前に IPRA が施行されたため，改めて CADT を申請しなければならなくなった。結局，わずか20年間の間にドマドウェイ財団は先祖伝来の土地を守るため，CFSA，CADCs，CADT と3つのタイトルを巡って申請を行ってきたわけである。さらに，そうした申請業務に振り回されるだけでなく，財団の領域周辺に大規模な開発プロジェクトが進んでおり，反対派と賛成派の対立によって大きな混乱が生じている。IPRA は先祖伝来の土地／土地領域に天然資源を開発する権利をも与えるものであるから，もしドマドウェイ財団が CADT を取得すればこの計画を拒否することもできるだろう。そういった意味では行政側が CADT の発行に慎重になる可能性も強く，ドマドウェイ財団が CADT を早々に獲得できるか疑問である。

3. セメント会社の操業を巡って

(1) 開発プロジェクト

1990年代後半，ドマドウェイ財団があるソフロニオ・エスパニョーラ郡とケソン郡にまたがる地域に，カナダおよびインドネシア資本による石灰石と頁岩の採石場をもつセメント工場を作ろうという大規模な開発計画が持ち上がった。この計画が実施されれば2つの郡のうち，より大きな影響を受けるのはソフロニオ・エスパニョーラ郡で，計画書によればセメント工場および発電所（45 ha）が Pu 村，石灰岩の採石場（320 ha，採石は 15,000 ha）が A 村に造られ，Is 村，L 村，Pa 村はそのコンベヤー（全長 15 km）の通り道となるという。一方，ケソン郡については頁岩の採石場（232 ha）が Pi 村に作られる予定である。その他，関連施設，道路なども含めると，相当な面積に及ぶ大規模プロジェクトで，これらの建設には概ね2,000人の作業員による255万時間の労働力が必要で，さらに実際の操業には500人の労働者が必要になるという。このプロジェクトが実施されることによって，フィリピン全体でみればフィリピン経済を支える建設産業に安価なセメントを大量に供給することを可能にし，経済発展に大きく寄与することができる。また，州のレベルにおいてもソフロニオ・エスパニョーラ郡とケソン郡にとっては願ってもない大プロジェクトであり，特にエスパニョーラ郡は新しくできた郡ということもあって，財政的な基盤を固めインフラを整備するためにもぜひこれを実現させたいという。

表7-2 パラワン族の占める割合

S・エスパニョーラ郡	人数（人）	％	ケソン郡	人数（人）	％
パラワン族	6,031	28.97	パラワン族	13,175	39.6
低地キリスト教民	13,858	56.04	低地キリスト教民	16,835	50.6
その他	3,097	14.99	その他	3,255	9.8
合　　計	22,986	100.00	合　　計	33,265	100.0

(FPLWI[*1] 1996)　　　　　　　　　　　　　　　　　　　　　(1980年国勢調査[*2])

* 1　Foundation for the People's Livelihood and Welfare Inc.
* 2　国勢調査による民族分類は20％抽出調査であるため，ここでは筆者が5倍の数に直している。

写真 7-4　NCIP のサービス・ステーション

　この2つの郡にはパラワン島の他の地域と同様に多くの移民が住んでいるが，そのうち先住少数民族と考えられるのはパラワン族である（表7-2）。全体の割合からすればパラワン族は3〜4割に過ぎないが，実際のプロジェクト・サイトのほとんどはこのパラワン族が焼畑耕作を行っている土地と重なっており，もっとも直接的な影響を受けるのは彼らに他ならない。筆者が調査したS集落もまさにこの石灰岩の採石場のなかにある。S集落を中心として組織されたドマドウェイ財団は4つの行政村，8つのシティオからなるが，これら4つの行政村はすべてこのプロジェクトに直接的な影響を受けるA村，Pa村，Is村，Pi村であり，ドマドウェイ財団のメンバーのほとんどはこのプロジェクトによって何らかの影響を受ける人たちである。

(2) 反対派 vs. 賛成派

　先に，パラワン島では「多数派の民族と先住少数民族といった対立よりも，集合的に，少数派の山地民族が多数派のキリスト教移民より社会的，政治的，経済的に劣位に置かれている」と述べたが，こうした開発プロジェクトについても，そのような傾向が顕著である。現在，パラワン島ではプロジェクトの賛否を巡って大きな論争があるが，その対立のなかにも同じような対立をみることができる。このプロジェクトが遂行されることによって恩恵を被る

人は多いが，特にエスパニョーラ郡とケソン郡の政府関係者については，郡の発展に大きく貢献するこのプロジェクトに反対する者は1人もいないという。もちろんこれらの人々は，ほとんどが社会的，政治的，経済的に優位な低地キリスト教移民である。

それでは先住少数民族はどうであろうか。IPRA遂行のために組織されたNCIPは，州都にあるオフィスの他にパラワン島北部と南部にそれぞれサービス・ステーションを置いているが，南部のステーションはこのプロジェクト・サイトのA村にある。実際には，先祖伝来の土地／土地領域に対する申請の手伝いというよりも先住少数民族の「よろず相談所」のようになっているが，このプロジェクトについても関わっており，パラワン族に説明会を行っている。パラワン族のなかには低地キリスト教移民に対して劣等感や不信感を抱いている者が多く，プロジェクトについてもここに相談に来る者が多い。このステーションのメンバーはすべて先住少数民族であり[13]，かれらにとっては自分たちと同じ「先住少数民族（トリボ *tribo*）」である。NCIPによれば，このプロジェクトは25年以内の操業で，その間，公害の心配もない。また，今住んでいる土地から追い出されることもないし，実際にはプロジェクト・サイトの山周辺は灌木や下草が生えているだけの焼畑に適さない土地であるから特に問題はない。学校や病院も作るし操業の際の雇用も優先される，願ってもないプロジェクトである。これらの内容はすでにプロジェクト提案者側と関係者の間で交わされた契約書によっても確認されており，約束が守られなければ提案者側が罰せられる。これらの約束を遵守させ，先住少数民族を守るのがNCIPの仕事であるから，心配はないという。実際に先住少数民族のなかでもプロジェクトに賛成している者は多く，特に直接影響を受ける6つの行政村のなかにもいくつかの住民組織があるが，はっきりと反対の意思表明をしているのはドマドウェイ財団だけであるという。ドマドウェイ財団は，反対の理由として，①石灰岩と頁岩の採石場が財団の管理する領域と重なる。採石によって山が切り開かれ，自然環境が破壊されることはCFSAの契約に反する。②同じ領域をDENRの認める先祖伝来の土地領域として申請中である。③採石は焼畑耕作や水資源に悪影響を及ぼす。④先祖伝来の土地からの移住を余儀なくされる。⑤伝統的な埋葬

場や聖地が汚される。⑥低地移民が自分たちの土地に入り込み，平和な生活が乱されるなどをあげていた。しかし，公式に反対の意思を表明しているドマドウェイ財団ですらも，必ずしも一枚岩というわけではなかった。結局，その反対運動の中心となっているのはS集落であり，またS集落内部でさえ表立って賛成はできないが，本当は賛成したいという人物もいる。S集落は伝統的な文化に対する誇りと保護に対する意識の高い人が多いが，逆に，経済的に困窮している人々はプロジェクトによってもたらされる恩恵に大きな期待を寄せている。NCIPによれば，実際に反対しているのはS集落だけで，彼らはプロジェクトの説明会にも参加しないが，NGOも周辺の支村の人々もプロジェクトに関係するほとんどの人はこれに賛成しており，住民投票を行っても全体の4％に過ぎない彼らに勝ち目はないという。

(3) NGOの動き

フィリピンではさまざまな場面でNGOの活躍が期待されるが，このような開発プロジェクトを巡ってもNGOの動きが重要なキーポイントとなっている。パラワン州の州都に基盤をおくNGOもこの問題には大きな関心を寄せており，筆者が訪問したNGOはすべてプロジェクトに反対であった。しかしながら実際に行動を起こしているグループは少なく，たとえS集落だけががんばったところで，このプロジェクトを中止させるのは不可能なように思われた。S集落の人々にとって頼みの綱は財団を組織した際に協力したNGOであったが，実は，このプロジェクト関係者をS集落に初めて案内してきたのは，彼らが財団を組織するときに手伝ったこのNGOのメンバーで，しかも，そのNGOの会長は開発プロジェクトの関係者であったという。その直後に筆者がS集落の人と話をした時，「彼に裏切られた」と言っていたのを覚えている。しかし，S集落を無視した形で計画が進み，既に関係者との契約も交わされ，工事着工のめどもついたところで，事態は急変する。プロジェクト推進派と思われたこのNGOの会長が今度はS集落側についたのである。その結果，プロジェクト中止を求める請願書がフィリピン政府に提出され，計画は一時中断されることとなった。また，このNGOは，それと並行してドマドウェイ財団の土地がIPRAのもとで保障されるようCADT

の申請をも手伝った。S集落の人々にとっては，かつての「裏切り者」が「救いの神」へと変貌したわけである。

　その後，開発プロジェクトをめぐる争いは息をひそめ，人々の話題にものらなくなり，いつのまにか操業見送りの噂が流れはじめた。しかし，そのきっかけを作ったのはNGOでも先住少数民族の反対運動でもなく，フィリピンや東南アジアの経済状態の変化が原因であるという。

第4節　民族共生への道

　果たしてIPRAは先住少数民族の文化を守れるのであろうか。フィリピンの他の地域の先住少数民族にみられるのと同じように，パラワン島においても，多くの少数民族が政府主導の植民政策の一環として土地を奪われ，さらに開発という名のもとに多くの土地を失っていった。フィリピン憲法は先住少数民族の権利を保障するが，先祖伝来の土地に対する権利を巡って政権が変わるたびに政策も変わることになる。結局，彼らはそのたびに新たな権利を主張しなければならず，さまざまな利権や思惑によって翻弄されるのは，その当事者である先住少数民族に他ならない。

　1997年に制定されたIPRAは先祖伝来の土地に対する権利の保障を大きな柱とするが，施行されて4年以上経った現在でもCADT発行の手続きは遅々として進んでいない。パラワン島でも中央のNCIPはほとんど機能していない状態であり，南部のサービス・ステーションではIPRAについて説明会を集落で行ってはいるが，まだほとんど申請がないという。しかし，たとえ説明会でIPRAの主旨を説明しても先住少数民族が自分たちで申請書を作るのは不可能であり，先祖伝来の土地領域の範囲特定に必要な地図や写真を用意するのにも膨大な時間と費用が掛かる。しかし，それらをすべて支援するだけの力はNCIPにはなく，現実には，NGOのバックアップなくして実現不可能である[14]。これは逆にいえば，NGOとの繋がりをもたない先住少数民族には権利を主張するチャンスがいつまでもやってこないということを意味する。また，開拓地を求めてパラワン島にやって来た，先住でない

少数民族はいったいどうやって救うのかといった問題も残る。

　しかし一方で，こうした法令やNGOの活動によって保護することだけが本当の先住少数民族を守ることになるのかといった疑問もある。NGOの多くは「少数民族の伝統は守られるべきだから開発に反対」と言うが，これは高等教育を受けた少数民族のリーダーたちの考え方と矛盾することが多い。NCIPのスタッフも，PTCFのスタッフも筆者に開発プロジェクトを受け入れるべきであると力説した。プロジェクト側は，雇用を優先的に受け入れると共に，その関連施設として学校と病院を造ることを約束している。そうすれば飢饉に悩まされることもなく安定した収入を得られるし，病気の心配もなく，高等教育を受けることができる，これこそが先住少数民族の社会的地位の向上に役立つと考える立場である。結局，パラワン族がドマドウェイ財団を組織して先祖伝来の土地を守っても，経済的困窮や低地移民からの差別，抑圧を解決することができなかった。財団の設立もその時は最良の方法であったかもしれないが外部からの援助者がひとたび現場を離れてしまえば，自分たちだけで最初の状態を持続することができず，結局は契約を破棄されてしまった。この場合，自らの手で財団を維持していこうという意識が育たなかったのが最大の要因であろう。

　もはやパラワン族が「伝統」という枠組みの中ですべての問題を解決することが不可能である以上，対等な立場で民族の共生を模索するなら，多くの先住少数民族出身のリーダーが育つことが急務である。結局は，外部の者が何を言おうと自分たちの権利は自分たちで守っていくしかなく，何を選択するかは最終的には彼らの判断に任されている。

注
1）本章の基礎的な資料は，㈶アジア太平洋センター自主研究プロジェクト研究員（2000年4月～2002年3月）として2000年2～3月と2001年11～12月に行った現地調査によって得られたものである。
2）Indigenous Peoplesの訳語として，ここでは先住少数民族を用いた。文字通りの意味は先住民族であろうが，フィリピンで何をもって先住民というかの判断は困難である。ここでいう先住民族とは「二風谷ダム訴訟判決」（1997年3月）の規定，すなわち「歴史的に国家の統治が及ぶ前に，その統治に取り込まれた地域に，国家の支持母体である多数民族と異なる文化とアイデンティティを持つ少数民族が居住していて，

その後，多数民族の支配を受けながらも，なおも従前と連続性のある独自の文化とアイデンティティを喪失していない社会集団」によっている。しかし，フィリピンのように，数万年前〜数千年前までにいくつもの民族移動の波があり，1つの民族だけで多数民族を構成し得ないというような状況においては，中国人やスペイン人を除くすべての人々が先住民ということになる。これに対し，フィリピンでは多数派のキリスト教民が，少数派の山地民族およびイスラム教徒（これを「文化的少数民族 Cultural Minority」とよぶ）に対し政治的圧迫や侵略などを繰り返してきたのであって，そういった意味では Indigenous Peoples は，本来，「文化的少数民族」とされるべきである。

3）フィリピン政府が，これまで少数民族の土地に対する権利をまったく無視してきたというわけでもない。政府は，伝統的にその土地を耕作し，保有・継承してきた少数民族に対して一定の権利を保障してきた。ただし，それはあくまでも公有地の一部としてで，しかもこうした土地に対する権利はそれだけでは不完全なため，自分たちで登記し，その権利証書を獲得することが必要であった。しかし，少数民族にとって複雑で長期間にわたる土地登記の手続きをすることは現実には困難であったし，それにかかる費用の捻出もほとんど不可能であったため，あまり機能的ではなかったといえる。

4）太古（time immemorial）とは「先住少数民族が一定の領域を占有，所有あるいは利用しており，慣習法によって，あるいは慣習と伝統に則って継承されてきたという記憶を可能な限り辿ることのできる期間」と規定されている（第2章第3条）。

5）国立博物館の言語民族地図（1974年）によればこれにジャマ・マプンが加えられる。ただし，ジャマ・マプンがパラワン島に移住してきたのは1930年代後半からといわれており，先住の少数民族とはみなしがたい（Casino 1976：55-56）。

6）国家という枠組みのなかでは，伝統的に少数民族のものである土地も公有地の一部である。この公有地は農業用地と森林，鉱物資源用地とに大別されるが，農業用地は公有地譲渡によって，あるいは植民地として個人に分配することが可能である。

7）契約期間は25年間で，さらに25年間の延長が可能であるが，契約の際に掲げられた開発計画が遂行されなかったり，規約が守られなかったりすればただちに国側から破棄される。すなわち，国は彼らに貸与した土地について，一定の権利を保障してはいるが，パラワン族はあくまでも「公有の森林地」を契約に基づいて賃借している財団にすぎず，貸与地を管理・統制するのは国に他ならない。

8）フィリピン政府は，財団に貸与した土地に対して第三者の侵略行為を禁止し，その内部での伝統文化や慣習に則った平和な生活を保障している。また，この契約が先祖伝来の土地に対する権利の放棄を意味するものではないということも契約書で謳ってはいる。

9）財団内の土地の多くは比較的ゆるやかな丘陵地であるが，森林開発局はこれを「森林地」として分類している。実際には財団に貸与された2,530 ha のうち約40％が森林にすぎず，処女林も少ない。残りは焼畑として開墾されているか開墾後に放置された二次林や草地，空地である。

10）メンバー以外の第三者に財団内の土地の一部を貸与したり，土地に対する権利を譲

第 7 章　フィリピン・パラワン族の土地問題と開発　　193

渡したりすることは禁じられており，少なくともこの財団の設立によって，当面，パラワン族が自分たちの土地から追い出されることはなくなった。
11) 行政命令第 192 条（Executive Order No. 192）により，DENR にはすべての公有地に対する管理と処分について排他的な権限が与えられている。
12) DAO 2 によって，リサール郡のパラワン族 2 グループ，プエルト・プリンセサのタグバヌワ族 2 グループに CADCs が認められた。
13) NCIP には先住少数民族が優先して採用される。そのため，このサービス・ステーションのスタッフもすべて先住少数民族で構成されているが，7 人のスタッフのうちパラワン族は 2 人，タグバヌワ族は 1 人しかいない。
14) 先祖伝来の土地領域の範囲を特定するのに必要な資料として，地図や写真の他，文化人類学的資料というものがある。それがうまく活用されれば文化人類学もこうした先祖伝来の土地に対する権利保障に大きく貢献できそうであるが，残念ながらまだ申請に利用された例はないという。

参考文献

Casino, E. 1976 *Jama Mapun : A Changing Samal Society in the Southern Philippines.* Quezon : Ateneo de Manila University Press

Castro, N. T. 2000 Three Years of the Indigenous Peoples Rights Act : Its Impact on Indigenous Communities. *KASARINLAN,* Vol. 15-2 : 35-54

Eder, J. F. 2000 Population Movement and Upland Agriculture on Palawan Island, Philippines. In Abe, K. & M. Ishii eds., *Population Movement in Southeast Asia : Changing Identities and Strategies for Survival.* Osaka : The Japan Center for Area Studies, National Museum of Ethnology

Eder, J. F. & J. O. Fernandes eds. 1996 *Palawan at the Crossroads.* Quezon : Ateneo de Manila University Press

Fox, R. B. 1972 Cultural and Linguistic Groups (Prepared in 1970). in Gorospe, V. R. & R. L. Deats eds., *The Philippino in the Seventies : An Ecumenical Perspective.* Quezon : New Day Publishers

─────, 1982 *Religion and Society among the Tagbanuwa of Palawan Island, Philippines.* Monograph No. 9, Manila : National Museum of the Philippines

原田勝弘・下田平裕身・渡辺秀樹編著　1999　『環太平洋　先住民族の挑戦』明石書店

Lopez, M. E. Z. 1986 *The Palaw'an : Land, Ethnic, Relations and Political Process in a Philippine Frontier System.* Ph. D. Dissertation, Department of Anthropology, Harvard University

森谷裕美子　1998 a　「パラワン族の土地保有制度」大胡欽一・加治明・佐々木宏幹・比嘉政夫・宮本勝編　『社会と象徴──人類学的アプローチ──』岩田書院，pp. 179-192

─────，1998 b　「応用人類学の可能性──フィリピン・パラワン族の土地問題──」『福岡発・アジア研究報告』Vol. 7-1 pp. 91-98

最後の楽園パラワン

　2001年5月21日，フィリピン・パラワン島の高級リゾートホテルを約20人の武装グループが襲い，米国人観光客を含む20人を人質にとって高速艇で逃げるという事件が発生した。犯人は，イスラム過激派組織アブサヤフである。パラワン島にはイスラム教徒も多くいるが過激派組織とは無縁であり，共産ゲリラが活動しているといううわさも聞いたことがなかったので，いたって平和な島だと思っていた私は驚いた。日本ではあまり報道されなかったので，私がその年の8月にパラワンへ行くといっても心配する人はほとんどいなかったが，実際，フィリピンへ着いてみると，フィリピン人の友人たちは口をそろえてこの事件のことを話題にした。「私は高級リゾートホテルなんか泊まらないし，フィリピン人に見られるから大丈夫」と言っても，「フィリピン人も人質に取られているし，フィリピン人は身代金を取れないから殺されるよ」と本気で心配してくれる友人もいた。

　パラワン島は，美しい海と未だ手つかずの大自然が残っていることから「最後の楽園」とよばれ，近年，エコツーリズムを主眼に置いた観光開発に力が入れられていた。観光客の数が増えてきた矢先だっただけに，この事件は大きな打撃だったに違いない。友人の話によれば，観光客の数が激減したため，格安なパッケージツアーがたくさん出回っているという。友達の心配を振り切って私がパラワンへ行ったときは，まだ人質が解放されていなかったし，どんなに緊迫しているかと不安と期待の入り混じった気持ちで空港へ降り立ったのだが，実際には兵士も警察官も1人もいなかったし，いつもと少しもかわらずのんびりしていたので拍子抜けしてしまった。どうもパラワンの人は，メディアが騒ぐほど大騒ぎしていなかったらしい。いつもの平和な町並みを眺めながら，なんだかほっとして常宿へ向かうと，ここでも朝食が無料のプロモーションをやっていた。高級リゾートとは程遠いこのホテルで事件の影響などあるのだろうかと思いながら，次の日，無料の朝食をいただき，さらに南のパラワン族の集落へ向かった。「きっとパラワン族の人々は，この事件のことなんか知らないだろうな」と考えながら。

第8章

小さな島の大きなチャレンジ
——序論：グアム島チャモロ人の脱植民地化要求の論理——

はじめに

　次の政治的地位の選択肢のうちどれをあなたは望みますか（1つだけ印をつけなさい）。
　　1．独立（　　）　　2．自由連合（　　）　　3．州資格（　　）

　この質問は，2000年11月7日に予定されていた「政治的地位投票（Political Status Plebiscite）」において，18歳以上で有権者登録をしている「グアムの土着住民（Native Inhabitants of Guam）」に英語とチャモロ語の両方で問われることになっていた（P.L. 25-146：41）。投票は2002年11月の選挙時まで延期されたが，グアムは現在，アメリカ合衆国との関係において，上の3つの選択肢の間で21世紀のあるべき政治的地位を模索している。
　本章は，グアム政府が，合衆国政府との交渉において，自決権の行使による脱植民地化をどのような形で求め，その要求の根拠を何におき，どのような論理を展開してきたのか，そして，それに対して合衆国政府がどのような対応を行ってきたのかを概観し，整理することを主要な目的とする。その上で，グアムと合衆国との現在の関係について，本プロジェクトの共通テーマに沿って若干の考察を試みる。

第1節　「植民地」としてのグアム

　1898年の米西戦争により，アメリカ合衆国はフィリピンやプエルトリコとともにグアムを獲得した。新たに獲得された島嶼領土は，将来において州に昇格するとみなされていたそれまでの領土とは異なり，法的に合衆国内の一部とはみなされず，将来において州の地位を付与されるという約束は与えられなかった。1901年，合衆国最高裁判所は，「島嶼事件」と呼ばれる一連の判決において，これら2種類の領土を「編入領 (incorporated territory)」と「非編入領 (unincorporated territory)」に区別した。合衆国議会は，1950年に「グアム組織法 (Organic Act of Guam)」を制定して文民政府を設立したが，この時，議会制定法では初めて，合衆国政府がグアムを非編入領と宣した。

　双方の領土の住民は，合衆国大統領の間接選挙制において投票権はなく，また議会においても投票権はない。住民は連邦税を納付するが，編入領に関しては将来の連邦政治制度への統合の約束によって「代表なき課税」という非民主的状況が，一応，相殺されるとみなされてきたのに対し，非編入領には合衆国政治制度への参加によってその状況が解消されるという保証はない。

　合衆国憲法は第4条で，議会に合衆国の領土について「処分し，かつすべての必要な規則と規律を定める」権限を付与している。編入領では合衆国憲法が州に限定適用される条項を除いて完全に適用され，それによって議会権限が制限されるのに対し，非編入領では合衆国議会が憲法による制約のない「絶対権 (plenary powers)」を有しており，議会が認める憲法の条項のみが一方的に適用される (CSD 1997：5, 10 and 23)。

　反植民地主義を国家建設の理念として掲げてきた合衆国は，グアムとの政治的関係において「植民地」という言葉の使用を避けているが，「非編入領」とは「植民地」の婉曲的表現にすぎない。1993年の全国会議において，当時のグアム知事，ジョセフ F. アダはこの点を次のように指摘した。

私は，グアムを非編入領と呼ぶごまかしには関わらない。……グアムは，その言葉が含み持つすべてにおいてアメリカの植民地である（*Ibid.*: 10）。

一方，この「植民地」としての地位に対して，グアムは，今日の国際社会において「非自治領」というもう1つの自主選択の結果ではない呼び名を付与されている。これは，国連憲章（第11章第73条）の脱植民地化の枠組みに従って完全自治を約束された植民地に与えられた呼び名である。合衆国は，1946年にグアムを国連の非自治領リストに載せることに合意した。

第2節　コモンウェルス[1]を求めて

合衆国議会は，1950年にグアム組織法を制定し，グアムの政治を軍政から民政へと移行させ，議会と地方裁判所を設置するとともに，「土着住民」に合衆国市民権を付与した。1968年には「知事選挙法（Elective Governor Act）」により，グアム知事の公選制が確立した。1971年には，連邦政府の土地利用や連邦政府との政治的関係を検討するために，「グアム政治的地位委員会（Guam Political Status Commission）」が設立された。合衆国下院議会に投票権のない代表を選出できるようになったのもこの頃，1972年であった。さらに，1977年には，合衆国議会が，「現存の連邦―領土関係の範囲内で」グアム憲法を起草するための憲法制定会議の開催を承認した。1969年に第1回憲法制定会議がグアム憲法草案を連邦政府に提出していたが，棚上げにされていた。しかしグアムの有権者は，今回の憲法案でも非編入領すなわち植民地としての地位に変更は生じず，合衆国の法律が一方的に適用され続けるということで，1979年の投票によって憲法制定を拒否した。憲法制定より合衆国との政治的関係の明確化が先決問題であると判断されたのである。

この頃までに，合衆国議会が北マリアナ諸島をコモンウェルスとする協定を承認する（1976年）など，周辺の国際環境にも変化が生じ始めており，グ

アムでもチャモロ人の先住民族としての権利という概念が重要な争点として登場してきていた。16世紀以来今日まで，グアムに土着のチャモロ人は，一度も「確立した民主的過程を通じて，自らが望む政治的地位を……達成するために自らの見解と望みを表明するための機会」を与えられたことがないという認識が強くなっていた。80年代に入ると，合衆国政府との自由連合協定（Compact of Free Association）により，信託統治領からミクロネシア連邦とマーシャル諸島共和国が誕生した。

このような動きと連動して，1980年，グアム議会は「自決権委員会（Commission on Self-Determination）」の設置を立法化し，82年に合衆国との望ましい政治的関係を見極めるために2回の島民投票を行った。1月の第1回投票では，独立，自由連合，編入領，現状維持（非編入領），コモンウェルス，州資格という6つの選択肢の中で，コモンウェルスと州資格が1位（49％）と2位（26％）を占めた（投票率37.5％）。この上位2つの間で9月に再投票が実施され（投票率81％），73％の投票者がコモンウェルスを選択した。これによって自決権委員会は，1984年から86年にかけて「グアム コモンウェルス法（Guam Commonwealth Act）」案起草に一般市民からの意見を求めて一連の公聴会や会議を開催し，86年に起草を完了した。同草案は，87年に再び2回の島民投票に付された。8月の第1回投票（投票率39％）では，全12条中，第1条（先住チャモロ人民の自決権）と第7条（移民の統制権）を除く10ヵ条が51％から55％の賛成で承認された。修正された2ヵ条が11月の再投票にかけられた結果（投票率54％），第1条は55％，第7条は59％の支持を集めて承認された。翌88年，自決権委員会は，同法案を合衆国議会に提出した（CSD 1997：4-8 and 15；Garamendi 1997：2-3；McKibben 1990：290；CSD 1991：9-12）。

コモンウェルス法案は，その前文において，「人々の間の相互の尊重，理解，譲歩がより完全な合衆国（Union）を形成する」という信念の下で，合衆国が「グアムのチャモロ人民の自決権と遺産」の保護を念頭にコモンウェルスを樹立することを謳っている。さらに前文は，コモンウェルス関係は合衆国との「協調において」拡大された自治の獲得を目指すものであり，政府の「正当な権限は被治者の同意からのみ由来する」という民主主義の基本原

則を再確認している。その上で前文は、「土着住民の市民的権利と政治的地位」を合衆国議会が決定するとした1898年のパリ条約と合衆国議会が批准した国連憲章に言及し、合衆国政府、特に議会の責務を想起させている。この前文と法案全体において注目すべきことは、コモンウェルスの要求は、合衆国の施政権の正当性に真っ向から挑戦しているのではなく、「合衆国との継続的かつ改善された関係の範囲内」での自治の拡大を目指しているという点である。

　前文で表明された理念は、「政治的関係」と題された第1条の§101「コモンウェルスの創出と完全自治」においてさらに詳述されている。すなわち、グアム人民は「完全なる自治に対する権利」を享有し、自ら採択した憲法により、このコモンウェルス法に従って自治を実践する。グアム憲法は「グアムに対する合衆国の主権」を承認し、それに準じ、グアムに該当する合衆国憲法の条項と合衆国の条約、連邦法をコモンウェルス法とグアム憲法とともに「最高法」として承認している。憲法には、政治制度として、立法、行政、司法の三権からなる共和政体を採用し、権利の章典を含むことが明記される。

　さらに、§102「自己決定と合衆国市民の権利」で、グアムの「先住チャモロ人民の自己決定の譲渡不能な権利」が合衆国議会によって「承認」され、その権利の行使についてはコモンウェルス憲法に規定されるとしている。ここで言う「先住チャモロ人民」とは、グアム組織法が施行された「1950年8月1日より前にグアムで生まれたすべての人とその子孫」と定義されている。この歴史上の一時点に基づく定義は、人種や民族的背景がさまざまな人々を含む「政治的な定義」である。

　そして§103は、グアムの自治を尊重し、コモンウェルス法の条項が合衆国政府とグアム政府の「相互の同意をもってのみ修正され得る」ようにするために、「合衆国はその権威の行使を制限することに合意する」という「相互同意」の原則を掲げている。

　第2条の「連邦法の適用性」では、合衆国憲法の現在の適用条項に加え、第10修正条項（グアムの内政に対する合衆国議会権限の制限）と第14修正条項の第1文（連邦法改定による合衆国市民権の剝奪防止）の適用を明示し（§201「合衆国憲法の適用性」）、コモンウェルス法発効後の連邦法規は相互同

意がなければ適用されないこと（§202「連邦法の効果」），および「連邦法の適用性に関する合同委員会（Joint Commission）」の創設が規定されている（§203「合同委員会」）。合同委員会は，グアム―合衆国関係に影響する「すべての事項」に関する「定期的協議」の場として機能し，既存の法規，連邦行政機関の政策や手続きを調査・検討し，必要な場合は修正案を起草し，その実現のために交渉や調停を行う権限を与えられている。さらに，§204「権威の委任」で，大統領またはその指名者が連邦各行政機関の現在の機能の全部または一部をグアム知事に委任することを合衆国議会が認めることが規定されている。これは，行政機能によっては，グアム現地の方がよりよく遂行できるということを含んでいる。

第3条「外交と防衛」では，双方の分野において合衆国の「責任と権威」を承認する（§301「合衆国の権威」）一方で，国際協定の「交渉前」のグアム政府との協議，「宣戦布告された戦争中」以外の許可なき「軍事的安全保障地帯」の創設および「外国軍人」の駐留の禁止，知事との協議なき軍事基地の敷設禁止，そしてグアムでの軍事活動の増減計画に関するグアム政府との協議を規定している（§302「グアムとの協議」）。

第3条は最後に，合衆国に対してグアム周辺水域と島内での核廃棄物の投棄と貯蔵および将来における有害化学物質の貯蔵を禁じ，さらに「過去および現在，軍によって使用されているすべての化学廃棄物投棄場を浄化（clean up）し，人間の居住にとって安全にする」ことを合衆国に義務付けている。また，ミクロネシア連邦やマーシャル諸島との協定に類似する形で，「化学，核，その他の有害物質」の合衆国機関による貯蔵，使用，および処理によって損害を被った人に対する「グアム地方裁判所によって決定される方式」での補償も合衆国に義務付けている（§304「核廃棄物」）（CSD 1991：19-33；CSD 1997：9-14)[2]。

グアムは，現在の植民地関係をコモンウェルス法によって合衆国連邦制度の中での「パートナーシップ」の関係に置き換えようとしていた。グアムは，前文に述べている「相互の尊重，理解，譲歩」を合衆国に求めるだけでなく，自らに適用していたと言える。相互のパートナーシップにより，合衆国は「グアムの軍事的・戦略的価値」を享受し，グアムは拡大された内部自治を

写真 8-1　グアム議会外観　　　　写真 8-2　グアム議会議長席

確保するとされていた。このパートナーシップの中心的概念が「相互同意」であった。コモンウェルス法の変更には双方の同意を必要とし，また，グアムの経済的社会的発展に障害となっている連邦法や規則を見直し，改正する過程をもつというものであった。これには当然，グアムへの権限の委譲や連邦政府の権限の制限が要求されるが，その枠組みの中で，グアムは憲法の採択によって自治の形態を生み出すとされていた（CSD 1997：7 and 9）。

　さらに，コモンウェルス法案は，チャモロ人の自決権を「承認」し，その行使は憲法に規定されるとしており，将来における脱植民地化過程の確立も必須要件として含んでいた。このように，コモンウェルスは「グアムを脱植民地化に一歩近づける」中間的な段階とみなされていて，グアムが追求する最終段階ではない（CSD 1997：12）ことが分かるが，一方で，この将来の時期や自決権行使の形態は具体的に明記されてはいなかった（See also Ada 1989：18）。

第3節　アメリカ合衆国政府の対応

　1989年8月にハワイで合衆国議会の領土・国際問題下院小委員会公聴会が開催されたが，ブッシュ政権がコモンウェルス法案のほとんどすべての条項に反対したことで，委員長は，行政府にグアム政府との見解の差を縮めるように求めた。同法案は，1988年以降毎会期，原文のまま合衆国議会に上程される一方で，89年から92年まで共和党のブッシュ政権によって，さらに93年から97年初期までは民主党のクリントン政権によって検討された。グアム自決権委員会は，90年から92年にかけてブッシュ政権の「連邦行政機関間タスクフォース」と交渉をもった。ブッシュ政権は，1993年1月，クリントン大統領の就任前日になって2つ目の報告書を出し，その中でやはりほとんどすべての条項にわたって反対しただけでなく，それまでの合意事項も取り消してしまった。

　自決権委員会は，さらに93年から97年まで，クリントン政権が任命した「特別代表（Special Representative）」と交渉を続けた。歴代3人の特別代表の努力は，自決権委員会において比較的好意的に受け止められている。しかし，自決権委員会と特別代表によって生み出されつつあった進展は，行政官僚組織の強力で執拗な抵抗，非協力，妨害宣伝に遭い，頓挫してしまった。結局，明らかになったことは，政権政党に関係なく，合衆国政府の行政官僚組織が新たな政策に対する障害物を次々と構築し，グアムに対する決定権を維持しようとしたことであった。それ以上の進展が見られないと判断したグアム政府は，97年上旬に特別代表との交渉を中断し，行政府がグアムの政治的地位に関する方針を打ち出さないまま，再び合衆国議会に行動を求めた（CSD 1997：15 and 20-21；CSD 1998：Appendix 2.1-2.9；Garamendi 1998：3-6）。

　1997年10月29日，コモンウェルス法案に関する下院資源委員会公聴会が開催されたが，その後は議会からの具体的な行動もなく，グアム政府関係者（R. リヴェラ脱植民地化委員会前副議長，H. クリストボル元グアム議会

議員，L. ベティス脱植民地化委員会事務局長，R. アンダーウッド下院議会代表スタッフら）は異口同音に，この公聴会でコモンウェルス法案は「死んだ」と証言する。

　この公聴会で，クリントン政権特別代表，ギャラメンディ（John Garamendi）内務副長官は，政府見解は連邦行政諸機関の利害や憲法，法律，そして政策に制約されていると指摘した上で，次のように表明した。

　まず，コモンウェルス法案の中で，自治の拡大を求める「グアム人民の正当な望み」として支持できる部分として，以下の5点を挙げた。

① 双方の「基本的関係を一方的に変えない」という連邦政府の政策上の誓約
② 「島への連邦政策の適切な適用に関する勧告を検討し，提供する」ための，グアムからの「意味のある代表とインプットを持つ委員会の創設」
③ 「グアム人（the Guamanian people）がグアムの究極的政治的地位を求める望みを表明するという要請」
④ 「島への永住移民の割合を制限し」，恒常的な労働力問題への取り組みをより柔軟にするための移民国籍法の関係条項の修正
⑤ 島内の「連邦余剰地」の取得に関する「一定の枠内」でのグアムの「第一拒否権（a right of first refusal）」

合衆国政府としては，以上の措置は現状に対する「顕著な改善」をもたらすものであり，1898年の「取得」時と比べれば，「地方自治」は「徐々にかつ着実に」拡大してきており，「アメリカの政治的家族の中でのグアムの地位のさらなる高揚」につながると主張している。その上で，政府の政権交代にもかかわらず，合衆国政府の一般的見解は「比較的一貫した」ものであったとして，同法案は「連邦政府によって支持されることはできない」と言明した。この反対の根底には，個別条文の文言のレベルを越えた「根本的な諸概念の本旨と理非」があるとして，次の4点を挙げた。

Ⓐ コモンウェルス法の修正および将来の連邦法規や政策の適用の前にグアム政府の同意を求めるように「議会や行政府を法的に拘束すること」
Ⓑ 「先住のチャモロ人民だけが参加でき，グアムの他の合衆国市民の住

民を排除する，グアムの究極的政治的地位に関する，法的に拘束力をもつ政府主催または後援の投票を規定すること」
ⓒ 「移民・労働政策の採択と実施に対する連邦政府の決定権をコモンウェルス政府に委譲すること」
ⓓ グアムへの連邦政策の適用や，グアム政府に移管されるべき軍用地についての決定権を持つことになる合同委員会をグアムの統制の下に設置すること

ギャラメンディは，グアム政府が委譲を要求した権限の多くは「主権」に関わるものであり，グアム提案全体の範囲と合衆国行政府が「アメリカの旗の下で支持できる」範囲との「隔たりを橋渡しする憲法上その他の適切な方法を見いだすことはできなかった」と述べた (Garamendi 1998 : 6-9)[3]。

合衆国政府の基本的立場は，次のように簡略化できよう。「相互同意」の原則については，「政策上の誓約」を行うことはできても，法的に合衆国政府を縛ることには賛成できない（①とⓐ）。合同委員会には，グアムの見解を一定程度反映させて，勧告権はもたせても，決定権を持たせてはならない（②とⓓ）。グアム島民が究極的政治的地位を求める「望みを表明」してもよいが，「チャモロ人民」だけの投票を政府が行うと「規定」してはならない（③とⓒ）。島の3分の1に及ぶ軍用地や移民・労働などのグアムの焦眉の問題については，関係法規の修正で漸増的に対応するが，グアム政府に決定権を譲渡することはできない（④・⑤とⓒ・ⓓ）。

グアムがコモンウェルス法案によって求めていたことは，限定的な主権を合衆国によって承認された，本質的な政治体として再生されることであったにもかかわらず，連邦行政府がグアムの政治的願望に関する基本政策を持たないために，行政各機関が独自の狭小な官僚的見地から交渉過程を押し動かすことになり，一部の機関は敵意を露わにし，また一部の機関は何もせず，現状維持を押し通した。「相互同意」の原則は，グアムと合衆国との関係を「片務主義から相互合意と確実性へ」と移行させ，グアムの自治機構の発展のための「安定した基盤」をもたらすとみなされていた。合衆国政府は，相互拘束的関係の重要性を認めていながら，結局は，「連邦政府の権威と国家主権に対する脅威の見せかけ」によって，「グアムの民主的に表明された願

望」と「非自治領に関する合衆国の国際的な責任」への適切な取り組みを回避してしまった (CSD 1998: 3, 25 and Appendix 1.5 and 1.7)。
「憲法上の問題」についても，自決権委員会は，次のように反論する。

> グアムの提案が「憲法上の問題を提起する」という主張は，グアムの人民が要請したことを拒否する正当な理由ではない。なぜなら，領土との新たな関係を構築することは，まさにそれそのものの性質によって，憲法上の問題を提起するからである。議会にとっての問題は，提案された新しい関係とそのさまざまな条項が上の点［領土条項による議会管轄権，グアムの非編入領としての地位，憲法上の議会の絶対権―筆者］に照らして合衆国憲法に違反するかということである (Ibid.: 5)。

コモンウェルス法案は，政治的地位選択投票の有権者を「チャモロ人」，すなわち，グアムで1950年8月1日以前に生まれた人とその子孫としていた。グアム組織法で合衆国議会は，1899年4月11日（パリ条約批准の日）に島にいた者とその子孫で，1950年8月1日にグアムに居住していた者には，エスニシティや人種的背景に関係なく市民権を付与した。コモンウェルス法案の下での「チャモロ人」の定義は，パリ条約で言及され，後にグアム組織法と1952年の移民国籍法で合衆国議会自身によって使用され，定義されている「土着住民」と同一の政治的集団にしか言及していない。この2つの議会制定法は，合衆国市民の資格をエスニシティや人種的な背景にではなく，歴史上の「具体的な一時点」に基づかせていた。「チャモロ人」の定義は「人種的」な定義ではなく，「政治的定義」であり，従って，「人種に基づく投票という問題は当てはまらない」と自決権委員会は反論している。その上で，合衆国政府の立場は，チャモロ人が正当な政治的集団ではないとみなしているだけでなく，結局のところ，仮に全島民が投票を許されても脱植民地化過程には反対であろうと思われる発言が交渉過程で出されたことを指摘している (Ibid.: 5-6, Appendix 1.11-1.22)。

そもそも，太平洋の遠く離れた島々を領有するようになって，「『我々の大陸人民のそれとは異なる起源と言語の遠い海洋共同体』を併合する帰結を恐れ」た合衆国最高裁判所は，「領土編入」の法理論を編み出して編入領と非

編入領を区別し，必然的な州資格という見方を放棄したのであった (McKibben 1990：261)。この2種類の領土という法理論の根底にこそ，当初から人種差別的要素が含まれていたと言えよう (cf. Williams 1980)。

　合衆国の現状維持対応の背景には，経済的・財政的援助を増やしてでも，軍用地その他の連邦政府用地の自由な使用やそれに関する決定権を手離すまいとする合衆国，特に軍部の利害が存在している (See リヴェラ 2000；松島 2001；Ada 1989)。非編入領という永久的な植民地保有形式は，その「領土の発展を犠牲に，その領土の搾取を促進しかねない」。それにもかかわらず，合衆国は，「主としてその軍事的利益を守る」という欲求から，グアムの土着住民に対する「責務を無視してきた」のである (McKibben 1990：264 and 259)。

第4節　「政治的地位投票」実施による脱植民地化運動への転換

　コモンウェルスへの道を閉ざされたと判断したグアム政府は，その選択肢を捨て，1997年に「グアム公法23-147」によって，10人のメンバーから成る「グアムの土着住民のためのグアム自己決定の実施と行使のための脱植民地化委員会」(以下，脱植民地化委員会：Commission on Decolonization) を設立して，「グアムの土着住民」の政治的地位に関する意図を確認するための投票を実施するという方針に転換した (P.L. 25-106 2000：23-24)。2002年11月に予定された政治的地位投票あるいは脱植民地化投票は，グアム組織法で定義された「グアムの土着住民」が独立，自由連合，州資格の3つの選択肢の間で合衆国との政治的関係を決める，「譲渡不能な自決権」を行使する投票と位置付けられている。この「譲渡不能な権利」の根拠として，グアム議会は，2000年3月の「グアム土着住民の自己決定のためのグアム脱植民地化有権者登録簿の作成，自決権投票のための資金の歳出，その他の目的」に関する「公法25-106」(「脱植民地化有権者登録簿」法) において，パリ条約，国連憲章第11章，非自治領に関する国連への合衆国の年次報告，

写真 8-3 グアム行政府

グアム組織法，合衆国移民国籍法§307(a)，国連総会決議1541（XV）と1514（XV），合衆国が92年に批准した市民的政治的権利に関する国際規約第1条1項および3項[4]を挙げている（*Ibid.*: 5-6 and 22）。

　脱植民地化委員会の啓発誌『脱植民地化』は，グアムを植民地としている法的根拠を合衆国の国内法基準と国際的基準とに分けている。合衆国の法的根拠として，既に見たように，米西戦争後に合衆国に譲渡された島々に適用するために合衆国最高裁によって20世紀初頭に一方的に編み出された非編入領という地位がある。一連の最高裁判決は，合衆国憲法の領土条項とパリ条約第9条の規定に基づき，非編入領を合衆国議会の絶対権に従属させるものでもあった。この法解釈は，その後も連邦法のグアムへの適用に関する裁判所判決の中で繰り返し援用されてきており，合衆国とグアムとの法的関係の構造は1世紀前と変化がない（COD 2001：3-4）[5]。

　対外的には，合衆国は，憲法第6条第2節において，国際条約も「国の最高法」と規定している。国連憲章を批准した合衆国は，1946年に国連の非自治領リストにグアムを登録し，その施政権国となった。非自治領人民の権利の根拠は，国連憲章第73条に求められる。すなわち，施政権国アメリカは，「［非自治領］の住民の利益が至上のものである」ことを認識し，同住民の福祉を「最高度まで増進する義務」を「神聖な信託として受諾」し，その目的のために，非自治領の「人民の文化を充分に尊重して，この人民の政治的，経済的，社会的及び教育的進歩，公正な待遇……を確保」し，「自治を

発達させ，人民の政治的願望」を正当に考慮することで政治的地位問題の解決を図ることを国際社会に誓約したのである。

　さらに，国連は，1960年の総会決議1514（XV）（「植民地諸国，諸人民に対する独立付与に関する宣言」）と1541（XV）において，自決権の原則を完全なる自治達成の過程に付け加え，その行使を通じて非自治領が完全なる自治の地位を獲得するという慣行の枠組みを創り出し，植民地状態を終結させる自治の形態には，独立，自由連合，統合が存在するとした（Ibid.：4-6）。パリ条約によって「グアムの土地と人民に対する植民地支配の移譲」が行われた時，支配を継承した植民地主義国として，合衆国は「グアムの土着住民の政治的諸権利が保障されるべきことと，政治的自決に対する集団的権利が譲渡不能であること」に同意したのである。さらに合衆国は，施政権国として国連憲章の非自治領にグアムを指定した行為によって，「土着住民が脱植民地化の過程を通じて，独立国としてあるいは他国と自由連合の関係にある独立国として自治政体の列に加わるか，アメリカ合衆国内の完全に統合された州になるために，自らの集団的自己決定をいつの日にか行使する権利を有することを承認した」のである。合衆国はまた，グアム組織法制定の際にも，国連憲章の下で非自治領に対する条約義務を請け負ったことを認めている（P.L. 25-106：21-22 and 6）。

　では，政治的地位投票において自己決定権を行使する主体の「自己」とは誰をさすのか。1960年の「植民地独立付与宣言」（1514決議）以後の国連の活動において，非自治領の「人民（peoples）」とは「植民地主義が存在しなかった場合に独立国を形成していたであろう」と思われる，実際に植民地化された人々であると認識されるようになってきた。すなわち，施政権国の施策によって非自治領に居住を許可された入植者や移民は，この「人民」とは別個の法的性格を有すると解される。一般に，植民地主義国の入植政策や移民政策は，植民地人民に対する支配を強化したり，彼らの同化を進めたりするための道具として利用されてきた。入植者や移民の「組織的流入」が「自決権の真の行使に対する大きな障害」となることがあり，それを防ぐための措置を施政権国を含む国連加盟国が取らねばならないという国際規範も「植民地独立付与宣言」実施のための国連行動計画などによって確立されてきた。

国連は，移住者の定住に否定的であり，彼らの流入の抑制を求め，非自治領の「文化的アイデンティティ」と「民族的統一」の維持を求めてきただけでなく，土地と資源に対する非自治領の「恒久主権」の保護も求めてきた (COD 2001：6-8)。

非自治領に関する国連への年次報告において，合衆国は最初から，グアムの「人民」はチャモロ人であることを認識していた。1940年代および50年代の報告には，「軍人，白人公務員，その他の移民」はグアムの「人民」として扱われていなかった。1960年代においても，国連での質問に対して合衆国は，合衆国軍人にも，アジアからの移民にもグアム政治への参加はないとしていた (*Ibid.*：7)。

グアム議会は，「公法25-106」によって「グアムの土着住民自己決定のためのグアム脱植民地化有権者登録簿」の作成を認めた。これは，政治的地位投票の有権者を一般選挙の有権者から区別し，前者の資格を「人種に基づかせる (race-based) のではなく，グアム人民との関係における政治体の歴史的行為の結果として生じる，明確に規定される政治的人間集団に基づかせる」という議会の意図を明確にするためのものである。さらに，グアム議会は，この「脱植民地化有権者登録簿」と「公法23-130」で作成された「チャモロ有権者登録簿」を区別し，「チャモロ人」の定義を「グアム人民に関係する明確な歴史的事象」に基づくものへと広げた (P.L. 25-106：2-3)。すなわち，政治的地位投票の有権者登録資格とは，グアム組織法で合衆国議会が定義した「人間の分類」に基づく「グアムの土着住民」であり，それは，「1950年のグアム組織法の権威と制定によって合衆国市民となった人々およびその子孫」で，18歳以上である (P.L. 25-106：7-8)。「チャモロ有権者登録簿」における「チャモロ人」とは，「1899年4月11日に島から一時的に離れていてスペイン臣民であった者を含め，その日のグアム島のすべての住民」と，「1800年より前にグアム島で生まれたすべての人とその子孫で，1899年4月11日に島から一時的に離れていた人々を含め，同日にグアムに居住していた人々とその子孫」を言う (P.L. 25-106：25)。

要するに，グアムにおける自決権行使の主体である「人民」とは，パリ条約第9条の「土着住民」であり，彼らは，1950年にグアム組織法によって

写真8-4　毎年3月の第1日曜日に行われるフマタック湾での「発見の日」行事の様子

合衆国市民権を付与された人々とその子孫である[6]。これは，コモンウェルス法案の「チャモロ人」の定義と同一であるため，それと区別するために「チャモロ人」の定義を修正したのである。コモンウェルス法案では「チャモロ」という民族呼称を用いていたために，「政治的定義」であっても，「人種に基づく」という混乱や攻撃の口実を与えていたが，政治的地位投票有権者の定義からは「チャモロ」が削除された。これによって，ギャラメンディ証言で提出された，また新聞紙上でも展開される，「チャモロ人のみの投票」が人種差別的であるという批判（例えば，*GV* 2001；*PDN* 2000 a-2000 c）は，さらに当てはまらなくなったと言えよう[7]。

おわりに——脱植民地化への長い道程——

約170年前，アメリカ社会を観察して名著を残したフランス人のトクヴィルは，白人とインディアンとの関係の考察において，必要性が一部のインディアンを白人社会への同化に向かわせた時でさえ，アメリカ人は，インディアンを平等な条件で受け入れる準備がなく，抑圧によって彼らを弾き返

していると指摘した（de Tocqueville 1876：esp. 436-37, 442-3, and 449）。これは，もう1つのより一般的な議論とつながるところがある。すなわち，権力の座についた者は無力な抗議者に対して自らがそのために戦った諸権利を否認するが，ここに，その抗議者が楔を打ち込むことで大きく広げることができる割れ目が存在するというものである（Tigar 1977：esp. 284-89 and 310-30）。

グアム政府がコモンウェルス法案に付けて合衆国議会に提出した解説には「約束の履行，民主主義の賞賛」という副題が付されており，次のような一節がある。

　　私たちは，合衆国の歴史に鼓舞されています。私たちは，200年以上前の13の植民地による自立の増大を求める同様の追求を十分に理解することができます。私たちは，しばしば直接影響を受けている人々からの声がほとんどあるいは全くない状態で，遠方から命じられる政策の結果，植民地のアメリカで感じられたフラストレーションを共有します。
　（中略）
　　［コモンウェルス］法案の随所にさまざまな形で明言されていますが，私たちはまた，グアムがアメリカ民主主義と自由企業の原則にとっての特別な陳列棚となりうるという信念と希望を表明します。（後略）（CSD 1991：12-13）

合衆国の政策を変えるには，最も条件の良い時でさえ，「政治的コミットメントとモーメンタム」を必要とする。自決権委員会が指摘するように，グアムにはこの点で非常に不利な条件が2つある。ひとつは，遠隔の小島に対して圧倒的な影響を及ぼしている合衆国政府の行政に対して，「公共の関心」がほとんどないことである。もうひとつは，合衆国の政治過程にグアムが全く役割を持たない，すなわち，合衆国国民の関心がほとんどない問題に対して政治的な勢いを維持する力がないことである（CSD 1998：1）。太平洋の小島にとって，世界の超大国と交渉していくには，アメリカの革命精神と自由民主主義の伝統というアメリカの良心に道義的に訴えざるを得ない側面があった。

しかし，合衆国政府は，グアムの不利な状況にあぐらをかいてきた。力だけが正義の仮面をかぶって世界を支配するのであれば，合衆国は対応を引き延ばすだけで何もせずとも，当面，痛くも痒くもないであろう。しかし，合衆国がその言動に正当性を持たせるためには，自由と民主主義の建前を捨てるわけにはいかないし，そうであれば，理念的にも，論理的にも，合衆国は，その植民地関係を合理化し続けることはできないであろう。植民地関係こそ，「共生」という今日の概念とは対極に位置している。合衆国が自らのダブルスタンダードを除去しない限り，「共生」への道は開かれない。

　自決権委員会が合衆国政府見解への批判の中で指摘しているように，「国家主権，地方自治，そして自決権の問題は均衡を取るのに微妙な問題である一方，それらは，消え去らない，解決を必須とする問題である」(*Ibid.*: 3)。コモンウェルスという選択肢が排されたとしても，グアムの自決権が消滅してしまったわけではない。グアムの植民地としての地位は変わっておらず，グアムは，理論的には一方的な独立を含む，別の形態の自決権表明の過程へと向かうだけである。

　「グローバリゼーション」の重要な政治的特徴のひとつは，決定の場が生活の本拠から遠隔化する現象を伴うことである。グアムの場合，1565年のスペインによる領有権の主張以来，外部の植民地主義列強による絶え間ない支配に従属させられ，グローバルな強国に島民の生活が翻弄されてきた。しかもそのような決定は，20世紀，特にその後半には国家の官僚機構の肥大化により，ますます生活の場からかけ離れた大都市で，国家の利益と都合で行われるようになってきた。グアムのコモンウェルス法制定の要求と脱植民地化の運動は，まさにそのような遠隔化した決定の場を生活の場に取り戻そうとする運動と見ることができよう。しかし，これは単に一面的な「反グローバリズム」ではなく，合衆国との植民地関係から脱却することにより，貿易や交通の要衝としての利点を生かし，「グローバリゼーション」の過程にもっと自由な意志と方法で参画していこうとする動きも併せ持っている。

　コモンウェルス法は，議会の絶対権の下に留まるとするのであれば，「真の自律の最少の保証」しかグアムにもたらさない。むしろ，グアムは，「州資格に関連する憲法上の保証の完全な補足または完全な独立を求める」方が，

島民にとってうまくいくであろうとみられていた (McKibben 1990：292-293)。今，グアムは，脱植民地化投票によって，この道を進もうとしている。東ティモールの例を見ても分かる通り，グアムにとって，脱植民地化投票が実現しても，さまざまな障害が横たわる長く険しい道程が待ち受けていることだけは確かである。コモンウェルス運動は，合衆国議会の絶対権を根拠に，議会の責務に訴えて行動を促す運動であったが，脱植民地化運動は，国際法基準への依拠の比重をはるかに増している。これに対して，合衆国は，グアムを国連の非自治領リストから除外しようとする動きをここ数年見せてきた。幸い，植民地からの独立国が多い国連が，容易にそれに応じるとは考えにくい。むしろ，2001年の「植民地独立付与宣言」の実施状況に関する特別委員会は，明確に「チャモロ人民」という言葉を使って，「グアムの脱植民地化を促進する目的で，チャモロの自己決定の実施と行使のためにグアムの脱植民地化委員会と協働すること」を合衆国に要請している (United Nations 2001：23-24)。グアムとしては，今後も，合衆国との交渉に加え，国連を中心とする国際社会への訴えをますます強化していくことになるであろう。

＊本章を2001年9月27日に48歳の誕生日を目前に急逝したグアム脱植民地化委員会前副議長のRonald F. Rivera氏に捧げたい。

写真8-5　グアム大学大学院のクラスに招かれて話す在りし日のリヴェラ氏

注
1）「コモンウェルス(Commonwealth)」は連邦制度の一形態として「連邦」と邦訳されるが，本章においては，合衆国連邦政府の「連邦」との混同を避けるために，「コモンウェルス」をそのまま使用する。
2）以下，紙幅の関係で詳細は省くが，コモンウェルス法案は，第4条「裁判所」，第5条「貿易」，第6条「課税」，第7条「移民」，第8条「労働」，第9条「運輸と通信」，第10条「土地，天然資源，および公益施設」，第11条「合衆国の財政援助」，第12条「技術的修正と解釈」と続く（CSD 1991：34-72；CSD 1997：14-31）。
3）ギャラメンディ証言には，"Exhibit A" として，コモンウェルス法案の条項ごとに連邦政府見解の要約が21ページにわたって収められている。これに対し，グアム自決権委員会は，連邦政府の見解に対する逐条批判を含む71ページに及ぶ批判（CSD 1998）を翌年4月に出した。
4）合衆国は市民的政治的権利に関する国際規約に1977年に署名していたが，1992年まで批准していなかった。
5）この情報誌では，以前の『私たちの政治的地位を変える：コモンウェルスを今こそ』と比較して，合衆国憲法の領土条項は，議会に行動を促す根拠というよりも，むしろグアムの植民地としての地位を強調するために言及されている。
6）主として1980年代末以降の国連における「先住民族の権利」擁護と新規準の作成の議論をグアムに適用しながら，グアム島民全体としての「グアム人民」と先住民族としての「チャモロ民族」それぞれの自決権を分離して考える「2種類の自決権」論が，非チャモロ人の研究者から提出されている（Van Dyke, Amore-Siah, and Berkley-Coats 1996）。一見，チャモロ民族の権利を推進するかのように見えるこの議論は，彼らが言うところの「グアム人民」の自決権を優先しており，現在のグアムの文脈においては順序が逆転している。これは，進行中の脱植民地化運動の障害として，あるいは妨害の論理として機能しかねない。
7）政治的地位投票に関するチャモロ人の意見は，新聞よりもラジオのトーク番組でチャモロ語によって活発に交わされているようである。残念ながら，筆者はチャモロ語ができないため，その内容についてここで触れることはできない。

参考文献
＊紙幅の関係で，本文中で言及した文献以外は最少限にとどめ，グアム政府文書などの一次文献や新聞記事も極力省いた。また，法律の正式名も長いため，番号のみ記す。
Ada, Joseph F. 1989 *An Overview of Guam's Commonwealth Quest* (Presentation of the Honorable Joseph F. Ada, Governor of Guam, Chairman, Guam Commission on Self-Determination to the House Interior Subcommittee on Insular and International Affairs, Honolulu, Hawaii, December 11, 1989) Guam：Commission on Self-Determination
Bradley, Joseph P. 2000 "An Analysis of the Economic Impact of Guam's Political Status Options" (Final Draft), Presented to the Guam Commission on Decolonization (June)

COD (Guam Commission on Decolonization) 2001 *Decolonization—Through the Self-Determination of a People : An Overview of Guam's Status and Options* (Guam : Guam Commission on Decolonization)
CSD (Guam Commission on Self-Determination) 1991 *Guam's Draft Commonwealth Act* (Presented to United States Government, February 1988), reprint
―――― 1997 *Changing Our Political Status : Commonwealth Now—better for guam,* An Advertising Supplement to the *Pacific Daily News,* October 26
―――― 1998 "Guam's Political Status : A Critique of the U.S. Executive Branch's Position on H.R. 100" (unpublished copy)
de Tocqueville, Alexis 1876 *Democracy in America,* tr. Henry Reeve, Esq., and ed. Francis Bowen (Boston : John Allyn)
Furukawa, Jan and Trini Torres (The Task Force on Independence for Guam) 2000 "Position Paper of the Task Force on Independence for Guam of the Commission on Decolonization" (June)
Garamendi, John 1997 "Testimony of Interior Deputy Secretary John Garamendi, the Administration's Special Representative for Guam Commonwealth" (unpublished copy)
Guam Statehood Task Force 2000 "Position Paper on Statehood for Guam" (March)
GV (Guam Variety) 2001 "Editorial : Emphasis on bloodline most recent twist of apartheid," Feb. 20, p. 8
Lansing, Paul and Peter Hipolito 1998 "Guam's Quest for Commonwealth Status," *UCLA Asian Pacific American Law Journal,* Vol. 5 (Spring)
松島泰勝 2001 「島嶼の政治経済と米軍基地との関係」*PRIME,* No. 13
McKibben, Lizabeth A. 1990 "The Political Relationship Between the United States and Pacific Islands Entities : The Path to Self-Government in the Northern Mariana Islands, Palau, and Guam," *Harvard International Law Journal,* Vol. 31, No. 1 (Winter)
PDN (Pacific Daily News) 2000a "Costly plebiscite won't pass 14th Amendment," April 1, p. 21
―――― 2000b "Denying right to vote violates civil rights," April 11, p. 21
―――― 2000c A. Gaffar Peang-Meth, "Chamorro-only vote limits right of self-determination to minority," April 26, p. 22
P.L. 25-106 2000 "Guam Public Law 25-106" (March 24)
P.L. 25-146 2000 "Guam Public Law 25-146" (June 12)
Political Status Education Coordinating Commission (PSECC) 1996 *Kinalamten Pulitikat : Sinenten I Chamorro—Issues in Guam's Political Development : The Chamorro Perspective* (Guam : PSECC)
リヴェラ，ロナルド F. 2000 「地域の不安定と植民地の苦境」*PRIME,* No. 12
Task Force on Free Association 2000 "Guam in Free Association with the United

States of America: the best of both worlds!" (June)
Tigar, Michael E. with Madeleine R. Levy　1977　*Law and the Rise of Capitalism* (New York/London: Monthly Review Press)
United Nations　2001　Doc. A/56/23 (Part III): Fayssal Mekdad (Rapporteur), "Report of the Special Committee on the Situation with regard to the Implementation of the Declaration on the Granting of Independence to Colonial Countries and Peoples on its work during 2001," Chapter XIII
Van Dyke, John M., Carmen Di Amore-Siah, and Gerald W. Berkley-Coats　1996　"Self-Determination for Nonself-governing Peoples and for Indigenous Peoples: The Cases of Guam and Hawai i," *Hawaii Law Review*, Vol. 18 (Summer/Fall)
Williams, Walter L.　1980　"United States Indian Policy and the Debate over Philippine Annexation: Implications for the Origins of American Imperialism," *The Journal of American History*, Vol. 66, No. 4 (March)
矢崎幸生　1999　『ミクロネシア信託統治の研究』御茶の水書房

付記

　紙幅の制約から詳細な展望は省いていたが、2月末の本章脱稿後に確認した情報によれば、「政治的地位投票」が今年中に行われる見通しはなくなった模様である。ギテレス知事がグアム選挙委員会のタイタノ委員長に宛てた6月初旬の文書には、「土着住民」の登録の推進と3つの選択肢に関する啓発活動を行うための資金不足、並びに同委員会を監督する理事会が未選出であることが主な理由として挙げられている。

　9・11テロ事件とアメリカによる報復攻撃以降、グアムはアメリカの政治家や官僚の頭の中でさらに遠い存在になり、グアムの政治家やマスコミの間でも脱植民地化投票問題を声高に議論する環境が失われてきていた。そのような非常に消極的な政治的雰囲気の中で、島民の意識高揚のために予定されていた「教育プログラム」が十分に進展していなかった。また、日本を始めとする国際的な不況の影響をもろに受けて財政危機に陥ったグアム政府は、「教育プログラム」を予算化できず、そのためのスタッフの雇用と訓練が進んでいなかった。

　他にも、島内主要メディアの反対キャンペーンなど、いくつかの要因が存在しているが、その検討は別の機会に回すことにしたい。

「領土」の削除——もう一つの自己主張——

　知事公邸から坂道を下った所にGuam Law Library（グアム法律図書館）がある。筆者が調査でグアムを訪れる時に必ず利用する図書館である。専門図書館のため，近くの公立図書館より静かで落ち着いた雰囲気がある。職員も親切だし，島内への電話は無料で利用できるので便利も良く，結構気に入った場所である。

　このプロジェクトの第1回調査（2001年2〜3月）で訪れた際，開館時間などを確認するために利用案内を手にして，「おや」と思った。以前は，Guam Territorial Law Library（グアム領法律図書館）と称していたのだが，"Territorial"が消えているではないか。早速，職員に尋ねると，法律の改正があったからだと言う。

　調べてみると，1997年10月7日に「公法24-89」として成立した法律が，政府の法律や公文書，政府機関や委員会，施設等の名称に「グアム領（Territory of Guam）」および派生語の「領（土）の（Territorial）」を使用することを禁止して，「グアム（Guam）」一本に統一している。もちろん，グアムの現在の政治的地位に言及する際の使用は，その限りではない。これは，「自尊心の高揚」のためと，アメリカ法における"territory"という言葉の「軽蔑的」で「植民地的」な面を認識するためであり，「下劣な地位の自己永続化」を止めるためであると明記されている。

　署名された法案に付されたギテレス知事からアンピンコ議会議長への書簡には，次のような指摘がある。グアム組織法に明記されているグアム島の法律上の正式名は「グアム」であって，「グアム領」ではない。「『領土』という言葉を削除することは，私たちの限界を強調するのではなく，私たちの地位の改善における前進に向けて私たちの努力と注意を再結集するのです」と。

　「領土」という呼称には，そこに暮らす人々を見えなくする魔力がある。人々の生活の場を誰がつけた名称で呼ぶのか。ここにも，グアム人民の復権への思いが表れている。

第 4 部

再編されるエスニシティ
――タイ山地民とインド・ケーララ州にみる民族共生のかたち――

第 9 章

ラオ・チャーオタイ・プーカオ
——タイ山地民におけるエスニシティの主体的形成と NGO——

第 1 節　問題の所在

　英国の社会人類学者リーチは，ビルマ（現ミャンマー）の山地民カチン族と谷間の民シャン族との関係の分析を通して，現実の相互関係の中で規定しあうエスニシティとその変化を踏まえた上での民族や文化の動態的な分析の重要性を指摘した（Leach 1954）。彼が提示した東南アジア大陸部における「平地民対山地民」の図式は，タイの非タイ系山地民に関する研究にも影響を与え，一連の研究は「平地民対山地民」という対立によって生じる諸問題の検討を課題としてきた。非タイ系山地民に対して長い間無関心だったタイ政府は，1950 年代末になると森林の乱伐，アヘン栽培，国防上の問題などを理由に，彼らに眼を向けるようになり，開発の実施や仏教の普及などを通した国家への統合を試みるようになる。クンスタッターは「（山地民）諸集団は，自らの特性や独立性によってのみ自己を規定しているのではなく，中央政府やドミナントな多数派との関係のあり方に大きな影響を受けている」と述べ，山地民社会を平地民を中心とする国家というダイナミックな枠組みの中に位置づけて捉え直した（Kunstadter 1967）。ところで，1950 年代以降のタイにおける「山地民」（Chao Khao）という概念は，山岳地帯に住むエスニック・マイノリティが国家の中の多数派のまなざしによって対象化され，その権力作用によって制度化される過程で作り出された民族カテゴリーである。現実には，各民族は隣接する他の山地民諸族，北タイというローカルなコンテクストにおける多数派コン・ムアン（北タイ人 Khon Meuang），国家や国際社会の動向など，周囲とのさまざまな関係の中で，多元的・状況的・

動態的なエスニシティを展開している。近年では，世界的な人権意識や環境主義の高揚，国内における憲法や国籍法の改正など，山地民を取り巻く状況の変化が，山地民の中に新たな意識を芽生えさせているようにもみえる。また，国家の政策や学術研究の対象として観察・記述される立場だった山地民の文化やその主体性を評価する傾向も強まっている。

　本章は，タイに住む非タイ系山地民のエスニシティの多元性，状況性などを念頭においた上で，近年タイで起きた2つの出来事を手がかりに，山地民のエスニシティが主体的に再構築されつつある状況を描くことを目的としている。タイ政府の山地民政策によって生じた問題点を指摘したあと，近年の山地民をめぐる状況を取り上げながら，エスニシティが再構築されつつあることとそのプロセスにおけるNGOの役割を述べ，タイにおける「民族の共生」の可能性について検討してみたい。

第2節　タイにおける山地民政策

1．非タイ系山地民にみられる多元性・状況性・動態性

　「山地民」（Chao Khao）は，「タイ北部および南西部の山岳辺境地帯に住むエスニック・マイノリティ」で，非タイ系諸語を話す9つの少数民族（カレン，モン（メオ），ラフ，リス，ミエン（ヤオ），アカ，ルア，カムー，ティン）を包む概念である（Tribal Research Center 1995）。チェンマイ県，チェンラーイ県，メーホンソン県などの北部諸県を中心とする20県に約80万人が居住しているといわれており，タイの総人口の約1.3％を占めている[1]（表9-1）。このうち，カレン，ルア，カムー，ティンなどは，通常平地と山地の中間に居住しており，ケシを栽培せず生態系にあった循環型移動耕作をする先住者と考えられている。一方，モン，ミエン，ラフ，リス，アカなどは，標高1,000m以上の高地に住む比較的新しい移住者で，ケシ栽培や開拓型移動耕作を行う。最も多数を占めるカレン族は，18世紀には北タイ諸侯に森の産物や綿布などを貢納し，19世紀には象を使って森林伐採に

表9-1 北部タイにおける「山地民」の構成

民族名	村落数	世帯数	人口
カレン	2,130	70,892	353,574
モン	266	15,704	126,300
ラフ	446	15,388	85,485
アカ	276	9,740	56,616
ミエン	195	9,501	48,357
ティン	151	7,058	38,823
リス	161	5,652	33,365
ルア	71	3,322	17,637
カムー	47	2,515	13,674
計	3,743	139,772	773,831

（出所）タイ労働社会福祉省の統計（2000年）による。
（注）北部以外に住む山地民を加えると約80万人程度になる。

写真9-1 山地民の集落
（メーホンソン県）

加わるなど，長きにわたって平地民との関係を形成してきた。19世紀末になると中国やビルマから焼畑耕作民の移住が盛んになるが，モン族のように20世紀，特に1975年以降にラオスからの難民として移住してきた民族もいる（Isager 2001：108）。

公式の記録やセンサスに現れる以上に，山地民は細かいカテゴリーに分けられる。例えば，カレン族はスゴー（Sgaw）・ポー（Pwo）・カヤー（Kayah），モン族は白モン（H'mong Daw）・青モン（H'mong Njua）に加えて，比較的最近ラオスから移住してきた人々（Gua'm-ba-Hong）などのサブ・グループに分かれるという具合である。民族間の関係も単純ではない。北タイ語ではカレンはヤーン（Yang）と呼ばれてきたが，1960年代以降タイ語のカリアン（Karian）という呼称が定着するようになると，北タイ人とカレンとの関係の中ではヤーンが，タイの行政が関わる場合にはカリアンが用いられるようになった。アイデンティティを規定する要素もさまざまで，カレン族にとっては宗教や地域性，モン族の場合はクランが重要な要素となる。アイデンティティはジェンダーのありかたや関係によっても異なっており（Songkhrosuk 1995, Hayami 2000），山地から都市への移住のプロセスで再構築さ

れることもある（Toyota 1998）。民族間の境界を越えたパッシングが起こる可能性もある（飯島 1990）。このように，山地民というエスニック・カテゴリーに含まれる人々をとりまく現実は，非常に多元的かつ状況的である。

2．タイにおける山地民政策

1950年代，東西冷戦下のインドシナで緊張が高まる中，1953年にラオスに社会主義政権が誕生すると，タイーラオス国境を監視する国境警備隊（Border Patrol Police）が設立され，1955年タイ北部にまで拡大された。1959年には，内務省公共福祉局（Krom Prachaa-Songkhro）に，移動焼畑耕作に伴う森林伐採による河川流域の悪化，アヘン栽培，国境地域の安全などの問題解決を目的とした山地民福祉委員会（National Tribal Welfare Committee）が設立され，このとき政策の対象となる非タイ系の山岳民族を総称する「山地民」（Chao Khao）というエスニック・カテゴリーが提示された。公共福祉局は，1960年にタイ北部諸県に山地民居住地の設置を開始し，翌年には「北部タイ山地民の社会経済調査」が，モン，ミエン，リス，ラフ，アカというケシ栽培を行う5つの民族を対象に実施された。1965年には，SEATOとイギリス・オーストラリア政府の援助により山地民研究センター（Tribal Research Center）が設立され，山地民への仏教普及計画（タンマー

写真9-2　シーソーダー寺院で学ぶ山地民の子どもたち（チェンマイ県）（筆者撮影）

チャリク・プロジェクト）も開始された。1960年代後半には，山地民社会の開発と福祉を目的としたロイヤル・プロジェクトが開始された。

1970年代以降，政府の山地民政策は一層整備されるようになる。公共福祉局が山地民に関連する問題の責任官庁としての地位を確固たるものにし，実際の活動は国と県に設置された山地民委員会に任されるようになった。また，国立公園・野生保護区を管轄する王立林野局，麻薬取引やアヘン栽培の撲滅をめざす麻薬撲滅委員会，森林伐採による水系の破壊防止のための森林水系保護委員会，山地民への市民権発給の問題に関する委員会などが設置された。国連薬物中毒抑制基金（UNFDAC 1973年）によるアヘン代替作物プログラム，世界銀行の援助による北部農業開発プロジェクト（1980年），アヘン栽培とアヘン中毒の撲滅を目的としたタイ・ドイツ山地開発プログラム（1981～96年），タイ・ノルウェー教会山地開発援助プロジェクト（1985～94年）など，国際機関や諸外国からの開発援助プログラムも増加した。1990年前後からは，従来からの問題に加えて，天然資源と環境の保護，地方行政システムへの山地民の融合，国家の法と規則への敬意などが模索されるようになってきている[2]。

3．山地民政策によって生じた問題

タイにおける山地民開発政策は，インフラ整備，農業開発，衛生状態の改善，教育レベルの向上，貧困の除去などに向けられてきた。開発政策は成功した部分もあるが，新たに引き起こされた問題も少なくない。第一に，中央や都市優先の開発は都市・農村間の地域間格差や平地のタイ人と山地民との格差の拡大を招き，国家のマクロな経済発展の利益は山地民に十分還元されたとはいえなかった。政府主導のトップダウン方式で行われてきた開発政策は，エリートや一部の人々を利するだけで，弱者，貧困者，女性，山地民など社会文化的にも政治経済的にも脆弱な立場にある集団にはさほど恩恵をもたらさなかった。政策決定のプロセスに積極的に関与するすべが，彼らに与えられていなかったためである。第二に，インフラ整備や農業開発に伴う農地拡大の必要性や過度の森林開発は，天然資源の減少・枯渇を招いた。またこれが，平地のタイ農民の山地民居住地への入植の契機となったことが，土

地の法的な所有権や市民権をもたない多くの山地民への圧力となり (McCaskill 1997：33-34)，山を離れざるをえなくなる者も出てきた[3]。第三に，農業開発の一環として実施されたトウモロコシ，インゲン，綿花，キャベツ，コーヒー，花・果物などの換金作物栽培の奨励は，化学肥料や農薬の購入，新たな農業技術の導入，輸送体制の確立などを，山地民社会に迫ることとなった。その結果，彼らは従来の自給型の経済から市場経済・現金経済への転換を迫られた。山地での生活が困難になった若者は都市へ出ていくが，不慣れな都市の生活環境の中で周囲から受ける差別や偏見に加えて，タイ語能力が不十分であるために情報への接近の機会が限られることや，彼らに十分な教育を施すだけの制度や福祉が整備されていなかったことなどの理由から，十分な収入源を確保することができず，失望感を味わう者も少なくない。将来に希望が見いだせない状況は，山地民社会にアヘンに代わるアンフェタミンやヘロインなどの麻薬中毒の蔓延という問題を引き起こし，薬物注射によるエイズ感染の拡大が深刻化している村も少なくない[4]。また，アルコール中毒患者や自殺者も少なくなく，貧困のためあるいは騙されて，娘を売春組織に売る人々もいる。このような状況は，「麻薬＝山地民」「売春婦＝山地民」という負の山地民イメージの再生産にもつながっているようである。第四に，山地民の文化を「劣ったもの」「遅れたもの」「未開のもの」とし，開発の障害ととらえる立場から開発が行われる傾向が強く，多様な特徴をもつ山地民それぞれの文化的差異にはあまり注意が払われてこなかった。山地民は，開発政策に伴う国家への統合という価値と整合性をもつ知識や技法を習得しつつあるが，彼ら自身が培ってきた伝統的な知識や技能を失いつつある。山地民の文化への政府の評価は概ね低く，その自治能力は文化的感性をもたない外部国家システムに置き換わっている。

　開発政策が山地民を取り巻く社会文化的脈絡を十分に考慮してこなかったことや，開発政策の立案や実施のプロセスにおいて山地民の自己決定権が認められてこなかったため，山地民の人々は，開発や近代化の過程で周縁化されてきたといわれる (McCaskill *ibid.*：36)。では，彼らは国家の「ゆるやかな同化統合」政策の中で自己を主張することなくこのまま埋没してしまうのだろうか。近年みられた2つの出来事を手がかりに検討してみよう。

第3節　基本的権利の獲得要求とNGO

1．山地民の市民権と居住権

　タイでは，国籍すなわち市民権をもつ15歳以上のすべての国民には「国民証（随身証）」(Bat Prachachon, Bat Pracamtua) という官給の写真入り身分証明書が郡役場において発行され，携帯が義務づけられている（写真9-3）。タイでは，1913年の国籍法制定以来，生得的国籍取得には血統主義に併せて出生地主義を採用してきたが，実際には父母世代のタイへの入国・滞在の形態等の理由から出生地主義が適用されず，タイ国籍を取得できずにきた無国籍の外国人子孫や少数民族が約100万人いるといわれる (Bangkok Post, March 14, 1999)。2001年末現在，タイ国内に約80万人いる山地民の場合，市民権を保持している者は約45万人ほどである[5]。このほか市民権は持っていないが山地民としての「居住許可証」（山地民証 Bat Pracamtua Bukkon Bon Phuun thii Suung）を発行されている者と，一切の居住許可書をもたない者に法制上区分される。

　このような立場の違いは，移動の自由・医療福祉・教育・就職・政治参加などの分野での差異となってあらわれる。国民証所有者は，国内の移動はもちろんパスポートの発給申請をして海外への出国も可能になる。一方，山地民証所有者は居住県内の移動は自由であり，タイ国の保険証を受給して公立病院の医療を受けることができるが，居住県外への自由な移動は法的に許可されない。どちらの証明書も交付が受けられない場合には，居住郡外への移動が許可されず，公立病院での医療拒否が法的な正当性をもつ。郡境・県境などに設けられた検問所でしばしば証明書提示を要求され，不携帯不所持の

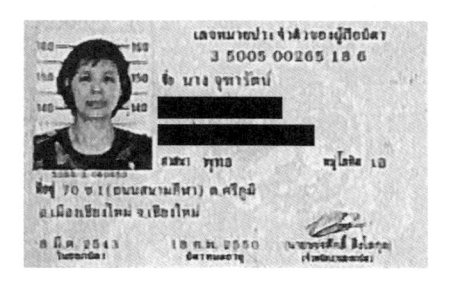

写真9-3　タイの国民証
　　　　　(Bat Prachachon)（筆者撮影）

場合には警察に捕まり留置されることもある。また，それを逃れるために警察官に賄賂を払う場合も少なくない。タイでは学校の卒業資格取得や就職の際に，国民証の提示が必要とされる。国民証を持たない人には弱みがあるため，そのような人々を好んで雇用し，労働法の規定外の労働条件による低賃金労働や長時間労働を行わせている中小企業も存在する。

　山地民は慣習的に森林の管理・使用権を所有してきたが，その権利は現在，政府のインフラ建設整備や環境保護政策，また村の内外からの圧力の脅威にさらされている。1961年時点で国土の53.3％だった森林は，商業用木材の伐採，山地への道路建設やダム建設，農地拡大などによって，1985年には29.1％にまで減少した（England 1996：60）。近年タイ政府は，森林伐採の中止，造植林，国立公園・保護林・野生動物保護区指定などの森林保護政策をとり始めたが，「森を守る」この政策は同時に山地民の居住権を制限することとなった。その一方で政府は，ビジネスを奨励して森林開発を進めており，産業開発の名の下に制定された1992年の森林農地法（Forest Farm Act）によって，山地民は森林を保護する自らの権利を守る法的手段を失った。このような政治経済的矛盾によって，森林資源の分配における著しい不平等が生じたのである。森林保護という錦の御旗を掲げる環境至上主義者の中には，森と人との共存のモデルとなりうる山地民の土着文化や慣習を考慮に入れていない人も少なくない。「森を守る」ために山地民は森を追われるわけだが，一方で合法・非合法を問わず森林開発が行われていくのである。例えば，1998年にある採鉱会社が砂と砂利の採掘許可を得た結果，森林や水系が完全に破壊されてしまったが，このような事態はかつてどの山地民も引き起こさなかった。さまざまな矛盾を含む政策は，さらなる森林破壊と山地民の居住権の侵害を招いている。また，森林関係官僚の中には，しばしば非合法の木材伐採に関与している者もいる。伐採後の土地に安い苗木を植え，その公定価格と実売価格の差額を懐に入れた上，植林後1～2年して森に火をつけ，その山火事を山地民のせいにして彼らを追い出す口実にすることもあるという。1998年に起きたインタノン山の山火事は，まさにその一例である（Thai Development Newsletter 1999：11）。

2．チェンマイのデモ

　1999年の4月から5月にかけて，北部8県の約300村落から集まった山地民（カレン，モン，ミエン，ラフ，アカ，リスなど）の人々が，市民権と居住権を要求してチェンマイ市内で25日間に及ぶ座り込みとデモを行ったが，その規模は数千人とも4万人ともいわれる[6]。彼らは，①タイに居住するすべての山地民に市民権を発給してタイ国民と認定し，他の民族と同等の権利を保障すること，②森林などの天然資源の保護管理をめぐる政策決定プロセスに山地民が参加する権利を保障すること，という2点を要求するとともに，1997年の改正憲法を根拠に，森林に関する法や規則などを修正することもあわせて要求した。彼らの主張は，タイの国民として他の大多数の人々と平等な権利と地域社会自身が地域の資源を管理する権利が彼らに与えられるべきというもので，これが森林資源や水系資源の改善につながるという根拠も示された。これに対して，チェンマイ県知事は，「法と秩序の維持を保つ」ために約400人の警察官や森林関係職員を中心とする約800人を動員し，デモに参加した山地民を排除しようとした。5月2日に行われた当局との交渉の結果，市民権と居住権に関する法や規則を改正するための委員会を設けるという点で，両者は合意をみた。その具体的な合意内容は，①郡役場での登録状況により，山地民の人々を，市民権保持者，山地民証保持者，違法滞在者に分類する，②山地民が使用してきた土地に関して，彼らの主張が妥当であることを委員会が判断すれば，ある種の証明書の発給を受け，その土地に関する権利を宣言することができる（その主張が妥当性をもたないと判断された場合には，その土地は王立林野局に帰属する），③これらの手続きの過程では，いかなる逮捕者も出さず，山地民は慣習的に使用してきた土地の使用を許可される，④政府はコミュニティ森林法案の草案に関して公聴会を開く，というものであった。ところが，5月11日に下された閣議決定は，デモ参加者たちを失望させた。というのは，委員会の委員はすべて政府関係者であり，山地民の代表や彼らを支援する知識人やNGOの代表ははずされていたし，上記の不逮捕権利を市民権所有者のみにしか認めないことなど，合意内容とは決定的な相違があったためである。これを不服とす

る山地民は引き続き抗議行動を続けるが，5月18日の夜，力による排除を通達する当局と一触即発の状況となった。しかし，チェンマイ警察所長の判断によって全面対決は回避され，19日未明，デモに参加した山地民の人々は解散してそれぞれの村へ帰った。内務省は，市民権未取得者に対する取得手続き開始に同意し，農務省は，山地民が森林管理局長に届け出を提出するという条件で山地への居住に同意した。

このデモの根底には，山地民への差別・偏見や様々な権利の制限への反発や不満があったが，彼らをとりまく内外の状況の変化がその背景にあったことも事実である。例えば，1992年の「改正国籍法」（第2版）に基づくベトナム難民子孫たちへのタイ国籍付与の動きは，外国人子孫や少数民族の無国籍者へのタイ国籍付与への前例となった（岸本 2001：64）。また，1996年に開かれた「国連人間居住会議」（ハビタットⅡ）で採択された行動計画は，基本的人権としての居住権に関連して「すべての人が適切な住まいを，すなわち健康で安全の権利を保障され，基本サービスや施設・利便が整えられた，経済的にも入手しやすい範囲にある住居を有し，居住差別からの自由と法的保護を享受する権利がある」と述べている。さらに，1997年のタイの改正憲法はその30条で，「人は法的に平等であり，対等に法律の保護を受ける。男女は平等な権利を有する。出生，民族，言語，性別，年齢，心身の状態，地位，経済あるいは社会的な状況，信仰，教育，また憲法に抵触しない政治信条の違いにより人を不公正に差別することはできない。他人と同様な権利および自由の行使の推進あるいはその障害除去のために国が講じる措置は，第三段落に基づく不公正な差別とは見なさない」と規定している。このような状況の変化を受けて行われたこのデモには，「北タイ農民ネットワーク」，「タイ・エスニック・マイノリティの会」，「貧困者の会」などのNGOや知識人層などからの支持があったが，これら知識人やNGO指導者のもとには暗殺を予告する脅迫状が届いたり，かれらを非難する横断幕が掲げられたりした[7]。

3．エスニシティの主体的形成とNGOの役割

NGOは，民衆文化の推進者，民衆の利益の代弁者，代替的政策提言者と

して，タイでもその役割が評価されてきており，政府や財界主導の開発政策に一定の歯止めをかける第三のセクターとして注目されている[8]。NGOの規模はさまざまだが，基本的に親密な人間関係を基礎とし，地域社会との近接性やアプローチの柔軟性によって，活動を行う場の文化やコンテキストに精通しているため，財政その他の問題があるにもかかわらず成功をおさめている事例も多い。北部タイでは，山地民に関心をよせるNGOが「山地民開発のためのNGO調整センター」(CONTO) というネットワークを組織し，市民権や土地の使用・所有権の問題のほかにも，健康福祉サービス，薬銀行基金とハーブ薬の復権，米銀行や信用組合の設立と運営，村への水供給システムの整備，エイズを含む保健衛生医療教育など多様な分野で活動を行っている。これらの活動を通して，山地民の人々が市場経済をはじめとする外部システムに依存している状態から脱却し，タイ国民として自立した生活ができるような方向性を探っている。また，アグリビジネス，森林伐採，リゾート開発，商業目的の土地利用などには反対の立場をとり，山地民の生活や慣習が森林や地域の生態学的環境を破壊しないということを主張しながら，土壌，水質，環境保護などを訴えている。

　1970年代後半から1980年代初めにかけて，NGOや知識人層は山地民開発における文化の問題に眼を向けるようになった。その結果，価値体系や生活様式など山地民村落の文化を重要なものとみなす，開発の「地域文化アプローチ」(Community Culture Approach) を実践するようになってきた。このアプローチは1970年代以降の開発僧などによる「仏教アプローチ」(Buddhist Approach) と融合し，開発の要素として，土着文化，民俗の知，伝統技法などを重視する方向を打ち出した。また，1980年代後半から1990年代にかけて，現存の政治体制や資本主義経済体制を批判しながら，土着文化を個人・社会・国家間の関係に関する村人の思考様式や理念の体系ととらえ，持続可能な開発への人々の参加は，彼ら自身の村落組織や資源の管理における自己決定権の行使によって達成されるとする開発の「地域権利アプローチ」(Community Rights Approach) が提示されるようになった。山地民をはじめとする当事者たちの文化や権利を重視するこのアプローチは，NGOや知識人層によって広められ，地域相互間のネットワークづくりや政策提言を

写真 9-4 山地民による山地民のためのNGO（IMPECT）のオフィス（チェンマイ県）（筆者撮影）

も志向している（Ganjanapan 2000：2-18）。チェンマイにおける山地民の市民権や居住権の獲得要求運動には，こうした背景があったことも看過できないだろう。

　ところで，先のデモにおいては，参加した山地民諸民族の中に共有する課題の解決をめざして連帯する中で個々の民族間の差異を越えて「チャーオ・カオ」としての権利を要求していこうとする明確な意思表示がなされた。内堀は，民族集団がそれを包含する全体社会の何らかの政治権力による秩序化に順応する（あるいはこれを戦略的に利用する）中で「名づけ」られることへの応答として「名乗り」を上げて実体化する過程について論じているが（内堀 1989），チェンマイのデモにみられた山地民の動向も，その一例とみることができるだろう。山地民という「名づけ」られたエスニック・カテゴリーの下で，構造的弱者として共有してきた不利益を内外の情勢に呼応しながら打破しようとする認識や運動は，NGOや知識人のサポートによって自らの土着の文化を再組織化しようとする動きとともに注目する必要がある[9]。近年，耳にする「ラオ・チャーオタイ・プーカオ」（われら山に住むタイ国民）という言い方は，山地民がおかれた微妙な状況の中でのエスニシティの主体的形成のプロセスを示すものと考えられるかもしれない。

第4節　誤った「山地民イメージ」への抗議

1．エスニック認識のハイアラーキーと状況性

　民族間の関係の中で生み出される相互イメージをエスニック認識と呼ぶとすれば，当然そこにはハイアラーキーが存在する。国家の中の多数派である平地のタイ人からみた山地民イメージに差別や偏見が伴うことはしばしば語られるが，山地民の諸民族間にも歴史的経験や自文化中心主義に基づいた相互認識のハイアラーキーが見られる。例えば，カレン族にみられる他の山地民諸民族への優越感は，平地のタイ人との歴史的関係の中で培われてきた近接性や洗練度を基礎にしている。一方「まあ，モン族からみたらカレン族は使いものにならない」というモン族の語りは，彼らがカレン族を自分たちと同じ山地にすむ民という同一のカテゴリーでとらえた上で，自分たちより下位におくことで自らの居場所を確保しようと試みていることを示している。またモン族は，「リスはアカやムス（ラフ）のことを好きじゃないんだ。怠け者だから」というように他の民族についても序列化を行っている（古家1993）。

　こうしたエスニック認識は，相手との関係や状況によって多元的でもある。チェンマイのあるカラオケ店に勤めるアカ族女性Fさんの例を挙げる[10]。Fさんは，店でタイ人客と接するときは，タイ語への自信のなさから「アカ族」である自分を意識するという。一方，タイ人の客にとっては彼女が何族であるかはさほど問題にはならず，彼女を「チャーオ・カオ」とか「コン・ドイ」という山地出身の女性という，より包括的なカテゴリーでとらえている。Fさんが勤めるカラオケ店には，日本人，韓国人，中国系など海外からの駐在員をはじめ，欧米の白人客も訪れる。これら外国人客の多くは，Fさんの話すタイ語のなまりにはあまり気づかないし，彼女の話す片言の英語や中国語で会話するためか，Fさんを「山地民」とか「アカ族」と認識することはあまりない。この場合，彼女は「タイの女性（タイ国民）」として客と

写真 9-5　ナイトバザールの日本人観光客とアカ族の
　　　　　女性（チェンラーイ県）（筆者撮影）

接することになる。このように，Fさんは客との関係の中で「アカ族としての自分」「チャーオ・カオとしての自分」「タイ国民としての自分」という複数のカテゴリー間の往復を繰り返している。店の同僚たち（タイ人，北タイ人，山地民の他の民族，ビルマ・中国などからの比較的最近の移住者など）との会話は，タイ語または北タイ語でなされるが，アカ族の同僚との会話は当然アカ語で交わされる。こうした状況は「エスニック・アイデンティティは，外部社会の力との継続的で複雑なプロセスや外部者による恣意的なラベルづけによって構築されるだけでなく，当事者が自己イメージを創りあげる社会的プロセスによっても構築される」（Tanabe 1991：3）という指摘を思い出させてくれる。

　マクロなレベルで考えてみよう。タイ政府の観光奨励政策による1980年代以降の急速なツーリズムの普及は，山地民に喪失しかけた自文化やアイデンティティを再構築する機会を与えることになった。内外から訪れる観光客のまなざしにさらされながらチェンマイやチェンラーイの「ナイトバザール」で民族グッズを販売するモン，ミエン，アカ，リスなどの女性たちや，「オールドチェンマイ文化センター」で民族舞踊を踊るリスやラフなどの人々がそうである。彼らは一方で，観光客のニーズにあった簡便でお手軽な民族グッズを製作・販売し，限られたショーの時間に合わせて簡略化された

踊りを披露する必要にも迫られているが，そのニーズは刺繍工芸品や民族舞踊などの継続性につながり，彼らの伝統文化の継承や保存に役立っているという側面もある。観光産業を通して伝統文化を表現する「マーケッタブル・アイデンティティ」(Keyes 1993) 形成の場が提供されているわけだが，このようなプロセスを通して再構築されていくエスニシティにも注目していく必要があるだろう。

2．テレビドラマの「山地民イメージ」

　エスニック認識にはハイアラーキーが存在し，同時にそれは相手との相互関係や社会状況に応じて多元的に変化するが，タイ人，北タイ人など主流社会の多数派からみた「山地民」という「くくり」は，メディアが表象する山地民イメージとしてもあらわれる。2000年に毎週2度午後8時から放送された「ゲーオ・クランドン」というドラマを紹介しよう。

　　バンコクで旅行会社を経営するタイ人男性スロンパオは，北部の森林地帯が好きで何度も訪れていた。ある日彼はツアーの一行とともに森に入って虎に襲われた。このとき彼を守ってくれたアカ族の男性ガイドは，虎との格闘で命を落としてしまう。彼は死ぬ間際に，スロンパオに一人娘ミャワディの世話を頼む。スロンパオはミャワディをバンコクに連れて帰ろうとするが，彼女は「父の仇の虎を殺してからでないとバンコクには行けない」と答える。2人は森へ虎狩りに出かけるが，途中スロンパオは病気になってしまう。森の中でたまたま見つけた小屋にスロンパオを寝かせ，ミャワディは村に助けを求めに行く。その小屋は，麻薬密売組織が取引のために使っている小屋だったが，麻薬密売組織は摘発され，スロンパオも無事警察に助け出された。病気のままバンコクに帰ったスロンパオの身を案じたミャワディもバンコクに向かう。スロンパオの家族は命の恩人の娘としてミャワディを温かく迎えてくれたが，以前からスロンパオとつきあっていたタイ人の恋人やメイドのプットゾンはミャワディに対して冷たかった。だが，最後にはスロンパオはミャワディを選ぶ。また，ミャワディを追ってきたアカ族の青年ファーランも

プットゾンと仲良くなっていく。

　タイ人男性とアカ族女性との文化の違いを乗り越えた恋愛をメインテーマに，タイでおきまりの三角関係・四角関係を絡めたこのドラマはそれなりに面白かった。しかし，ドラマの中での山地民の描かれかたに対して，山地民の人たちが抗議行動を行ったのである。ドラマの放映期間中にチェンラーイの県庁舎前に集まったミエン，アカ，ラフ，リスなど約1,000人は，県当局に対してドラマ制作会社に放送中止を申し入れるよう要請した。ドラマの主人公ミャワディは，すでに恋人がいるスロンパオをバンコクまで追いかけていき，最終的に彼の愛情を勝ち取るが，アカ族の女性たちは「ミャワディの言動は私たちアカ族の伝統に反している。このような行動はアカ族の女性には決してみられない下品なもの」として憤慨した。ミャワディ役の女優が話すタイ語の不自然なたどたどしさや，山地民が無教養な田舎者として描かれている点も抗議の対象となった。彼らは「私たち山地民は，今では教育も受け正しいタイ語も話すのに，ドラマでは不潔な野蛮人のように扱われている」と訴えた。ドラマの中の民族衣装がアカ族の特徴を無視したいいかげんなものだったり，ミャワディが頭部の装飾品をつけていなかったりすることも抗議の対象となった。山地民の抗議行動への共感も示された。それは，「ドラマの制作者は山岳民族の優れた文化を知らないのだろう。このような偏見は許されない」（「シーカー・アジア財団」八木沢克昌氏），「（ドラマを視聴した）アカ族の子どもたちはみな不快感を覚えた。確かに彼らのタイ語にはなまりがあるが，ドラマの主人公のようなたどたどしいタイ語とは全く異なっている」（「さくらプロジェクト」三輪隆氏）という語りの中にみられる[11]。

　これに対して，ドラマの制作会社広報部の認識は「抗議については承知しているが，ドラマは全話の撮影を終了しており，半分以上の放映を終えた今となっては打ち切るわけにはいかない。放映については内務省広報局の許可を得ているので問題はない」というものだった。数週間後の放送中に「このドラマは，山地民の人々やその文化を歪曲したり見下したりする意図は全くありません」という趣旨のテロップが流されたが，放送中止には至らなかった。ただ，ここに見られるドラマ制作者の山地民イメージは決して特別のも

のではない。山地民の抗議行動がなければ，ごく当然のこととしてドラマを視聴していたタイ人も少なくなかった[12]。また，ドラマに対して内務省広報部が許可を与えていたという事実も，未だに山地民に対する差別や偏見が存在することの証のひとつとみることができるだろう。山地民の抗議行動は，個々の民族間の差異を越えて山地民というカテゴリーを逆に利用しながら自己主張をする戦略という見方もできるだろう。国家という枠組みの中で政治・経済の中核を占める平地民や宗教を主軸にすえつつ競争力を形成しつつあるマレー系の人々に対して，差別経験や構造的弱者としての立場など負の部分を共有し強調することを通じて1つになろうとする状況は，この出来事の中にも見ることができる。

結語——民族の共生のために——

　現実のエスニシティが状況的・多元的であるにもかかわらず，「山地民」というエスニック・カテゴリーに従ってすすめられてきた1950年代末以降の山地民政策や開発は，様々な問題をはらんでおり彼らの社会に不利益をもたらしてきた。しかしながら，内外の社会情勢の変化に加えて，山地民諸民族の固有の文化やコンテキストに精通するNGOの活動が，「地域文化アプローチ」から「地域権利アプローチ」へと展開する中で，山地民の人々は「チャーオ・カオ」というエスニック・カテゴリーを積極的な連帯の枠組みとしてとらえはじめ，それを戦略的に利用し始めているようにもみえる。それは，「ラオ・チャーオタイ・プーカオ」（われら山に住むタイ国民）というエスニシティの主体的な再構築の過程として，市民権や居住権という基本的権利の獲得要求やメディアが表象する山地民イメージへの抗議行動などを通した連帯となってあらわれている。

　タイにおける「民族の共生」を語る上では，山地民諸民族個々の「地域の知」（local knowledge, local wisdom）がいかに活用されるか，また，彼ら自身が課題に取り組む上で自己決定権がどの程度許容されるかなどが重要な問題となる。今のところ十分な政治力や発言権を持っていない山地民自身が，

これを自立して行うには限界がある。そのためには，まず基本的権利としての市民権と居住権を山地民に与える手続きの迅速化を図ることが必要である。そのためには，関連する法律や規定の修正が必要となるが，まだまだそれを求めていく政治的発言力の確保は不十分である。そのため，自己決定や自己判断ができる山地民のリーダーの養成とネットワークづくりが必要であるし，これをサポートするNGOや知識人の役割は今後ますます重要性を増していくと思われる。タイ政府や国際援助機関もこの点には気づいているが，実際にどれだけ「大人の対応」ができるかが，今あらためて問われている[13]。

注
1) 最近の移住者や未登録者もいるため，実数はさらに多くなるといわれる。また，山地民と非山地民（タイ系諸族）の間には，人種，言語，生活習慣などによる明確な区別が存在しないこともあるし，山岳地帯やそこに近い平地の村では，山地民とタイ系諸族が混住している例も少なくない。労働社会福祉省によれば，タイでは現在20県の山岳地帯居住者（山地民以外も含む）は991,122人である（Gravers 2001：18）。
2) タイ政府の山地民政策の経緯については，主としてChandraprasert 1997とChotichaipibuun 1997を参照した。
3) 農地面積は1,165万ha（1961年）から2,316万ha（1991年）へと増加した（新津・秦編 1997）。
4) 2000年12月に筆者が訪れたチェンラーイ県チェンコン郡の出入国管理事務所によれば，年間6億錠の麻薬（ヤーバー）がビルマ（ミャンマー）やラオスから密輸されている。また2001年12月に筆者が訪れたチェンラーイ県メーチャン郡のS村は，アカ族約100世帯と入植したタイ人数家族が住んでいるが，半数近い世帯に薬物注射を介したエイズ感染者がいる。
5) チェンマイ県サンサーイ郡にあるNGO（Inter Mountain Peoples Education and Culture in Thailand Association―IMPECT）のキティサック氏のご教示による。氏によれば，2001年の1年間に新たに3万人の山地民が「市民権」を取得したという。
6) このデモには，1984年以降ビルマ（ミャンマー）からタイへ移住してきたPaluang族も少数だが参加していた。このデモに関する記述は，*Thai Development Support Committee* 1999の記事（Hill Tribe agreement reached under police shadow），Hayami, Y. 2000 pp. 120-121, Howard, M.C. & W. Wattanapun 2001 pp. 99-106などを参照した。
7) デモを支持するチェンマイ大学社会学部の教授たちに似せた人形が焼かれたりもしており，問題の根が深いことがうかがえる。
8) 『タイNGOダイレクトリー1997』（タイ開発サポート委員会）には465団体が収録されている。その主要活動分野は「農業・農村開発，エイズ対策，子どもと青少年支

援，障害者支援，山岳民族支援，人権擁護，労働運動，メディアによる活動，天然資源と環境保護，保健と消費者保護，スラム問題への対応，女性支援，NGO間の連絡・調整（ネットワーキング），情報提供・サービス等」である。ただし，ここに掲載されているNGOの中には，2002年8月現在，プロジェクトの変更等により名称を変更したものなどもある。
9) 例えば，前出のIMPECTには26名のスタッフがいるが，うち25名が山地民出身者である（2002年3月現在）。彼らの中には高等教育を受けた人が多く，これらの山地民リーダーたちが実施しているプログラムの中には，各民族の村の歴史や文化的伝統について山地の村で再教育しようとするものがある。このような試みによって，各民族のアイデンティティを強化することができるし，個々人がタイ人と同じだという自信と誇りを持つことができるのだという。ただ，2002年8月には，IMPECTで働くアカ族の女性（18歳）が，警察によって不当逮捕され（警察当局は，「明らかにはできないが逮捕理由はある」と主張），問題となっている（Bangkok Post 2002）。このような出来事の中にも，山地民をめぐる問題の根深さを窺い知ることができる。
10) 筆者がFさんに対して行ったインタビューの一部である。
11) 『バンコク週報』（920号と921号）を参照しているが，筆者自身もタイ滞在中（2000年8月～2001年8月）にこのドラマを視聴していた。
12) メディアの中にも，「ビールが入ったバッグを抱えたタイ人（と思われる）青年が山に登り，山地民男性からもらった果物へのお返しに冷えた缶ビールを手渡す」シーンがあるCMや，「タイに住むさまざまなエスニック・グループが仲良くにぎやかにビールを飲む」シーンがあるCMなどのように，販売戦略も含めて山地民に配慮しているようにみえるものもある。
13) 2000年2月にバンコクで開催された「貿易と開発に関する国連会議」と同年5月にチェンマイで開催された「アジア開発銀行総裁会議」は，草の根の活動をするタイのNGO組織が，世界の富を超大国が独占していることの正当性に対して疑問を提示したものとして注目された（NTD 2000：121-129）。また，NGOに対する各国政府や国際的援助機関の閉鎖性や偽善性，ヒューマニストを装いながら市場経済と競争の原理を説くグローバリゼーションの擁護者の問題点も指摘された（TDSC 2000）。

参考文献

Bangkok Post, March 14, 1999
Bangkok Post, August 8, 2002
バンコク週報社 『バンコク週報』（920号） 2000年8月25日
───── 『バンコク週報』（921号） 2000年9月1日
Bhruksasri, W. 1989 "Government Policy: Highland Ethnic Minorities," (in) McKinnon, J. & B. Vienne (eds.) *Hill Tribes Today : Problems in Change* Bangkok : White Lotus-Orstorm pp. 5-31
Chandraprasert, E. 1997 "The Impact of Development on the Hill Tribes of Thailand," (in) McCaskill, D. and K. Kempe (eds.) *Development or Domestication ?* ── Indigenous Peoples of South East Asia, Chiang Mai : Silkworm Books. pp.

83-96

Chotichaipiboon, T. 1997 "Socio-Cultural and Environmental Impact of Economic Development on Hill Tribes," (in) McCaskill, D. and K. Kempe (eds.) pp. 97-116

England, P. 1996 "UNCED and the Implementation of Forest Policy in Thailand," (in) Hirsch, P. (ed.) 1996 pp. 53-71

古家晴美 1993 「「山地民」と「山の民」——北タイ「チャウ・カウ」研究への新たなる視座を求めて——」『民族学研究』58巻1号 pp. 29-48

Ganjanapan, A. 1996 "The Politics of Environment in Northern Thailand: Ethnicity and Highland Development Programs," in Hirsch, P. (ed.) 1996 *Seeing Forests for Trees : Environment and Environmentalism in Thailand,* Chiang Mai : Silkworm Books

────── 2000 *Local Control of Land and Forest : Cultural Dimensions of Resource Management in Northern Thailand,* Regional Center for Social Science and Sustainable Development, Faculty of Social Science, Chiangmai University

Grace, M. 2001 "Ethnic Minorities in Thailand-Figures and Selected Biography," (in) Poulsen, E. et al (eds.) pp. 17-20

Hayami, Y. 2000a "'He's Really a Karen': Articulation of Ethnic and Gender Relationships in a Regional Context," (in) Hayashi, Y. & G. Yang 2000 *Dynamics of Ethnic Cultures Across National Boundaries in Southwestern China and Mainland Southeast Asia : Relations, Societies, and Languages,* Lanna Cultural Center (Rajabhat Institute Chiang Mai) and Center for Southeast Asian Studies (Kyoto University)

────── 2000b "Challenges to Community Rights in The Hill Forests: State Policy and Local Contradictions, A Karen Case," *Thai Culture : International Review on Thai Cultural Studies,* SEACOM Edition, pp. 104-131

Hirsch, P. (ed.) 1996 *Seeing Forests for Trees : Environment and Environmentalism in Thailand.* Chiang Mai : Silkworm Books.

Howard, M.C. & W. Wattanapun 2001 *The Palaung in Northern Thailand,* Chiang Mai : Silkworm Books

飯島茂 1990 「エスニシティの変化」坪内良博（編）『東南アジアの社会』（講座・東南アジア学 3）弘文堂 pp. 246-275

Isager, L. 2001 "History and People of North Thailand," (in) Poulsen, E. et al (eds.) pp. 85-115

岸本ゆかり 2001 「タイのベトナム人——1992年改正国籍法と「タイ人」への道のり——」『年報・タイ研究』第1号 pp. 51-67

Krasuang Mahart Thai（タイ内務省）2544 (2001) *Khuumuu Kaan Kamnot Sathana khong Bukkon Bon Phuun thii Suung : Bat Pracamtua Chon Klum Nooi (Lem 2)*（山地居住者の地位に関する規定の手引き——少数民族集団の身分証明書——）（タイ語）

Kunstadter, P. (ed.) 1967 *Southeast Asian Tribes, Minorities, and Nations,* New Jersey: Princeton University Press

McCaskill, D. 1997 "From Tribal Peoples to Ethnic Minorities: The Transformation of Indigenous Peoples: A theoretical Discussion," (in) McCaskill, D. and K. Kempe (eds.) pp. 26-60

McCaskill, D. and K. Kempe (eds.) 1997 *Development or Domestication ? —— Indigenous Peoples of South East Asia,* Chiang Mai: Silkworm Books

松原正毅（編） 1995 『世界民族問題事典』 平凡社

新津晃一・秦辰也（編） 1997『転機に立つタイ——都市・農村・NGO から——』 風響社

Poulsen, E. et al (eds.) 2001 *Forest in Culture —— Culture in Forest : Perspectives from Northern Thailand,* Research Centre on Forest and People in Thailand

Renard, D. R., A. S. Renard & Kamep, K. 1999 *Twenty Years of Highland Health and Educational Development,* Tribal Research Institute

SongKhrosuk, N. 2538 (1995) *Reuang Gaan Plian pleeng Khoong Chumchon Chao Khao Pao PaKroyoo,* （山地民 PaKroyoo 族社会の変化）, Suun Satriseuksaa Khana Sangkhomsat, Mahawithayalai Chiang Mai. （チェンマイ大学社会学部女性研究センター）（タイ語）

Tanabe, S. 1991 *Religious Traditions among Tai Ethnic Groups : A Selected Bibliography.* Bangkok : Ayutthaya Historical Study Center

Thai Development Support Committee 1997 *Directory of Non-Governmental Organization 1997*

────── 1999 *Newsletter Thai Development (Public Right to Know)* No. 36, 1999 pp. 10-11

────── 2000 *Newsletter Thai Development (NGOs strive for a holistic approach to development)* No. 38-39, 2000 pp. 121-129

タイ経済パブリッシング 『仏暦2540年 タイ王国憲法』 1997年10月

Toyota, M. 1998 "Urban Migration and Cross-Border Networks: A Deconstruction of Akha Identity in Chiang Mai," 『東南アジア研究』 Vol. 35 No. 4 pp. 197-223

Tribal Research Institute 1995 *The Hill Tribes of Thailand (4th Edition),* Tribal Service Club, Tribal Research Institute

内堀基光 1989 「民族学メモランダム」 田辺繁治編 『人類学的認識の冒険——イデオロギーとプラクティス』 同文舘 pp. 27-43

カラオケ店のエスニシティ——チェンマイ——

　タイ北部の中心都市チェンマイは，建都700年余を誇る古都である。その歴史や文化の魅力に加えてエキゾチックな山地民の村へのトレッキングの拠点として，内外から多くの観光客が訪れる。観光客や海外からの駐在員，地元のタイ人たちが楽しむ大小のカラオケ店も数多い。市内を南北に流れるピン川のほとりにあるカラオケ店には，妖艶な衣装を身にまとった女性たちが働いている。華人系オーナーの下，雇われママと4名のチーママのほか，50名前後の女性，10名ほどの男性従業員，女性たちのメーク係である4名のゲイたちが働いている。風俗営業に対する警察の取り締まりが厳しくなっていることもあり，女性たちの年齢は一応19歳以上ということになっている。タイ族出身者もいるが，タイ国内に住む山地民出身者のほか，ビルマ（ミャンマー），中国（雲南省）などからの比較的最近の移住者も少なくない。そのため，タイ語があまり話せない女性もいる。彼女たちの仕事は，客と談笑し，水割りを作り，カラオケをセットしたりすることだが，その多くは客の指名に応じて同伴外出や外泊をする。基本給が安いため，客の指名をもらい，そのチップや売春で稼がなければ高収入にはならないのだ。

　2001年5月，この店で女性たちによる乱闘騒ぎが起きた。山地民出身のソムとオイ（ともに仮名）が，タイ人のノイ（仮名）の接客サービスの様子を隠し撮りし，ノイの両親に送りつけたため，ノイが激怒してソムとオイに殴りかかったのだ。彼女たちのほとんどは内緒でこの仕事をしており，家族にはレストラン，ホテル，コーヒーショップなどで働いていると嘘をついている。常連客のとりあいや嫉妬，いじめや誹謗中傷はよくあるそうだが，ソムとオイに入れ込んで通いつめていたある日本人男性客に対して，ノイが「ソムとオイはコン・ドイ（山の女）だし，エイズかもしれないのよ」と語ったことが，ソムとオイによる仕返しとしての隠し撮りにつながったのである。このように，カラオケ店の中にも民族間の確執や差別・偏見が見られるが，エイズをめぐる根拠のない言説がこの差別を増幅させている点にやりきれなさを覚えた。

第10章

「エスニシティとしてのカースト」から「ヒンドゥーというアイデンティティ」へ
—— インド・ケーララ州の事例から ——

第1節　インドにおけるエスニシティ

　インドの社会を，エスニシティという観点から俯瞰しようとすると，まさに「宗教，言語，地域，人種，部族，カーストなどさまざまな紐帯が複雑に入り組んだ大迷宮」（ギアーツ 1987：164）といった様相を呈す。だが，問題の核心は，そうした「紐帯」がギアーツのいうような「本源的」なものではなく，歴史的な現象であるという点にこそある。ここでの主要な目的は，ケーララ州における「カースト」と「宗教」という2つの「紐帯」が相互に関係した社会全体の再編成について論じることにあるが，それに先だち，まずはインドにおけるエスニシティの簡単な見取図を示しておこう[1]。
　インドは，10億以上の人口とともに，主な公用語だけでも 15 を有し，そのうち英語とサンスクリット語以外は，それぞれ強力な自治権をもつ州と結び付いている。独立以来他にも公用語の地位を獲得しようとする動きが常にあり，結果として公用語の数は増えてきている。ヒンディー語を唯一の国語としようとする北インド中心の中央政府に対して，特に南インドのタミルナードゥ州での反対は根強く，時として暴動の種ともなる（佐藤 1997）。さらに，イギリスの支配したインド帝国は現在のインドをはるかに超えた広大な南アジア全域を覆っていたのであり，しかも，そこは植民地化以前から歴史的文化的に極めて関係が深いひとつの「世界」であったとされるために，言語の分布は第2次世界大戦後多分に恣意的に引かれた国民国家の境界とは

図10-1　インドとその周辺国

一致しない。その代表的な事例を4つ示す（図10-1参照）。

バングラデシュでは総人口の98％が隣接するインド・西ベンガル州と共通するベンガル語を使うベンガル人である。これは，1947年インド・パキスタン分離独立に際して，相対的にヒンドゥー教徒の多かった西部とイスラーム教徒の多かった東部の間を国境が引き裂いた結果であった。1971年にバングラデシュが多大な犠牲を払ってパキスタンから独立した背景には，実権を握っていた西翼部のパンジャービー人たちとの民族的な対立があったことは周知の事実である（中村 1991）。

一方では，パキスタンのパンジャーブ州とインド・パンジャーブ州はイスラーム教とシク教によって分かれながら，パンジャービー語を共有している。インド側では，特に1982年以降一部のシク教過激派による無差別テロをも手段とした独立運動が激化した。1984年6月インディラ・ガンディー首相は独断で，彼らの活動拠点となっていたアムリットサルにあるシク教の総本山黄金寺院を軍に急襲させ制圧したが，この強攻策がシク教徒の衛兵による同年10月の首相暗殺にもつながったとされる（広瀬 1994 b）。

カシュミール地方は，その帰属をめぐってインドとパキスタンが独立後今日まで軍事的に争い続けてきた場所であり，結果として今日インド側のジャンムー・カシュミール州とパキスタン側のアーザード・カシュミールおよびギルギット管区とに引き裂かれている。この問題は，ムスリムが8割近くを占めていたこの地をヒンドゥーの藩王が治めており，彼が1947年にインド

への帰属を表明したことに端を発したのであった（近藤 1994）。

　スリランカ北部にはインドのタミルナードゥ州と共通するタミル語を用いるタミル人ヒンドゥー教徒がおり，タミル・イーラム解放の虎（LTTE）という組織が中心となって，特に1983年以降，多数派のシンハラ人仏教徒政府との間で熾烈なゲリラ闘争が続けられている。インドのラジブ・ガンディー首相が1987年にスリランカ政府との合意の下でタミルゲリラの武装解除を目的とした平和維持軍を派遣したが，結果的に失敗に終わり，彼自身1991年LTTEの謀略とみられる自爆テロによって暗殺された（田中 1994a）。

　これらはどれも宗教と言語集団，国民国家とが切り結ぶ事態であって，インド国内のいわゆる「コミュナリズム」と同じ地平にある問題ということができる。1990年代に入りグローバル化のますます進展するなかで，「ヒンドゥー教徒」であることを「インド国民」であることの条件として要求する「コミュナリズム」なる思想が勢いを増してきた。こうした潮流の中心にいるのが，インド人民党（BJP）であって，露骨に「ヒンドゥー至上主義」を掲げながら，1998年以来現在まで政権の座を占めている。BJPやこれを支えている民族義勇団（RSS）などは，たとえば1992年末のアヨーディヤ事件（後述）を引き金とする北インド主要都市での騒擾のさなか，抵抗する術もなく多くのムスリム市民が虐殺された事件などに関わっているとされるような団体である。ムンバイ（旧名ボンベイ）だけでも800人にものぼる死者の数は，突発的な暴動による不可抗力の結果というよりも，予めムスリムの家に印を付けておくなど，極めて組織的で（近藤 1996：108-112），ナチスの「民族浄化」を連想させる（広瀬 1994a：17）。2002年2月27日，グジャラート州でアヨーディヤに向かうヒンドゥー教徒の乗った列車が放火され，58人が死亡，翌日からヒンドゥー側によるムスリムへの襲撃や焼き討ちが続き，すでに431人の死者が出ている。列車にはラーム誕生地寺院の建設に加わろうとしていたヒンドゥーが乗り込んでおり，放火犯はパキスタンのイスラーム原理主義グループとされる（http://www.hinduonnet.com，3月4日参照）。インドにおけるエスニシティの関わる問題のなかでも，コミュナリズムはカシミールをめぐっての，パキスタンとの戦争状態を背景として，

もっとも深刻な主題となっている。2001年9月11日アメリカ同時多発テロとアフガニスタンへの報復がインド・パキスタン状勢に与えたマイナスの影響も大きい。

　このようなコミュナリズムが台頭する歴史的背景としては，以下のようなことが指摘されている。19世紀前半イギリス植民地支配下で，福音主義的なプロテスタント宣教師からのヒンドゥー教への攻撃が偏狭で排他的なアイデンティティ形成につながったこと（小谷 1993：46-117），独立運動の主体であるインド国民会議派が，建て前として政教分離原則を掲げながら，その裏では「ヒンドゥー教」を国民統合の象徴として利用し操作してきたこと，というのもインドの場合，国民国家の基盤が，社会・政治的にも文化的にも脆弱であって，たとえば俗語ナショナリズムなどは成立し難い実状があったこと（長崎 1994；内藤 1998；中村 1998），加えてインド・ナショナリズムが一貫してイスラーム教国パキスタンとの対立構図を重大な資源としていること（杉本 1997：126-127），さらには，特に1990年代からの経済の自由化，グローバル化の影響を受けるようになった状況のなかで，個人主義の進展が個々人の内面に生み出す不安を和らげるための補償としてコミュナリズムが機能していること（田中 1994b）など。以上に見る限り，コミュナリズムにおける「宗教」は，政治の方便のように見えるが，一方では明らかに宗教に類すべき超越的な性格も有している。大澤真幸のナショナリズム論に倣って言えば，この新しい宗教は，国民国家の社会規範として再発見された「ダルマ」の思想であり，それは「想像の共同体」（アンダーソン 1987）の空虚さに対応して実に空虚なものでしかない。そうでありながら，世界資本主義としての世界システムの拡大によって脅かされるようになった社会規範の根拠となるべき超越性の審級を補塡すべき防衛規制として不可欠のものとも言える（大澤 1994-95）。加えて，ヒンドゥー教徒＝国民としての主体はしばしばBJPやRSSによって戦略的に作り出される暴動という両義的な空間とそこに投げ込まれる「ダルマの危機」といった宗教的な言語によって生成される（関根 1995）[2]。

　「アヨーディヤ問題」にしても，実は創られた「危機」なのである。BJPやRSSは次のように主張する。現在のウッタル・プラデーシ州アヨーディ

ヤは、ヴィシュヌ神の生まれ変わりとされる『ラーマーヤナ』の主人公ラーマ（ラーム）が誕生した土地であり、かつてはここにラーマ誕生地寺院が建っていた。しかし、16世紀にムガール朝の侵攻に際して、この寺院は初代皇帝バーブルによって破壊され、その跡地にはモスクが建てられた。こうした不正な歴史を正すために、このモスクは取り壊し、ラーマ誕生地寺院を再建しなければならない——そして彼らは実際にこのモスクをほぼ完全に打ち壊してしまった。しかしながら、インドの歴史学者たちが検証しているように、彼らの語る歴史にはほとんど何一つ根拠がない。というよりも、史料や考古学的な調査は、むしろ彼らの主張をほぼ完全に否定するものである（小谷 1993：9-41）。

一方で、スーザン・ベイリーは、18世紀の南インド社会において、ヒンドゥー教徒とイスラーム教徒、あるいはキリスト教徒が共生し、宗教的な意味でも祭礼などの場を通じて共同的な生活をおくっていた様子を丁寧に史料によって裏づけている（Bayly 1989）。コリン・デンプスィはベイリーの仕事を引き継ぎ、現代でもなおケーララ地方において、ヒンドゥーの神々とキリスト教の聖人とが兄弟姉妹として象徴的に位置付けられていることなど、宗派間の共同性がみられることに注目している（Dempsey 2001）。関根も、チェンナイ（マドラス）市の独立系女神寺院とダルガー（イスラム聖者廟）において、ヒンドゥー教徒であるかイスラーム教徒であるかが問題とならないような一種の本源的な宗教空間がそこに現出していることを明らかにしている（関根 2000）。

宗教間の対立紛争は、せいぜい19世紀後半以後に生じてきた現象なのであって、コミュナリズムとヒンドゥー教とは区別されなければならない。コミュナリズムに対抗するひとつの手掛かりは、宗教紛争が自然なものでも本質的なものでもないという事実そのものにあると考えられる。ヒンドゥー教の他者に対する融和的な姿を提示するのと同様にして、排他的なナショナリズムと結びつく「ヒンドゥー」というアイデンティティが現れ出てくる歴史的社会的なプロセスを明らかにすることの意義もそこにあるだろう[3]。

最後に「カースト」についても若干説明しておこう。正確な定義は容易ではないが、「カースト」とは、職業集団でもあり内婚集団でもあり共食集団

でもある。そうした多数の集団が相互にケガレの規定などによって隔てられ順位づけられていた。ヒンドゥーだけでなくムスリムやクリスチャンもそれぞれ出身集団や職能と照らして，ある地位のカーストとして認知されるし，「部族」もこの次元で問題となる。しかし，実際に集団として共同するのは比較的狭い地域に限定されていたものと考えられる。一方，「エスニシティとしてのカースト」といった場合には，少なくとも州全体にわたるより大きな規模の利益集団として再編された実体を想定しなければならない。その契機となったのは，カーストを統治の単位として採用したイギリスの植民地支配である（藤井 1994）。さらには，独立後この「カースト」は利益集団としての性格を強めることとなるが，その際に大きな意味をもったのが，政府による不可触民や低カーストの社会的地位向上を狙った差別修正措置である。集票政治の横行するなか，特に1980年のマンダル委員会の勧告を境として，「指定カースト」と「指定部族」および「その他の後進的なコミュニティ」の指定やその留保分（公務員採用枠や大学入学枠）の拡大が進められる傾向にあり，逆差別の問題も生じ，地域によってはカースト間に深刻な対立を生じさせている（押川 1994）。

　以上のことからも明らかなように，あの「宗教，言語，地域，人種，部族，カーストなどさまざまな紐帯が複雑に入り組んだ大迷宮」とは，近現代の構築物に他ならなかったのである。そのことを以下では，ケーララ州の事例によって，もう少し詳しく歴史的にたどってみることにしよう。

第2節　ケーララ州におけるエスニシティ

1．ケーララ州の概況

　インド半島部最南端の西岸に位置するケーララ州では，山がちで九州に満たないほどの広さに現在約2,900万人余りが暮らす。マラヤーラム語を用いるマラヤーリ人が総人口比95％以上，ヒンドゥー教徒が約60％，キリスト教徒とイスラーム教徒がそれぞれ約20％ずつを占める。ヒンドゥー教徒の

内訳は，総人口比でナンブーディリその他のブラーフマンが合わせて1.8％，ナーヤルが14.5％，イーラワーが22.2％，プラヤなど指定カーストが7.9％である (Fuller 1976：37)。

11世紀に統一王権を失い，以降各地に大小の王権が数多く割拠する状況が，イギリスの実質的な植民地支配が及ぶまで続いた。北部のマラバール地方がイギリス植民地マドラス管区に組み込まれた後も，その南部にはコーチンとトラヴァンコールという2つの藩王国が形式的にせよ残された。藩王国やその配下にあった小国の支配機構は，軍事組織と土地保有によって構成されており，封建的な体制と呼ぶべきものであった。圧倒的に大きな土地を保有し地域社会で支配的な地位を有していたのは，王族あるいは貴族的なナーヤルと，ナンブーディリ・ブラーフマンであり，その下により小さな土地を有する平民ナーヤルやイーラワー，その下に小作人として土地をそうした地主から借りていたイーラワーやラテン・カトリック，ムスリム，さらにその下に土地に縛られて土地と一緒に取り引きされた農奴のプラヤなどがいた。ヒンドゥーのワラとともに，ラテン・カトリックやムスリムには漁民職も多い。商人として活躍したシリアン・クリスチャンやユダヤ人は王権によって保護され，ナーヤルに次ぐ高カーストの地位を認められていた。小作人だけでなく地主であってもイーラワーは，ワラやラテン・カトリック，下層のムスリムなどとともに，汚れた低カーストとして多くの社会的な規制を受け，プラヤはさらにその下の最下層に位置づけられていた (小林 1992)。

封建的な体制を改革しようとする近代の動きは，インド国民会議派や共産党などの政党とともに，諸カースト団体によって担われるところが大きかった。ナーヤルは，1914年にナーヤル奉仕協会 (NSS) を結成し，ケーララ全土のナーヤルを組織化，母系合同家族の解体を推進するなど近代化を進めると同時に，政治的には圧力団体として機能してきた。イーラワーは，ヒンドゥーの聖人とされるナーラーヤナ・グルを指導者として仰ぎ，1903年にシュリー・ナーラーヤナ真理堅持協会 (SNDP) を結成，立ち入りを許されなかった高カーストの寺院の開放を訴えるなど，その活発な運動によって，汚れた低カーストとされていたイーラワーの社会的地位を著しく向上させた。今日でも圧力団体としてNSS以上に選挙などで大きな影響力を行使する。

その他にも，ワラ・カーストのディー・ワラ・サバー，プラヤのケーララ・プラヤ・マハー・サバー（KPMS）などのカースト団体があり，イスラーム教徒はムスリム・リーグという包括的な宗教政党を作っている（Jeffrey 1976：195-247；Kumar 1994?：73-101）[4]。

2．カースト団体の成立

さて，こうしたケーララにおける諸カースト団体の成立にとって，すでに触れたような植民地行政のあり方に加えて，キリスト教ミッションの与えた影響も小さからぬものがあったと指摘されている。つまり，NSSやSNDPなどのカースト団体のモデルとなったのが，19世紀のプロテスタント・ミッションによる活動であり，あるいはその影響をいち早く受け取った在地のキリスト教徒たちだった。クリスチャン各派は，教会（教区組織）そのものが一種のカースト団体の役割を直接に果たしたからである（Gladstone 1984；Kariyil 1995；Kawashima 1998：158-187）。

ケーララに少なくとも紀元後2世紀には在住していたとされるシリアン・クリスチャンは，もともとセレウキア・クテシフォン教会に従属するネストリウス派であったが，ポルトガルとともにやってきたミッションが，1599年を境に強制的にカトリックへと改宗させる（シリアン・カトリック）。しかしポルトガルの勢力が衰えた1653年，その一部がローマから離反し，ヤコブ派教会としてアンティオキア教会に服属する。19世紀イギリスのプロテスタント宣教師によって少数のシリアンがアングリカンに改宗し，またこのプロテスタントの影響を受けて1842年ヤコブ派からマル・トーマ教会が分離した。また，1909～12年にかけてシリア正教会がやはりヤコブ派から分離するが，1958年に和解が成立している。1930年代にさらにシロ＝マレンカラ教会がヤコブ派から分離して，カトリック陣営に戻った。ポルトガル支配期に漁民カーストなどから改宗したラテン・カトリックを，高カーストがそうするように，シリアン・カトリックも低カーストとみなして，通婚はおろか，同じ教会堂でミサをともにするのも拒否してきた。プロテスタントにおいても，シリアンはその多くの部分を占めている不可触民出身者に同様の態度をとった（Brown 1982；Tisserant 1957；Visvanathan 1993）。こうした教会内

のカースト差別を積極的に廃絶しようとしたのはマル・トーマ派だけである。そのマル・トーマ派でさえ，イーラワー出身者はシリアンと同化しているが，プラヤ出身者はいまだに平等な扱いを受けられないという。

　イギリス植民地支配下の19世紀末，自由貿易体制のもとで成功したシリアン商人は，林業や胡椒・ゴムのプランテーション開発，金融やマスコミなどの産業をリードし，早くから近代的な学校教育制度も整えた。また，早くからケーララにおける国民会議派の中核を占め，州政界はもちろんのこと，インド中央政界に小さからぬ影響力を行使している。シリアン・クリスチャンのこうした社会的政治的な成功の直接的な要因は，プロテスタント・ミッションの宣教活動から他のどんなコミュニティよりも早く彼らが近代化の手法を学んだことによる。ロビン・ジェフリーは，ミッションとそのミッションからいち早く学んだ在地のキリスト教徒が，ヒンドゥー，つまりナーヤルやイーラワーらのカースト組織のモデルとなったことを以下のように強調する。

　19世紀中葉，トラヴァンコールでは，インドの他のどこの地域よりも多くのプロテスタント・ミッションが集中して宣教活動を行っていた。ケーララにおける改宗の成果という点からすれば成功とは言い難いが，しかしながら，識字がいかに有益なものであり得るのか，明解なスポークスマンによるアジテーションがいかに役に立ち，行政機関の関心を集めることができるかという実例を彼らは提供したのである。マラヤーリーにとって，ミッションが提示したもっとも感嘆すべきものは明らかに組織というものの有効性であった。教会の教区には，フルタイムのオーガナイザーとしての司祭や牧師，あるいは宣教師がいて，他の機構を立ち上げるための効果的な組織を提供した。ケーララにおける初期の銀行の多くは，教区の司祭が信徒のために運営していた出資機構から成長したものである。それ以上に，キリスト教会内の管理上の位階は政府の階層そのものと鏡映しのように見えた。いったん選挙が一般化すれば（トラヴァンコールではおよそ1905年以降），教区は選挙組織の便利な単位となる。ケーララのキリスト教徒のなかでもっとも大きな勢力であるシリアン・カトリックは，1880年代までに，ゆっくりとではあるが，きちんとした識字教育を中心とした学校を設立し始める。1891年チェ

ンガナチェッリに創設された St. Berchman's College は，組織というものが成し遂げられるものの象徴となった。その後シリアン・クリスチャン諸宗派ならびにラテン・カトリック，プロテスタントとも，ミッションの支援を積極的に引き出しながら，学校の設立を激しく競うようになる（Jeffrey 1993：96-99）。

　非キリスト教徒は，キリスト教徒の宗派のそのような分裂にぼんやりとは気づいていたが，それは全般的に統一がとれているようにみえることに比べれば重要なこととは思われなかった。キリスト教徒の大勢は諸セクトに属しており，このセクトは指導者，影響力をもつ人物としての大司教をもつが，この大司教は，上品さを印象づける立派な装いに包まれ，政府からも尊重されていた。もし大司教が訪ねてくるというと，地域の誰もがそれを知っていたが，それは大司教が単に精神的な権威であるばかりでなく，世俗的な影響力を代表していたからである。彼はしばしば彼の教区の信徒のために政府との仲介を行った。ヒンドゥーは，自分たちにはそうした指導者が存在しないことに気づかざるを得なかった（*ibid.*：100-101）。

　NSS の創立者であるマンナットゥ・パドゥマナーバンはチェンガナチェッリ地区の出身であり，彼が生家の周囲のシリアン・カトリックの教区に自らが学ぶべき実例を発見したことは疑いない。寺院での浪費を公然と批判して，ある NSS の活動家は次のように宣言した。「我々は，教会の資金の多くを教育や宗教的なプロパガンダのために充てているキリスト教の宣教師たちに学ばなければならない」。チェンガナチェッリに本部を置いた NSS は，各カラヨーガム（地域単位）と幾つかのカラヨーガムを合わせて作られるユニオンによって構成されている。1930 年代中頃までに 700 のカラヨーガムを 17 のユニオンにまとめ上げ，それぞれのレヴェルで代表と事務所をもっていた。カラヨーガムが教区に，ユニオンが大司教区に，NSS のトップとしてのパドゥマナーバンが，おそらく教皇ではないにしても，少なくとも枢機卿くらいにはあたったのである（*ibid.*：104）。

　ナーラーヤナ・グルが早くも 1903 年に宗教的な運動組織として始動した SNDP が，1917 年以降近代的な教育に力を注いだり，政治的な影響力を積極的に行使するような方向転換をせざるを得なかったことについても，もと

第10章 「エスニシティとしてのカースト」から「ヒンドゥーというアイデンティティ」へ　253

もとはミッションやキリスト教徒，そしてそれに倣った1914年設立のNSSがモデルを提供していたことが予想される（cf. Ibid.: 107-108）。NSSとほとんどまったく同様に，SNDPもキリスト教徒たちの教区組織とそっくりのシステムを作り上げている。しかも，イーラワーの場合には，亡くなったスリー・ナーラーヤナ・グルは，ヒンドゥーの聖者というよりも，あたかも永遠の教皇のように扱われているし，タントリと呼ばれる位の高い祭司と一般の祭司，修行中の祭司見習いといった聖職者の養成システムにも，キリスト教の影響が窺われる[5]。

3．模範的な州におけるコミュナリズムの兆候

　各カースト団体によるカースト内部の改革や市民権の獲得が図られ，また独立運動がそうした動きと連動していった。インド独立後，1958年2つの藩王国は王権を放棄してマラバール地方と合併し，ケーララ州が成立した。その直後から共産党を中心とした左翼連合が州議会で過半数を占め，土地改革や貧民救済などの革新的な施策を断行したことによって，ケーララの古い体制はほぼ完全に失われた。その後は国民会議派系と政権交代をくり返しながら，ほぼ二大政党制的な体制が確立され，インド人民党がそこに割り込む隙を与えていない。インドのなかでもっとも教育水準が高く，識字率は現在ほぼ100％にまで達している。カースト間あるいは異なる宗教間で対立が表面化することも比較的少ないのは，おそらくそのこととも関係していると思われる。かつて共産党が政権をとった初期の時代には，カースト単位の利害抗争が混乱を招き，中央政府からは「やっかいな州」と呼ばれたケーララだが（Namboodiripad 1968：1-12），最近では社会的な改革の成果によって，「模範」とさえ讃えられている（Franke & Chasin 1992）[6]。

　そうした評価にもかかわらず，現実にはコミュナリズムの影響はひたひたとここにも及んできている。1980年代に入ってインド人民党（BJP）の背後にいてこれを支えている民族義勇団（RSS）が，ケーララでの成長の勢いを増し，1977年と1987年とを比較すると，約30,000人であった会員が56,000人以上，1,500ヵ所であった支部が3,600ヵ所以上にそれぞれ増加している。この勢いをかって1987年の州議会選挙では，BJPが7％近い得票

率を得て，国民会議派と共産党に次ぐ第三の勢力を占めるようになった (Jayaprasad 1991)。この RSS の動きに刺激されて，ケーララのイスラーム教徒が 1991 年末に設立したのがその名もイスラーム義勇団 (ISS) である。正確なところは確認できないが，1992 年の段階での ISS の勢力は ISS 自身の発表で，支部 2,600 ヵ所以上，会員 9 万人という。RSS と ISS は，1992 年 4 月から 1993 年にわたって激しい闘争をくり返し，巻き添えとなった無関係の市民も含めて多くの死傷者を出した（小林 1995：173-174)。その後 ISS が解散したことから事態は沈静化したが，この事件が，宗教をアイデンティティの核とし，他宗教を自らの共同体から排除しようとする傾向がケーララでも相当に広まっていたことを白日の下に曝し，その傾向を増長することになったことは見逃せない。

第 3 節　地域社会における寺院の変質

　もともと「ヒンドゥーイズム」はヨーロッパ人がキリスト教でもなくイスラーム教でもない一群の雑多な慣習や伝統に対して統一を与えるために気休めにでっち上げた用語以上のものではなかった。ケーララにおいては，独特のケガレの空気感染論などがカースト間の分裂をおそらくどこよりも際立ったものにしていた (Jeffrey 1993：104)。しかし，今日では「ヒンドゥー」はより実体的なものとして認知されている。イーラワーのなかには，センサスの選択肢をそのまま並べて，わざわざ「ヒンドゥー・イーラワー」と自称する人々さえおり，高カーストもそれを否定しないばかりか，むしろ積極的に認めようとしている。「ヒンドゥー」という概念には，すでに触れてきたように，植民地支配，キリスト教ミッション，国民国家の形成，あるいはグローバル化などの諸々の文明化作用が複合的に関与しているが，同時に，それぞれの地域社会には，「ヒンドゥー」を固定的実体的なものとして受け入れるそれぞれのプロセスがあったはずである。そこで私たちは，地域社会での寺院のあり方，特に所有や管理，そして儀礼の変化に注目してかなり広い地域での調査を行い，次のような一般的な傾向を観察してきた。旧来のタラ

ワード的な支配と結びついた寺院のあり方が崩壊し，ますます特定のカースト団体が寺院を所有・管理するようになっている状況があり，しかも，そうした寺院ではしばしば宗教的内容の正統ヒンドゥー化が生じている。「ヒンドゥー」の実体化は，地域社会におけるこの寺院の変質とも関係していると予想されるのである[7]。

1．タラワードの支配と寺院

　ケーララにおける地域社会は，他の多くの州とは違って，現在でいうと1万〜3万人にものぼる大きな規模をもつが，かつては特定の貴族的なナーヤルのタラワードやナンブーディリ・ブラーフマンのイッラムがその土地のほとんどを保有すると同時にこれを政治的に統治していた。地域社会の中心に位置し，多くの場合バガヴァティ（カーリー）という女神を祀る寺院を所有したのもこうしたタラワードやイッラムであった。

　この「タラワード」や「イッラム」は，ミリンダ・ムーアの優れた解釈によれば，単なる大家族（出自集団）や財産集団を意味する概念ではなく，儀礼的に重要な意義をもつ「家屋と土地からなる全体論的なユニット」であるとされる。タラワードやイッラムが全体論的な実体であるというのは，そのどの部分で生じた出来事（例えば，死，あるいは儀礼的な神への歓待）であれ全体に影響を与えるという意味であり，またそれがそうした影響の及ばない外部との境界を明確に画定するという意味である。およそケーララのすべての儀礼はこの家屋と土地からなるユニットに関係しており，またおよそすべての社会関係はこの家屋と土地からなるユニットに関係した儀礼によって創始され維持されていた。そうした儀礼がタラワードの成員をタラワードの支配に結びつけるだけでなく，そのタラワードの配下で不可欠な儀礼的役割を担う他のカーストとの関係も規定し，またより大きな政治的な単位（最終的には王国に至る）を統括するタラワードの儀礼がその配下のタラワードとの関係も規定している。したがって，ムーアによるならば，タラワードという集団は，そのカーラナーヴァン（長老）が父に見立てられるような家族の類似物ではなく，カーラナーヴァンが王であるような王国の類似物なのである（Moor 1985；1988）。

写真10-1　祭礼にて子どもを祝福する女神

　支配的なタラワードやイッラムが寺院を所有することの意味は，宗教的なものによる政治的なものの正当化というところにあるが，そこに直接的に介在しているのも「タラワード」という概念である。即ち，寺院はタラワードの隠喩であり換喩であるのだ。そもそも家屋としてのタラワードが，しばしば寺としての役割も持ち，また大地の女神の子宮で男神ヴァーストゥプルシャが死と再生の過程を展開し，その上にブラフマー神を中心とした天界の神々が座すというヒンドゥーのミクロ・コスモスそのものでもある (Moor 1989)。地域社会における寺院は，一方では，儀礼的なケガレ (ティンダル) の論理に基づきそこにどれだけ近づけるかによってカーストの位階を秩序づける中心点をなしていたが，他方では，低カーストまでも含めて，特定のタラワードがその地域全体を儀礼的に包摂する象徴でもあったのである。それが端的に示されるのは，寺院の祭礼において，女神が象に乗せられて地域社会全体を検分しに行くパラと呼ばれる行事である。寺院を所有するタラワードの代表は，貴人だけが持つことを許されたココヤシの葉で編んだ傘をさし，常にこの神に付き添い，領民たちが女神に奉納する様を女神の側にいて見守っていた。

　地域社会の秩序は，その中心に座していたタラワードとの縦の関係あるいは包摂的な関係によっていたのであって，カーストそのものが並列的に凝集

する力は持ち得なかった。また，クリスチャンやムスリムも，儀礼的な汚れなどの規制をヒンドゥーの諸カーストと同様に受けながら，やはりあるタラワードの支配の下に包摂されていたのであって，バガヴァティ寺院に病気平癒などを祈願するクリスチャンやムスリムも珍しくなかった。

2．寺院のカースト化

19世紀末からタラワードが崩壊し始める[8]。当然のこととして，タラワードの支配と結びついた寺院のあり方も動揺し始め，トラヴァンコール，コーチン両藩王国の廃絶される1950年代末以降からははっきりとした変質が認められるようになる。つまり，エスニシティ的なカースト集団単位での寺院の所有というあり方への移行が進み，今日では明らかに特定のタラワード（正確にはかつて大きなタラワードを有していた一族）による寺院の所有に取って代わろうとしている。ナンブーディリ・ブラーフマンのイッラムや貴族的なナーヤルのタラワードの寺院の多くが，その支配下にいたナーヤルのNSS支部に対して委譲されたり，場合によってはNSSによって半ば奪い取られたりしている。また，一部の土地持ちのイーラワーは小さな祠を維持して，高カーストの寺院に立ち入ることを認められなかった同じイーラワーの人々に開放していたが，こうした祠も現在では多くの場合にSNDPに委譲され，それなりの規模の伽藍にイーラワー祭司が常駐して，寺院としての体裁が整えられるようになった。ディー・ワラ・サバーやKPMSといった低カーストの諸団体も，イーラワーの祭司の協力を仰ぎながら，建物を新築し自前の祭司も徐々に養成して寺院を運営するようになっている。タラワード的な寺院のあり方が維持できなくなった際に，裁判所や寺院組合のような外部から仲裁があった場合には，その地域社会にある各カースト団体の代表によって作られる委員会が受け皿になることもあるが，これも，エスニシティとしての「カースト」による寺院所有というなかの異型と考えることができよう。もはやカースト団体の枠組みを利用することなしに民間の寺院を維持することは困難であるような状況にあると言わなければなるまい[9]。

注意しなければならないのは，ここでいう「寺院のカースト化」が，それとしてもともと在った「カースト」という集団が支配的なタラワードから寺

写真10-2　ナーヤル・カースト（NSS）の寺とその世話役たち

院の独占権を奪い取ったということではないという点である。「カースト」は，ケーララ全体における新しいエスニシティ的な連帯を後ろ楯にしながらも，その地域地域においてはまさに自らの寺院を所有することを通じて形成されていった「意識」なのである。今やナーヤル＝NSSやイーラワー＝SNDPの実体性を疑う者は誰もいないが，その実体性を支えている1つの基礎は紛れもなくそうした団体が地域社会において所有するようになった寺院である。

　このようにエスニシティ的なカースト団体によってヒンドゥーが分断されていることは，一面においては，クリスチャンやムスリムのサブグループ（諸宗派）もエスニシティの1つとして全体社会に組み込まれる余地を与えているように見える。また，カーストの存在によるヒンドゥーの弱体化とは，実はコミュナリズム勢力から特に近年に盛んになされるようになった自己批判でもある。実際，特にナーヤル＝NSSとイーラワー＝SNDPの間で寺院に関係した軋轢さえ目にすることも珍しいことではない。

3．正統ヒンドゥー化

　にもかかわらず，この寺院のカースト化は，コミュナリズムにとって必ずしも障害であるどころか，その伸張にとってのひとつの基盤でさえあると考

第10章 「エスニシティとしてのカースト」から「ヒンドゥーというアイデンティティ」へ　259

写真10-3　イーラワーの祭司たち

写真10-4　正統的で大規模な祭礼を催すイーラワーの寺院

えられる。

　地域社会の中心的なバガヴァティ寺院では，しばしばブラーフマン祭司やより高位のタントリ祭司による正統的な諸儀礼に依存する一方で，それとの対比からは否定的な価値しか与えられていない動物供犠（グルティ）や神々のヴェリチャッパッドゥ[10]への憑依による託宣（トゥッラル）など民衆的な諸儀礼をも必須の要素として維持してきた。平民ナーヤルや低カーストは，タントリ祭司はもちろんブラーフマンの寺院祭司さえもたずに，それぞれのプライベートな寺で，より周辺的な神々を祀り，動物供犠や託宣を行っていた。カーストや地域あるいは親族集団によりこうした民衆的なヒンドゥー教の内容はさまざまで，統一されたものではなかった。そして，もともとブラーフマン祭司やタントリによる正統的なヒンドゥー教の導入は，支配者としてのタラワードの卓越化の手段であった。

　ところが，「寺院のカースト化」はそこに明らかな変化，つまり「寺院の正統ヒンドゥー化」をもたらしたのである。イーラワーは，宗教を社会的上昇の手段としてもっとも積極的に活用してきたグループであるために，その傾向がもっとも顕著である。つまり，地主の寺であった時代の非正統的な儀礼，つまり動物供犠や周辺的な神々の人間への憑依による託宣など雑多な宗教的伝統をほぼ完全に放棄し，ブラーフマン的な儀礼，すなわち日常のプー

ジャや，人型の旗を寺院正面の柱に揚げるコーディイェッタムに始まって主神の聖なる沐浴アラットゥに終わる正統的な祭礼の様式に入れ替えてしまった。こうした傾向は，イーラワーの祭司が関与することによって，ワラやプラヤの寺院にまで急速に及んでいる。貴族的なナーヤルのタラワードやナンブーディリのイッラムから NSS が引き継いだ寺院も，政府からの法的な規制だけでなく，こうしたイーラワーからの刺激も受けることで，動物供犠についてはほぼ完全に止めてしまっている。ナンブーディリ・ブラーフマンの

写真10-5　プラヤ・カーストの寺院と祭司

イッラムの所有していたもともとよりブラーフマン的な寺院を譲り受けることで，結果的に正統ヒンドゥー化を被るというケースも多い。それに対して，ナーヤルの親族集団で維持されているプライベートな寺院ではいまだに動物供犠や託宣がひっそりと続けられていることも珍しくない。カースト団体による公共的な所有が，正統ヒンドゥー化に結びつくような宗教的領域に対する自覚化の契機となったのである。

4．カーストからヒンドゥーへ

　地域社会における「寺院のカースト化」は，一般的に「正統ヒンドゥー化」というもうひとつの傾向をともなっており，「エスニシティとしてのカースト」の生成も，単にカースト団体が寺院を所有するだけでなく，少なからずその「正統ヒンドゥー化」を通じてなされてきた。各カーストはほとんど同じ規格の宗教を手にしたことになる。その結果として，カーストの境界は維持されたままに，「ヒンドゥー」というもうひとつのアイデンティティの方も，カースト団体の実体性に裏打ちされる形で，また実体性を帯びてきたのである。寺院のカースト化によって，タラワード的な支配の下で統

合されていた地域社会が単に分断されたのではなく，住民たちが新しい「エスニシティとしてのカースト」を通じて「ヒンドゥーというアイデンティティ」へと媒介される新しい秩序への再編の傾向も見られたのである。ケーララにおいて，宗教の差異が絶対視される風潮が強まってきた背景の1つには，このような寺院の変質を核とした地域社会の再編傾向があったものと考えられる。

以上がほぼ20世紀の半ば以降の話であるところに改めて十分に注意したいと思う。カースト団体という組織やヒンドゥーなるアイデンティティにいたずらに古よりの歴史的根拠を認めてしまうことは，そのままコミュナリズムに加担することにつながるのである。

注
1）ギアーツがエスニシティ論のなかでインドを扱ったのは1963年のことである（その10年後に加筆）。ここでは，特に1980年代90年代からの変化に注目する。
2）コミュナリズムにおける「宗教」については（小林 2002 a）を参照されたい。
3）言及する余裕はないが，「文明の衝突」論（ハンチントン 1998）に対する批判を念頭に置くと同時に，「近代」に対する「神の復讐」（ケペル 1992）や「反システム運動」（アリギ・ホプキンス・ウォーラースティン 1998）をも意識している。
4）Kumarは発行年不詳。東京大学総合図書館の推定にしたがって1994？とした。
5）ナンブーディリ・ブラーフマンにおけるタントリの地位は一定の家系のなかで世襲されるが，イーラワーの場合にはその能力によって誰にでも機会が保証されている。ナーヤルはナンブーディリ・ブラーフマンやトゥール―・ブラーフマン（カルナータカ地方に出自をもち，ナンブーディリよりも身分が低い）を寺院祭司として雇用し，自らのカーストから祭司を養成することはしていない。
6）ただし，そのケーララの「モデル」については毀誉褒貶がある（Parayil (ed.) 2000）。
7）第3節の内容は，1999～2001年にかけてケーララ州アラップラ県北部とエルナクラム県南部において断続的に行われた調査に基づく。具体的な諸事例の報告を含めて，より詳しくは（小林 2002 b）で論じている。
8）タラワード崩壊の事情については（小林 2000）を参照されたい。
9）加えて，1980年代以降には，そのようなカースト団体の枠組を使わないヒンドゥー主義的な傾向が一部で見られるようになり，無視できない現象であるが，そこにおいても，カースト間の壁はまだ厚いとの印象を拭いきれない。低カーストを排除するためにタラワード的な指向とナーヤルのカースト団体的指向が妥協するようなケースもある。かつての王立寺院などの大寺院はほとんどが州政府の管理下に置かれている。

10) ナーヤルやイーラワー出身のシャーマン的な宗教的職能者で，もともとバガヴァティ寺院には不可欠の存在であった。しかし，その社会的評価は低くなり，すでに1980年代から多くの寺院で後継者を得られず，その伝統が途絶えてしまっている。

参考文献

Bayly, S. 1989 *Saints, Goddesses, & Kings : Muslims and Christians in South Indian Society. 1700-1900.* Cambridge : Cambridge Univ. Press

Brown, L. 1982 [1956] *The Indian Christians of St Thomas,* Cambridge : Cambridge University Press

Dempsey, C. G. 2001 *Kerala Christian Sainthood : Collision of Culture and Worldview in South India,* New York : Oxford University Press

Franke, R. W. & B. H. Chasin 1992 *Kerala : Development through Radical Reform,* New Delhi : Promilla & Co., Publishers

Fuller, C. J. 1976 *The Nayars Today,* Cambridge : Cambridge University Press

Gladstone, J. W. 1984 *Protestant Christianity and People's Movements in Kerala 1850-1936,* Trivandrum : Seminary Publications

Jayaprasad, K. 1991 *RSS and Hindu Nationalism : Inroads in a Leftist Stronghold.* New Delhi : Deep & Deep Publications

Jeffrey, R. 1976 *The Decline of Nayar Dominance : Society and Politics in Travancore, 1847-1908.* New York : Holmes & Meier

―――, 1993 *Politics, Women and Well Being : How Kerala Became 'A Model',* Delhi : Oxford University Press

Kariyil, A. 1995 *Church and Society in Kerala ; A Sociological Study,* New Delhi : Intercultural Publications

Kawashima, K. 1998 *Missionaries and a Hindu State : Travancore 1858-1936,* Delhi : Oxford University Press

Kumar, S. 1994? *Political Evolution in Kerala : Travancore 1859-1938,* New Delhi : Phoenix Publishing House PVT LTD

Moor, M. A. 1985 A New Look at the Nayar Taravad. *Man (n.s.)* 20 : 523-541

―――, 1988 Symbol and Meaning in Nayar Marriage Ritual. *American Ethnologist* 15 : 254-272

―――, 1989 Kerala House as a Hindu Cosmos. *Contributions to Indian Sociology (n.s.),* 23 : 169-202

Namboodiripad, E. M. S. 1967 *Kerala : Yesterday Today and Tomorrow,* Calcutta : National Book Agency Private Limited

Parayil, G. (ed.) 2000 *Kerala : The Development Experience,* London : ZED BOOKS

Tisserant, E. 1957 *Eastern Christianity in India,* London : Green

Visvanathan, S. 1993 *The Christians of Kerala : History, Belief and Ritual among the Yokoba,* Madras : Oxford University Press

アリギ, G., ホプキンス, T. K., ウォーラースティン, I.　太田仁樹訳　1998　『新装版 反システム運動』大村書店
アンダーソン, B.　白石さや・白石隆訳　1987　『増補　想像の共同体：ナショナリズムの起源と流行』ＮＴＴ出版
藤井毅　1994　「歴史のなかのカースト――古典的インド社会観の実体化をめぐって――」『現代思想』22巻7号，pp. 99-111
ギアーツ, C.　吉田禎吾ほか訳　1987　「統合的革命――新興国における本源的感情と市民政治――」『文化の解釈学II』岩波書店
ハンチントン, S.　鈴木主悦訳　1998　『文明の衝突』集英社
広瀬崇子　1994a　「インドにおけるヒンドゥー・ナショナリズムの台頭――インド人民党を中心に――」『アジア経済』35巻3号，pp. 2-22
―――, 1994b　「パンジャーブ紛争」岡本幸治・木村雅昭編著『南アジア』（紛争域現代史③）同文館
ケペル, G.　中島ひかる訳　1992　『宗教の復讐』晶文社
小林勝　1992　「ケーララ社会とブラーフマン――統一王権の不在状況下におけるカースト制について――」『民族学研究』56巻4号，pp. 407-428
―――, 1995　「ケーララの多宗教社会とコミュナリズム」杉本良男編『宗教・民族・伝統――イデオロギー論的考察――』南山大学人類学研究所
―――, 2000　「イデオロギーとしての母系出自集団――南インド・ケーララ地方におけるタラワードと植民地支配――」森部一・水谷俊夫・吉田竹也編『文化人類学への誘い』㈱みらい　pp. 69-88
―――, 2002a　「空虚なる法，聖なる暴力――インドのコミュナリズムにおける『宗教』――」杉本良男編『宗教と文明化の20世紀』ドメス出版
―――, 2002b　「地域社会における寺院の変質とヒンドゥー・アイデンティティへの試論――ケーララ州中南部での調査から――」関根康正編『南アジアにおける経済自由化と「宗教空間」の変容に関する人類学的研究』（平成11～13年度科学研究費補助金（基盤研究A-2）研究成果報告書）日本女子大学
近藤治　1994　「インド・パキスタン紛争――カシミール問題を中心に――」岡本幸治・木村雅昭編著『南アジア』（紛争域現代史③）同文館
―――, 1996　『インド史研究序説』世界思想社
小谷汪之　1993　『ラーム神話と牝牛――ヒンドゥー復古主義とイスラム――』平凡社
長崎暢子　1994　「政教分離主義と基層文化・ヒンドゥーイズム」蓮実重彦・山内昌之編『いま、なぜ民族か』東京大学出版会
内藤雅雄　1998　「インドの民主主義とヒンドゥー原理主義」古賀政則・内藤雅雄・中村平治編『現代インドの展望』岩波書店
中村平治　1991　「東パーキスタン自治要求運動の展開――イスラーム国家と民族――」佐藤宏編『南アジア――政治・社会――』（地域研究シリーズ⑧）アジア経済研究所
中村忠夫　1998　「今日のヒンドゥー教とメディア・テクノロジー」西川長夫・山口幸

二・渡辺公三編『アジアの他文化社会と国民国家』人文書院
大澤真幸　1994-95　「ナショナリズムの由来」『本』1994年1月号～1995年12月号連載，講談社
押川文子　1994　「インドの政治とカースト──『後進諸階級』問題を中心に──」中兼和津次編『近代化と構造変動』（講座現代アジア2）東京大学出版会
佐藤宏　1997　「現代インドの国家と言語」近藤治編『南アジア史』（アジアの歴史と文化⑩）同朋舎
関根康正　1995　「暴力・政治・宗教──マドラス市の祭礼ヴィナーヤガ・チャトゥルティの現在からの考察──」，杉本良男編『宗教・民族・伝統：イデオロギー論的考察』南山大学人類学研究所叢書Ⅴ，pp. 179-213
──────，2000　「生活世界の信仰から見直すコミュナリズム現象──チェンナイ（マドラス）市における1994～98年の参与観察と聞き書きを中心に──」『東洋文化』80：pp. 1-76
杉本良男　1997　「南・東南アジアの宗教と民族・ナショナリズム」中野毅・飯田剛史・山中弘編『宗教とナショナリズム』世界思想社
田中雅一　1994a　「スリランカの民族紛争──その背景と解釈──」岡本幸治・木村雅昭編著『南アジア』（紛争域現代史③）同文館
──────，1994b　「ヒンドゥー・ファンダメンタリズム」井上順孝・大塚和夫編『ファンダメンタリズムとは何か：世俗主義への挑戦』新曜社

ハリー・クリシュナンの現在

　ハリー・クリシュナン，32歳。カルタという称号をもつ貴族的な家系に属す。没落したとはいえ，現在でも一族で所有する女神寺院の祭礼が昔の栄華を偲ばせる。NSSはこの寺を譲り渡すように要求しているが，カルタの長老たちは平民の言うことに聞く耳をもたない。一方，実際に寺のために働くハリーたち若手は，寺の運営が困難となりつつある現実を認めるべきだと考えている。しかし長老に対して意見するなど許されるはずもない。

　ハリーがたまたま私に付き添ってSNDPが運営する寺の祭礼を訪れ，そこで食事を振る舞われたことがある。「母親に知れたら怒り狂って叩かれるだろう」と帰り道に苦笑いする彼だが，その地域の小学校で教師をしており，イーラワーの教え子やその親たちからすすめられるその食事を拒むことは出来なかったのである。実際に子どもたちがどれほど彼の訪問を喜び歓迎したことか。しかし，彼は低カーストから被ったケガレを浄化するために帰宅後すぐに水浴びをせずにはいられなかった。カーストの溝は今なお深い。

　穏やかな彼が一度だけ私に対して不機嫌になったことがある。マラヤーラム語を習っていたナーヤルの老先生が体調を崩したため，新しく失業中のシリアン・クリスチャンの青年を採用した時のことだ。マラヤーラム語は本来ヒンドゥーの言葉であるからクリスチャンに正しいマラヤーラム語を教えることはできないなどと理不尽なことを言うハリー。コミュナリズムは突然こんな風に顔をのぞかせる。

　でも，それよりももっと驚かされたのは，一昨年ハリーがアムウェイに入会し，私を子会員にしようと勧誘してきたことだ。あれほどアメリカの影響がインド社会に害悪をもたらしていると説いていた君が，資本主義の権化のようなアムウェイとは！　しかし，考えてみれば彼も私もグローバライゼーションに翻弄される同時代人なのである。だから正直に言った。「いや，実はうちの義姉夫婦もやっててね，洗剤とか鍋とかよく貰うんだよ」。

終　章

民族共生の可能性
——文化力学試論[1]——

第1節　国際政治の集約化と多極化

　20世紀には多くの国民国家が形成され，既存の国家は自己目的的ナショナリズムを追求した。そのため，植民地支配に走る諸国家は武力と権力にまかせて国境線を引き，これが既存の民族集団を分断し，あるいは異民族を同一テリトリー内に囲い込む結果を招いた。第2次世界大戦後，ほとんどの植民地は独立国家となったが，その場合の国境線は植民地時代のそれを踏襲せざるを得なかったため，その後のナショナリズムと民族主義の葛藤は計り知れない深刻な状況となった。一例を挙げれば，インド，パキスタン，バングラデシュの諸関係であり，あるいは戦前に遡れば，マレーシアとタイとの国境問題がある。この国境は現地に住むマレー系住民の頭越しに，タイと英国との間の条約（1909年）によって定められたため，今日見るように，北部マレー人の一部はタイに編入され，同一民族としてのマレー人が国境によって南北に分断される結果となった（丸山 1972）。すなわち，今日の南タイ4県（チャングワット）住民の大部分はマレー人であり，彼らは文化圏としては南部のマレーシアと連動し，タイ国民でありながら，いわゆるタイ・モスレムとして，大多数のタイ国民が属する仏教文化圏の中では，少数民族となっているのが現状である（丸山 1986）。このような事例は枚挙にいとまがない。

　一方，20世紀も末期となって見られたソビエト連邦の崩壊とそこからの民族国家[2]の独立は，民族問題の国際的舞台への台頭を象徴するものであったと言える。すなわち，旧ソビエト連邦の周縁部に位置していた東端のカザフスタンから西端のバルト3国に至る15ヵ国がほとんど時を同じくして独

立したのはまさに画期的な出来事であった。しかも，1917 年には，血の革命によって独立したソ連から，無血革命と言うより，平和的合意によって従来の少数民族「共和国」が瞬く間に成立し得たのは 20 世紀末の奇跡とさえ言えよう。ただし，この独立劇に乗り遅れた現ロシア内のチェチェンが，その後いかに努力して独立しようとしても，ロシアは頑強にそれを認めず，かえってチェチェンに侵攻（1994～96 年）し，過酷な武力弾圧でこれを抑圧したのは周知のとおりである。

国内の少数民族が，このように円満に独立することは例外中の例外である。今日のいわゆる民族問題の多くは，少数民族の独立運動に対する国家権力の弾圧によるものと言えよう。上記のロシアにおけるチェチェン問題の他，中国のウイグル人やチベット人，インドネシアの東チモール問題[3]，スペインのバスク人，南タイのイスラム教徒，トルコ，イラン，イラク等にまたがるクルド人など，少数民族の独立運動は常に国家権力による強烈な弾圧の対象であった。国家はその一部をなす少数民族の分離独立を常に嫌悪し，その実現をあらゆる手段で阻止しようとするもののようである。それ故にこそ，旧ソ連から 15 ヵ国の分離独立が平和裏に行われたことは，実に画期的なことであった。

ところが，このようにして国際舞台に登場した民族国家ではあったが，反ソビエト運動の強かったウズベキスタンを始め，カザフスタン，キルギスタン，タジキスタン，トルクメニスタン（いわゆる独立国家共同体）は経済的，軍事的に完全に旧ソ連の影響を払拭することはできず，旧ソ連と密接な関係を継続せざるを得ないのが実情である。カザフスタンの場合，独立後，ウズベキスタンなど外国から帰国したカザフ人を迎えた結果，カザフ人が辛うじて全人口の 50％を超えた状態であり，ロシア人は，その一部がロシアに帰国したとはいえ，依然としてカザフ人に継ぐ第二の多数派構成民族集団であって，カザフ対ロシアの逆転した民族構成をなしている（丸山 1997）。

20 世紀末葉から顕在化したこのような民族集団の動向は，従来からの国民国家の関係性に対して大きなインパクトを与えている。ベルリンの壁の崩壊（1989 年）は，既存の米ソ二極構造を変革する象徴的事件であったが，ソ連が崩壊すると共に，これが内的に分化し，同時にヨーロッパ諸国は EC へ

統合するなど，既存の国家が内的細分化と外的統合という相反する方向への国家の再編成が行われたのが20世紀末の国際関係の特色であった。そして，このような画期的な国際関係図式の変革は，国家の枠を超えたグローバリゼーションへの新しい秩序の創造を要請するかにみえた。

ところが，パックス・アメリカーナとしての一極集中的単一価値体系への危惧が叫ばれており，仮に英語・米語がもっとも使用頻度の高い言語になったとしても，またグローバルな情報ネットワークが張り巡らされたとしても，単一の価値体系に対抗する異文化の台頭を阻止することはできない。たとえばイスラム的秩序はますます勢力を拡大しようとしているし，ECや中国をはじめとするアジア諸国の国際舞台への台頭は今日もっとも注目すべき現象となっている。ここに，国際的関係の単一化，統合化，標準化へと一気に流れようとする傾向に対して，これと逆行する価値観の多元化運動が抵抗勢力として，今後いっそう進行することが予想される。このような現象は本質的には価値体系と生活様式を異にする文化の問題に起因すると言うべきであり，異文化間関係論として捉えるべきである。ここに筆者は文化力学再考を提唱するものである。

第2節 「共生」概念の再検討

本書における共同プロジェクトは，民族の共生を基本テーマとするものであるが，このような意味で一般に使われている共生という概念は，生物学におけるような異種の生物の相互依存的共存関係というような記述概念であるというより，むしろ国際関係の中で諸外国あるいは異文化の体系が平和的に共存することを理想とする，いわばかくあらまほしという願いを込めた価値概念というべきものである。ここでいう共生は，複数の異文化が文化相対主義に依拠して共存す「べき」ものとして，アプリオリに前提されており，これに反することは世界平和への挑戦であり，反動であるとして許されないものであるとの思い込みがあるかのようである。

確かにイスラム文化とユダヤ文化は共存し，パレスチナ人とユダヤ人とが

平和的に共生出来ることは人類の大きな願いであろう。これを否定する理論的根拠はどこにもない。しかし，現実には文化相対論の無力さはどうだろう。今や，国際政治の舞台における価値体系の衝突は力関係がむき出しの状態である。子どもたちに対する平和教育として「文化相対主義」を教えるのはいい。それは人間社会における理想でなければならないからである。しかるに，異文化の共生という願いの中には，脆弱な文化相対論の問題点が露呈しているのが現実ではないだろうか。

文化相対論に内在する最大の理論的問題点は，それ自身が自民族中心主義（エスノセントリズム）に対峙する二元論の一極をなすという事実そのものに起因している。エスノセントリズムは異文化の尊厳を認めず，自らの社会，文化的優越性をのみ主張するため，そこからは国際的協調や異文化の平和的共存は望むべくもない。従って，独善的なエスノセントリズムは，それ自体としてはいかなる理由においても国際的存在理由をもつことが許されない。そこにエスノセントリズムを否定する主張の正統性があるとの認識が生まれ，「それゆえに」エスノセントリズムを否定して直線的に文化相対論に走ろうとする。そこに一種の陥穽がある。

文化相対論は異文化の相異を相対化し，相異する両者間に共通性のあることを予想して，これを見いだそうと努力する。この際，異文化とは自文化から見た他の文化（単数または複数）という場合と，他の文化（複数）相互間の場合とがある。前者の場合，①自他のダイアッドの場合と，②複数の他者（たとえばA，B）相互間およびそれらと自らとの関係（自とA，自とB）とがある。後者の場合，自とA，自とBとはそれぞれ①のダイアッドの複数の延長であると同時に，AとBの直接関係を加えて，3組のダイアッドの組み合わせによる三角関係をなす（図1，図2参照）。

図1において，自他のいずれかが自己主張のみして他者の主張と尊厳を認めなければ，そこには「自」を中心とするエスノセントリズムが成立するし，自他が相互に自己主張しつつも相手の主張に耳を傾ける寛容さがあれば，そこには文化相対論が成立する。問題は図2において，仮に自と他A，自と他Bの間にそれぞれ文化相対論的互恵関係が成り立ったとしても，もしもAとBの間で相互不信または険悪な関係があった場合には，自の立場が不安定に

図1

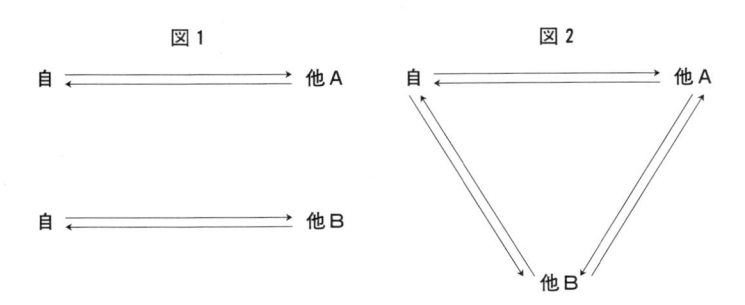

自 ⟷ 他A

自 ⟷ 他B

図2

自 ⟷ 他A
自 ⟷ 他B
他A ⟷ 他B

なるばかりでなく，3者関係それ自体に亀裂の危険性が生じるということにある。なぜなら，AとBとが緊張関係にあるとき，自はAとBの双方から協調を求められるか，または双方から疎んぜられるか反発されるからである。

そのような実例は多い。と言うより，国際的対立のあるところにはどこにでもあると言うべきであろう。中国・台湾とわが国，大韓民国・朝鮮民主主義人民共和国（北朝鮮）とわが国などはその例である。中国と台湾とは国際政治の中で国家としての正当性を互いに主張しあっている。このような二国対立の構図の中で，第三国は国家としての正当性として一ヵ国を選択せざるを得ず，その意味では文化相対論は止揚され，選択されなかった方の国との共生は放棄されたかのように見える。国家としての正当性を原理とすれば，現実には二者択一しかなく，多角的外交関係は不可能であるように見えるが，国家としての正当性の様式を維持したまま，経済的学術的交流などは，一定の制約の範囲内ではあるが，現実にはかなり頻繁に行われている。しかも，このような「非公式」の交流はペアとなる国家との公式の外交関係を犠牲にしないで，いっそう実施されるべきであるというドライブを持っている。その根底には，より多国の間の国際的貿易や流通を通じていっそうの利潤を追求したいという動機があるであろうし，あるいは単なる愛他主義に因るものであったかもしれない。一見，頼りにならないような国際世論の動向は，時には国際政治の場で国家の権威を窺いつつ，その面子を重んじながら，時には経済的利潤の追求には速やかな対応に理解を示す。国家的には非承認の社会とは，たとえば学術交流を盛んにしつつ，国家的に承認した国からの非合法非公式の訪問者（たとえばボートピープルなど）の来訪（つまり侵入）に

は厳格な拒絶をする。

　われわれが普通に「共生」と言うとき，それは異文化とか外国との共存を意味しているようであるが，そこでは外国人，異民族の具体的な個々人をイメージしているのであろうか。ボートピープルの不法侵入を拒否していることは，その動機はともあれ，この人びととの共生をわれわれは拒絶していることになる。それは明らかに不法行為であるから，との理由で拒絶するのであるが，出入国に関する国際協定に違反する行為であるため，出国した側でも当然，これを不法行為として取り締まることになる。わが国の場合，不法侵入は経済的なものである場合が多いが，内外の生活水準の格差が大きければ，そのような不法侵入はしばしば起こりうることであり，それは国籍を問わずあり得ることであるから，国際協定の有無にかかわらず，ボートピープルは不法侵入者として排斥，強制送還される。侵入者の意図や国籍はともかく，拒否する側の論理としては，あくまでも「国家として」，違法行為を取り締まるのであり，違法者を許し，彼らと共生するという思想は，国家権力の側には毛頭ないはずである。

　現今，わが国では難民の取り扱いが問題となっている。そこには突発性による動機判断の困難さ，仮に政治的難民とした場合の関係国との政治的緊張と調和のとり方の問題，人道主義的判断の難しさなど，従来わが国では未経験の諸問題が介在していることが政策決定を複雑かつ困難にしている。難民を共生との関連で考えた場合，前述の通り，共生が望ましい人間関係のあり方として捉えられている限り，難民は即，受け容れられる「べきもの」となるであろう。たとえ非合法的入国であったとしても，ある種の「難民」として認定されるべき資格と条件を備えていれば，この人びとを拒絶するべき他の理由は見いだし難いであろう。しかし，この人びとを受け容れるということは，いくつかの可能性を前提とすることになるであろう。たとえば，未熟練労働者の大量移入による全般的雇用状況の悪化と低賃金化，なじみのない行動様式を持つ人びとと隣人になり，行動としての異文化を受け容れるということなどである。好況の頃，ヨーロッパ諸国では低賃金労働者を国外から大量に受け容れた。その結果は，今日英，独，仏，ベルギー，オランダ等において深刻な政治問題，経済問題，そして民族問題となっていることは周知

のとおりである。

　このような西欧諸国における実情をみて，異民族を安易に受け容れるべきではないと教訓的にこれを受け取る人びとは保守的となり，これに乗じて極右勢力は勢いづくが，異文化，異民族共生の立場に立つ限り，基本的には異民族としての難民を拒否することは困難であるし，それ故に上記したような異民族，外国人との共生に伴う痛みを共有しなければならないであろう。もっとも，この苦痛は母国で生活してゆくことの困難であった人びとを救済したという自信と自負の代償であるともいえよう。

第3節　共生の要因分析

　このように考えると，異文化，異民族との共生はこれを促進する要因と反対に共生を阻害する要因とに分けて考えられる。各要因の内容を分析すれば，次のとおりである。

1．共生促進要因

(1)　ヒューマニズム

　文化相対論は大きな世論となり，正当な社会通念として広く是認されている感がある。少数意見に耳を傾けよ，という声に誰が正面から反論することができようか。たとえば政治的イデオロギーゆえに身体の危険を負う人は，とりあえず保護してやらなければならないというヒューマニズムは民族や国籍の違いを越えて人びとに訴えるところがある。少数民族や異文化を持つものをむやみに排斥すべきではないという考え方は，民族の共生という方向に向かう基本的な要件であるといえよう。これは普遍主義（ユニバーサリズム）としての方向性を持った異民族共生の基本原理の1つである。

　しかし，現実には共生を許認可されようとする少数民族や異文化を持つ人びとの身辺には，場合によっては生命の危険をかけた確執があり，第三者の安易な介入や妥協を許さない厳しい状況があって，いわゆるヒューマニズムが無力とならざるを得ない場合も少なくない。民族共生の課題は，普遍的

ヒューマニズムの観点から今後さらに検討され続けるであろう。その際，ヒューマニズムの内容と方法について議論が集中するはずである。

(2) マスメディアを通しての異文化交流

　好むと好まざるとに関わりなく，異文化は滔々と行き来している。特にインターネットによる情報は国境や文化の壁を越えて直接個々人に到達する。雑多な情報は個人によって選択され，選択の基準はマスメディアによる方向付けにより左右されるところが大きい。つまり，ある種の情報は選択され，その他の情報は拒絶される。選択された情報の一部は既存の文化の中へ受容され，その意味で異文化は既存の文化と共生することになる。

　異文化の導入と言えば，かつては直接的な人の接触を介して行われることが多かった時代もある。たとえば，商人や巡礼者その他の旅人が異国の情報を伝達する媒介者となった。そこでは紀行文や旅日記が興味を持って読まれたが，情報そのものがきわめて限られていたのでかえって希少価値があり，文化伝播の役割としては無視できなかったが，同時に個人的な情報は独断と偏見に左右される危険性もあった。しかし，交通機関やマスメディアの発達につれて情報の量が増大するばかりでなく，それとともに情報の質が問題とされ，選択されるようになった。それは社会的分化と関係があり，個人の社会的地位や興味関心によって情報の持つ意味が異なってきた。社会的分化ということは，当該社会がトータルにもつ文化の総体が分化し，下位文化（サブカルチャー）が意味を持つようになるということである。

　異文化の流入と同時に，自文化のあるものは文化の境界を越えて異文化の中へ混入してゆく。これもまた個人的な次元から社会的次元まで及ぶ。もちろん，今日でも個人的直接経験による異文化接触はあるし，それもかなり頻繁になされる場合もあるが，旅そのものが大衆化し，観光産業として個人を左右することが多い。膨大な量の観光情報はインターネットやマスメディアによって媒介され，異文化選択の内容と方法をコントロールする。したがって，個々人の異文化接触も航空会社，旅行業界，ホテル業界，小売商業界，現地の治安状況などによって左右されるし，もちろんメディアから流される情報に対する個々人の反応も無視できない。旅は一時的体験である。旅先で

の一時的感想や感慨から覚めて自文化へ戻った後，異文化接触の体験がどのような意味を持つかについては改めて吟味しなくてはならないであろう。異文化接触をしたために，異文化理解が進む場合もあろうが，その逆の場合もありうるからである。後者の場合，異文化との共生はいまだ程遠いといわなければならない。

(3) 多国籍企業と多文化主義

今日の異文化接触とその結果としての異文化共生の問題は，産業構造，金融市場，流通機構等の国際化に起因するところが大きい。すなわち，原材料の調達から製造，販売過程は国境を容易に超越して行われ，いわゆる人，物，金，そして情報の国際流通が容易かつ頻繁になるにつれて，異文化は個々人のレベルにまで押し迫ってきた。そして異文化との共生をするかしないかの選択を求めているのである。

人は商品を選ぶ際，その機能，利便性，価格，安全性，社会的評価やブランド等を基準にする。商品生産の技術が高度化し，それが標準化されると，商品の生産地へのこだわりが減少し，機能や価格での競争が激しくなる。しかし，他方ではこのような標準化に対抗して個別商品のブランド化がいっそう進み，他との差別化を主張する商品が現れる。特定の国名，地方名，企業名のもとに商品の付加価値が強調されるのであるが，この過程はもはや従来のトータルな〇〇文化，〇〇民族というものへの評価とは異質のものであろう。たとえば，スコッチ・ウイスキー，ボルドー・ワイン，パリの香水，イタリアのネクタイ——などといえば，地名，国名自体がすでにブランド化している感がある。もちろん，それらの間にも優劣の差が大きいとしても，異国の庶民にも，事実上，これらの商品の一部が手に入るようになったと言えるであろう。その結果が満足を与えるようなものであれば，異文化は需要され，少なくともその商品文化との共生は歓迎されることになったと言えようが，他方では，もちろん逆の結果もある。

異文化間の接触があって，その結果，一方または双方の文化の体系に大きな変化が生じたとき，この文化変化を文化変容（アカルチュレーション）と呼ぶが，今日の文化接触過程はあまりにも日常化し徹底しており，文化変化

を与えた要因の分析が複雑で同定しがたいところから，ある文化変化の現象を捉えて文化変容であるか否かの判定をすることは実際上困難となっている。生産，物流，消費，金融等のすべての現象が通文化的に行われている現実を考えると，「異文化との共生は可能か」という問い自体が現実を遊離したものであるとの印象がないであろうか。したがって，アカルチュレーションの概念は今日，文化人類学でもほとんど使われなくなっており，文化分析の概念としての有効性を喪失したと言えるのではなかろうか。

(4) 異文化間交流促進政策

このように，われわれの生産，消費行動は既に国際化し，通文化的になっているが，それでもなお意識的に国際交流を促進しようとの政策が実施されつつある。たとえば，留学生の増員計画とか国際映画祭の開催，オリンピックをはじめ各種国際スポーツの開催などがその例であり，これらをソフト面で支えるための外国語学習の勧めがある。

これらの催し物は多種多様である。その名も国際親善を標榜するものが多く，正面から異文化，異民族，外国人との共生を目指したものである。中には，最近見られる韓国の日本文化解禁政策のように，大統領の方針によって，日本の歌謡曲や文学作品などが解禁されたものもある。これは事前に日本文化への十分な需要があることが知られている分野であり，市民の要望を政府が追認したようなものである。と言うのも，従来の韓国政府による対日政策が反日，排日的であったことの反動でもある（もちろん，その前には，韓国が反日，排日となる理由があったのであるが）。

この種の異文化間交流促進政策は国，地方公共団体，各教育機関等のそれぞれのレベルにおいて盛んである。中でも特筆すべきことは，学校教育における異文化共生教育の実践についてであろう。戦後すぐからユネスコを中心に行われた平和教育はそのはしりであり，その後も平和教育，国際理解の教育と，その名は変わっても，一種の異文化共生教育がわが国の初等中等教育段階において行われたことは意義あることであったが，一方，その内容を吟味してみることも必要なことであろう。平和教育，異文化理解の教育とは言っても，その責任者としての教師に果たして十分な準備ができていたかど

うか。たとえば，戦争の惨禍を記述することは容易であるとしても，戦争の悲劇から平和な未来を描くことは，祈りの次元を越えて，冷静な社会科学的判断に基づく教育を実践することは容易なことではなかろう。そこに教師教育から始まる国際理解の教育，異文化共生教育の重要性と困難さがある。

こうした異文化への構えの背景には，文化相対論に依拠しつつ，異文化，異民族との共生を目指すという目標がある。しかし，そこで問題なのは，異文化間交流を実施するだけでなく，これを通していかなる相互理解が実現したかという点に関する評価であり，このような評価を通じて初めて異文化間交流政策の効果を知ることができる。

(5) 外国人労働者動員政策

(3)に述べた企業の多国籍化と関連が深いが，現在，外国人労働者の移動が著しい。このことが異文化接触の直接の契機になることもあれば，労働市場の緊張や文化摩擦を引き起こす場合も少なくない。もちろん，外国人労働者を引きつける要因と海外から押し出す要因とがあり，この２つのベクトルが合致したとき，労働力は円滑に移行し，外国人労働者は国内労働市場の中において安定することになろう。

ここで，外国人労働者を便宜上，２種類に分けて考えてみよう。

① 知的労働者導入（企業の多国籍化に伴う専門職労働者の導入）

わが国においてその数を正確に把握することは困難であるが，たとえば中国人留学生が日本の大学を卒業後（あるいは学位を取得後），帰国しないで日本の企業に就職し，家族とともに日本に滞在するという事例はかなり多いはずである。この場合，職種がかなり専門的であるという事情で，一般日本人との就職口の奪い合いなどの葛藤はあまり見られないようである。しかし，今後はこのような傾向がいっそう増大することが予想されており，日本の大学を卒業した外国人ばかりでなく，外国から直接応募してくる場合が予想されている。この場合，必ずしも日本語能力が要求されないで専門職としてのみの競争となる場合もありうるので，その場合は知的産業においても，国際レベルでの労働市場は厳しい競争にさらされることになる。たとえば，IT産業におけるインド人専門家の導入は，そのような先駆けとなるのかもしれ

② 未熟練労働者導入（全般的労働力不足と外国人労働者の導入）

外国人未熟練労働者の導入は，今日のわが国の労働市場ですでに重要な位置を占めている。「出入国管理および難民認定法」により，「単純労働者」は法的に認められないことになっている。しかし，現実には1980年代以降多数の外国人が不法労働者として働いていることは周知の事実である。先に述べたボートピープルは入国自体が不法であるが，合法的入国でも，滞在期間が過ぎてなお帰国しない者や，資格外就労をするものも多い。80年代前半までは女性が多く，主に風俗関係の仕事に従事していたが，その後は男性が増え，いわゆる3Kといわれるような仕事でもこなすようになったという（森田 1994）。

未熟練労働者の導入に関しては，ヨーロッパの場合について前に触れたように，ホスト社会の経済的事情によって導入しながら，不景気になったり不要になると邪魔者扱いしたり差別したりするというので，これが民族差別問題に発展している。わが国においても，ヨーロッパほどではないが，すでに一部では同様の問題を抱えるまでになっている。

2．共生阻害要因

他方，異文化，異民族との共生を阻む要因がある。これにも異文化にほとんど無関心という程度のものから，異文化を蔑視または敵視するような積極的な阻害要因まである。

(1) 異文化への無知，無関心または「誤解」

異文化との共生が問題になるのも，地理的近接性が重要な条件の1つであろう。異文化が隣接することは，相互に相手側の文化に関する情報を得やすくするための条件でもある。その情報が受け手の側にとって好意的なものとなっていれば，異文化との共生はプラスに働き，共生が実現しやすくなるであろうが，反対の場合は，近いが故の反発，反感が起こることになる。いわゆる近親憎悪に似た感情が隣接する民族，国民の間にしばしば見られるのはこの例である。

このような情報の質とは別に，異文化に関する情報そのものの絶対量が不足している場合，異文化との共生は実現の可能性が少ない。わが国の場合，20世紀末期以降，異文化に関する情報の量は著しく増えたが，それまでは外国とわが国相互間において，相手側に関する情報はきわめて限られたものでしかなかった。たとえば，隣接する朝鮮民族に関する情報は質量ともに，ごく一部しか一般の日本人には伝達されなかった。隣接どころか，植民地として併合しながら，じつは日本人と朝鮮民族とが共生していたと言うことは出来ない。なぜなら，日本人と朝鮮民族とは支配服従関係にあって，日本人が朝鮮民族を正当に理解していたとは言えないからである。朝鮮民族が自ら誇りとすることを尊重するという異文化への視点が日本側に欠けていたし，これを可能とするような「まともな」情報が学校教育においてもマスメディアによっても与えられていなかった。まともな情報とは，異文化をことさらに賛美するのではなくても，異文化に暮らす異民族の普通の暮らしをそのまま記述説明するような情報のことである。

　もちろん純粋客観的な報道というものは，とくに植民地に関しては難しいであろうが，異民族の普段着の生活のスタイル（つまり，それが異民族の「文化」というものであるが），それを戦前，戦中の日本人が得られなかったことは不幸なことであった。それというのも，政治的，軍事的支配そのものが，異文化を相対的に見る視点を根本から奪っていたからである。

(2) 自民族中心主義

　このような民族間関係において，支配的な側における異民族観は，自民族中心主義にならざるを得ない。自民族中心主義（エスノセントリズム）とは，自分の民族の生き方について，あまりにも大きな誇りを持ちすぎるため，他を顧みることなく，自らの生き方のみを主張する考え方，生き方である。そのため，これが他民族に及ぶとき，他民族はこれを恐れるか反発し，両者間には安定した関係は確立できない。その尊大さと野心とに軍事力が伴い，過大な民族的自尊心を他に強制しようとする場合，そこには不幸な軍事的，政治的，文化的軋轢が生じることになるであろう。

　民族的誇りはいずれの民族にもあり得るし，それがあるからこそ，他の民

族はこれを認識し，これを承認も尊重もすることになる。そもそも，一民族として存在するということ自体，民族としての自意識，アイデンティティを持つことであり，人類一般とは異なる個別主義（パティキュラリズム）に裏打ちされたものである。その意味において，民族的誇りは諸民族の平和的安定的関係維持のために必要不可欠のことと言えよう。しかし，自らの主張する民族的価値観を他に強制的に押しつけたり，他民族の価値観を否定するとき，これはまさに自民族中心主義として，他の諸民族から顰蹙をかい，疎んぜられるか非難されることになる。これは民族的共生という考えから最も遠い考え方である。

(3) 外国文化排斥主義（ゼノフォビア）

自民族中心主義が多く集団間においてみられるのに対し，いわゆる外人嫌い，または他民族排斥主義ともいうべきゼノフォビア（Xenophobia）は個人のレベルで問題になることがしばしばである。個人差といえば，その原因は多様であるが，基本的には幼児期からの家庭教育や学校教育の影響と考えられる。前述のような「まともな情報」が適切に供給されていることが必要であった。また，次項に述べる政治的経済的な対外関係の悪化によってゼノフォビアが形成される場合がきわめて多い。今日の世界各地における相互的ゼノフォビアの氾濫を見ればわかるように，それらは政治的，宗教的，そして軍事的要因によって悪循環的に増大する面がある。

(4) 政治経済的対立競争による排外主義

今日のように，国際的貿易が多国間にわたり，企業の多国籍化が進むと，生産に従事する労働者も諸外国に住む消費者も企業の国籍がわかりにくくなって，経済摩擦から排外主義へ簡単に走ることはないが，ある種の企業名やその製品名，商標は，依然として（あるいはますます）特定の国名と密接に結びついているため，国際的貿易摩擦が起こると，当該企業の経営者や従業員ばかりでなく，消費者や一般国民まで巻き込んだ反発感情が起こる。特に，政府が保護貿易的な特別関税を課すような場合には，いっそうそのような対立感情を助長することになりやすい。ある種の清涼飲料水がアメリカの

象徴と見なされているとき，反米運動の一環として，その清涼飲料水の不買運動を起こした場合，実際にはそれは輸入品ではなく国産品であっても，その飲み物がアメリカの象徴とされている限り，これを排斥して，反米運動を盛り上げようとする。

(5) メディアによる排外主義の拡大再生産

さて，このような政治経済的対立や摩擦を伝えるマスメディアが，しばしば双方向のゼノフォビアをいっそう増幅し，偏見を拡大再生産することがある。筆者は戦時中の国民学校低学年で，「鬼畜米英」の歌を歌わされた。韓国では70年代まで，反共，反日が教育の根幹にあった。60年代，デトロイトの自動車工場従業員は，日本製自動車の進出によって職を奪われると言って，トヨタ製の自動車をハンマーでたたき壊すパフォーマンスをテレビに放映させた。このような事例は挙げればきりがない。サッカーのワールドカップ開催国の1つとなって，わが国の国際関係はかなり草の根レベルで拡がったとマスコミは伝えた。これも事実であろうが，今日のマスコミは大臣を引きずり降ろすことはおろか，国政をも変える力をもっている。

今，グローバリゼーションの合い言葉のもと，国際的価値体系の単一化が進行しつつあるような印象がある。冒頭にも書いたこの傾向に対する是と非の流れは，実にマスメディアが情報を流すことなく進行することは出来ない。メディアの功罪は実に大きいと言わざるを得ない。異民族との共生を容易にするか否かについては，メディアの出方が大きく関わっていると言える。

第4節　異文化共生の力学（結びに代えて）

個人が共同体からの規制を受け，生き方に一定の共通のスタイルを維持し続けているとき，このような生活様式をわれわれは文化と呼んでいる[4]。人は文化を変えることが出来るが，それ以上に人は文化によって形成され，集団の成員としてのアイデンティティを持つことになる。文化と呼ぶべき生き方のスタイルの中には集団としての生活信条も含まれている。したがって，

これは不変とは言えないまでも，これを変えるにはかなりの抵抗がある。

　文化は個人が生まれて初めて身につけるものであり，死ぬ前に次の世代に受け渡しておかなければならないものである。その中には，その集団固有の価値観が含まれる。集団で共有される価値観は，価値体系と呼んだほうがいいであろうが，これは個人的な好き嫌いとか趣味の問題ではなく，当該社会の政治制度，経済組織，宗教，世界観など，多様な人間生活の諸側面に関連している。したがって，そのような価値体系を含む文化は，これを支える社会集団が一定の凝集性を持ち，安定している限り，それ自体が一定の自己維持装置を持ち，これを変革しようとする勢力に対しては反発，抵抗力を発揮する。これが社会的統合に関する機能主義的な解釈である[5]。

　一方，社会体系が自己目的的完結性を持つとするならば，その社会変化を内的要因から説明することはできない。自己完結的安定性を破るものがあるとすれば，それは内的完結性が不十分であったか，あるいはなんらかの外的要因でなければならない。そこに，異文化との関連性を考慮すべき理由がある。

　今日，異文化との関連なしには，いかなる社会も文化も存在し得ない。ゆえに，外的影響をまったく受けない社会も文化もありえない。その意味で，外来文化とは一種の外圧である。場合によっては自ら外来文化を引き付け，これを内在化する場合もあるが，取り入れた外的要素をいかに内的調和の中に収めるかは，内外のエネルギーの均衡いかんによる。外来の要因（外圧）が強ければ，内部はより大きく変革し，場合によっては従来の内部構造は変質し，復元能力以上の外圧を受ければ，内部は崩壊するであろう。逆に，内的結束と統合が十分であれば，外圧を撥ね返し，既存の伝統を保持するか，あるいは外的要因を十分コントロールした形で取り入れ，自らの内容を豊かにすることができる。

　これらの現象は，実は毎日われわれの身辺で生起しているものであり，文化と文化の力関係を示している。外国語学習塾の繁栄は，外来文化吸収過程の表れであり，貿易黒字の累積は自文化産品の輸出過剰である。内外文化の押しと引きとの力関係は，物理現象にも似て，文化接触，文化衝突，文化摩擦などの文化におけるダイナミックな現象を起こす。そこで，異民族，異文

化との関連のあり方，たとえば異文化との共生のあり方を問題とするとき，われわれはこれを文化の力学として整理，考察することができる。

　前節において共生を促進する要因として列挙したヒューマニズム，メディアによる異文化情報交流，多国籍企業による多文化主義，異文化交流政策，外国人労働者の導入などは，共生の可能性のためのプラスのベクトルを持つのに対し，情報の欠如とこれに基づく異文化への無知・無理解・誤解，自民族中心主義，「外人嫌い」，政治的経済的排外主義，あるいはメディアによる意図的・無意図的排外主義などは異文化異民族との共生を阻むマイナスのベクトルを持つ。これら諸要因はそれぞれに一定の力と方向性とを持っており，それぞれの要因が相互に規制しあいつつ，全体としての総合的ベクトルを持つことになる。

　しかも，これらの諸要素の相互関係は，単なる押しと引きとのシーソーゲームではない。これには時間的要素があり，時系列の中でこれらの力関係を観る必要がある。これは家族内における文化伝達過程にも見られるように，外来文化の刺激に対する受け止め方にも世代間の違いが明らかである。この温度差が文化変化の契機となる。

　たとえば，中国西域のウイグル（維吾爾）人はイスラム教徒として世界のイスラム教文化圏の人々に対し共生と連帯の意識を有している。なかんずく，トルコ系言語圏のカザフ人，キルギス人，ウズベク人などには特別に親近感を持つ。一方，政治的権力を持つ漢民族中心の中国政府に対しては，経済的開発には一定の理解を示しつつも，言語や宗教に対する干渉に対しては反発をする人々も少なくない。異なる文化ベクトルを持つ少数民族の苦悩があり，特に世代間における文化ベクトルの違いにより，民族的アイデンティティが引き裂かれる場合もある。

　物理学における力学と違って，文化力学においては，その力量を数字で明示することが困難である。力の方向性についてもほぼ同様である。しかし，社会科学としての文化力学を構築するためには，具体的事例に基づいて多くの力学的要因分析とその相互作用を時系列の中で観察・分析してゆく必要があろう。これが今後の課題である。

注

1) 本章における筆者の構想は，財団法人アジア太平洋センター主催国際研究交流会議において行った基調講演「民族の共生は可能か――文化力学の視点から」(2001年12月3日) に依拠しているが，内容自体は全面的に組み立てを変え，執筆したものである。
2) ここで民族国家とは，単一の，または優越した特定民族が主体をなす国家組織を意味する操作概念で，国民国家に対比して用いることにする。
3) 東チモールは内戦やインドネシアの武力支配などの末，国連の暫定統治下にあったが，2002年5月，21世紀になって初の独立国家となることになった。
4) もちろん文化という概念は多義多様で，混乱していると言ったほうがいい。大きく分けて価値概念としての文化と記述（または説明）概念としての文化とがある。法律用語としても，またジャーナリストの文章にも，これらのまったく違った2つの用法が何の脈絡もなく，並行して不用意に使われている。本章では，もちろん「文化」を記述概念として使う。
5) ラドクリフ＝ブラウン (Radcliffe-Brown) によると，社会システムは部分によって支えられ，統合するという。つまり，部分は全体と統合のために機能し，全体は安定することになる。しかし，これでは社会変化や文化のダイナミックスを説明することはできない (1952)。

参考文献

松岡正毅他編　1995　『世界民族問題事典』平凡社
丸山孝一　1972　「南タイの宗教と政治」『西日本宗教学雑誌』第2号　pp. 115-118
丸山孝一　1989　「南タイ・イスラム社会における労働倫理の形成基盤」『九州大学教育学部附属比較教育研究施設紀要』第40号　pp. 3-14
丸山孝一　1997　「変革期におけるカザフスタンの教育民族誌」『九州大学教育学部附属比較教育文化研究施設紀要』第50号　pp. 55-69
丸山孝一　1998　「文化相対論再考」『アジア太平洋研究』第2号　pp. 3-10
森田桐朗編著　1994　『国際労働移動と外国人労働者』同文舘出版
Radcliffe-Brown, A. R. 1952 *Structure and Function in Primitive Society,* Cohen & West　青柳まちこ訳　1975　『未開社会における構造と機能』新泉社

あとがき

　本書は，2000年4月より2年間にわたり実施された財団法人アジア太平洋センター第6期自主研究6Aプロジェクト「多民族国家にみるエスニシティ――アジア太平洋地域における民族共生への模索――」（研究主査：西南学院大学教授片山隆裕氏）の研究成果をまとめたものである。

　㈶アジア太平洋センターの自主研究プロジェクトは，センターがアジア太平洋地域研究に関する独自の情報を集積・発信するとともに，その実施を通じて国内外の研究者・研究機関とのネットワークを構築，拡充することを目的としている。

　本研究プロジェクトが，「エスニシティの時代」「文化の時代」といわれる現代世界において，民族や文化の共生がどのように模索され，共生へ至る道のりにどのような課題が横たわっているのかという点について理解を深め，アジア・太平洋地域における民族および文化の共生について，21世紀の国際関係を考えていく上での指針の提供に寄与できれば幸いである。

　ここにあらためて本研究プロジェクトに参加された先生方にお礼を申し上げるとともに，プロジェクトの企画段階から実施に至るまでさまざまなご教示，ご協力をいただいた各関係機関・大学の方々，また現地調査の実施に際してこころよくご協力をいただいた関係者の方々に，この場を借りて心からお礼申し上げる次第である。

　なお本書の出版にあたっては，藤木雅幸編集長をはじめとした㈶九州大学出版会の方々にご尽力いただき，多大な労をおかけした。ここに関係者を代表して心から感謝の意を表したい。

財団法人アジア太平洋センター
会長　鹿取泰衛

巻末資料

㈶アジア太平洋センター
自主研究6Aプロジェクトの概要

［研究テーマ］
　多民族国家にみるエスニシティ
　——アジア太平洋地域における民族共生への模索——

［趣旨／目的］
　国際関係や国際情勢を論じる際のキーワードとして，近年「エスニシティ」という概念が注目されている。エスニシティとは，民族集団が他集団との相互行為状況下において表出する性格の総体をさす用語である。グローバリゼーションやボーダーレス化の進行に伴い，国民国家の政治・経済的な統合力が弱まり，相対的に民族や文化の重要性が指摘される中で，アジア太平洋地域においても，「エスニシティ」や民族の共生というテーマが，重要な課題として取り扱われるようになってきた。本研究プロジェクトは，アジア太平洋地域の研究を専門とする中堅・若手の研究者たちが，同地域における「エスニシティ」をめぐる状況について共同研究を行いながら，そこで民族や文化の共生がいかにはかられているか，その際どのような課題が横たわっているかなどを探ろうとするものである。

［研究会構成］　　　　　　　＊所属・役職は，2002年3月31日現在，順不同
　研究主査　　片山　隆裕（西南学院大学文学部教授）
　共同研究者　甲斐　勝二（福岡大学人文学部教授）
　　　　　　　竹熊　尚夫（九州大学大学院人間環境学研究院助教授）
　　　　　　　手島　武雅（九州女子大学文学部人間文化学科教授）
　　　　　　　清家　久美（立命館アジア太平洋大学アジア太平洋学部講師）
　　　　　　　小林　　勝（長崎純心大学人文学部助教授）
　　　　　　　森谷裕美子（九州国際大学国際商学部助教授）
　　　　　　　荘　　秀美（台湾・東呉大学文学院助理教授）
　　　　　　　金　　俊華（九州女子大学非常勤講師）
　　　　　　　唐　　　寅（アジア太平洋センタープログラムオフィサー）

顧　　問　　　丸山　孝一（福岡女学院大学人間関係学部教授）

［研究期間］
2000 年 4 月 1 日～2002 年 3 月 31 日

自主研究6Aプロジェクト活動実績

［第1回合同研究会］
　実施日：2000年6月17日
　会　場：アジア太平洋センター会議室
　内　容：研究内容について意見交換

［第2回合同研究会］
　実施日：2001年12月2日
　会　場：アジア太平洋センター会議室
　内　容：研究報告及び総括

［国際研究交流会議］
　本研究をより広い観点から討議するため，研究会以外の研究者を交えてシンポジウムを開催。
　実施日：2001年12月3日
　会　場：天神ビル10号会議室
　テーマ：「アジアにおける民族共生への道」
　内　容：基調講演「民族の共生は可能か―文化力学の視点から―」　　丸山孝一
　　　　　パネルディスカッション
　　　　　　　コーディネーター：片山隆裕
　　　　　　　ゲストパネリスト：西原明史（安田女子大学文学部講師）
　　　　　　　パネリスト：　　　金俊華
　　　　　　　　　　　　　　　　荘秀美
　　　　　　　　　　　　　　　　森谷裕美子
　　　　　　　　　　　　　　　　竹熊尚夫
　　　　　　　　　　　　　　　　清家久美
　　　　　　　　　　　　　　　　唐　寅
　　　　　　　コメンテーター：　小林勝，手島武雅
　聴講者数：約190名

　※現地調査は，各自実施

編著者紹介

片山隆裕（かたやま　たかひろ）（西南学院大学教授）

　　1957年熊本県生まれ。
　　九州大学大学院教育学研究科博士後期課程退学（文化人類学専攻）
　　九州大学助手，長崎外国語短期大学講師，助教授，西南学院大学助教授を経て，1997年より現職。
　　2000〜2001年　タイ国立チェンマイ大学社会学部訪問教授。
　　主な著書：『アジアの文化人類学』（編著）ナカニシヤ出版，『韓国社会の文化人類学』（共著）弘文堂など多数。

執筆者紹介

片山　隆裕（かたやま　たかひろ）……………………序章，第9章

竹熊　尚夫（たけくま　ひさお）……………………第1章
　　（九州大学助教授）

清家　久美（せいけ　くみ）……………………第2章
　　（立命館アジア太平洋大学講師）

金　俊華（キム　ジュンファ）……………………第3章
　　（九州女子大学非常勤講師）

甲斐　勝二（かい　かつじ）……………………第4章
　　（福岡大学教授）

唐　寅（とう　いん）……………………第5章
　　（アジア太平洋センタープログラムオフィサー）

荘　秀美（そう　しゅうび）……………………第6章
　　（台湾・東呉大学助理教授）

森谷　裕美子（もりや　ゆみこ）……………………第7章
　　（九州国際大学助教授）

手島　武雅（てしま　たけまさ）……………………第8章
　　（九州女子大学教授）

小林　勝（こばやし　まさる）……………………第10章
　　（長崎純心大学助教授）

丸山　孝一（まるやま　こういち）……………………終章
　　（福岡女学院大学教授）

〈アジア太平洋センター研究叢書 13〉

民族共生への道
──アジア太平洋地域のエスニシティ──

2003年3月20日　初版発行

編著者　片　山　隆　裕
発行者　福　留　久　大
発行所　(財)九州大学出版会
　　　　〒812-0053　福岡市東区箱崎7-1-146
　　　　　　　　　　九州大学構内
　　　　電話　092-641-0515
　　　　振替　01710-6-3677

印刷／九州電算㈱・大同印刷㈱　製本／篠原製本㈱

© 2003 Printed in Japan　　　ISBN4-87378-767-X

〈アジア太平洋センター研究叢書〉

1. タイの工業化と社会の変容
   ——日系企業はタイをどう変えたか——
   小川雄平 編著
   A5判 158頁 2,800円

2. 現代タイ農民生活誌
   ——タイ文化を支える人びとの暮らし——
   丸山孝一 編著
   A5判 240頁 3,200円

3. 国土構造の日韓比較研究
   矢田俊文・朴仁鎬 編著
   A5判 440頁 5,000円

4. アジアの都市システム
   松原 宏 編著
   A5判 352頁 3,400円

5. 地域企業のグローバル経営戦略
   ——日本・韓国・中国の経営比較——
   塩次喜代明 編著
   A5判 308頁 3,200円

6. アジアの社会と近代化
   ——日本・タイ・ベトナム——
   竹沢尚一郎 編著
   四六判 324頁 2,800円
   （日本エディタースクール出版部刊）

7. アジア都市政府の比較研究
   ——福岡・釜山・上海・広州——
   今里 滋 編著
   A5判 396頁 3,800円

8. 高齢者福祉の比較文化
   ——マレーシア・中国・オーストラリア・日本——
   片多 順 編著
   A5判 220頁 2,800円

9. 中国東北の経済発展
   ——九州との交流促進をめざして——
   小川雄平 編著
   A5判 232頁 2,800円

10. 21世紀の観光とアジア・九州
    駄田井 正 編著
    A5判 232頁 2,800円

11. アジア太平洋時代の分権
    薮野祐三 編著
    A5判 188頁 2,800円

12. 台湾における技術革新の構造
    永野周志 編著
    A5判 270頁 2,800円

（表示価格は税別）

九州大学出版会